内容简介

《中国研究生教育研究进展报告（2017）》坚持“汇聚研究生教育研究成果、展示研究生教育研究状态、引导研究生教育研究方向、提高研究生教育研究水平”的指导思想，科学客观地对2016年度我国研究生教育研究的进展进行了梳理，希望能够帮助读者从宏观的视角认知中国研究生教育研究的主要领域和重点问题，准确把握当前研究生教育研究的内容、热点和趋势。

本报告分为研究生教育基本理论问题研究、教育质量、研究生培养、导师队伍建设、招生与就业、德育研究、学科建设、教育管理、国际比较9个专题。各专题聚焦研究主题，系统梳理文献，全面反映了我国研究生教育2016年度研究成果。同时在分析文献分布情况的基础上，归纳了年度研究热点、研究方法、作者群特点，指出相关专题的研究空白领域，并在对2012年、2013年、2014年、2015年、2016年报告进行比较总结。此外，本次报告对2016年出现的新研究热点“双一流”建设给予关注，并首次在专题一、专题七中专门针对一流大学、一流学科建设相关问题进行了研究，希望对读者的研究有所启示。

本报告可以为有关学者和研究生提供研究信息与线索，也为研究生教育管理者提供相关的参考资料。

Abstract

The report reveals the progress of the Chinese graduate education research in 2016, by collecting the outcomes of the graduate education research, demonstrating current situation, revealing the direction, promoting the development. 9 subjects are included in this report, which are theoretical research, quality research, graduate students cultivation, graduate supervisors, enrollment and employment, moral education research, discipline construction, graduate students management, comparative study. The book containing the main contents, hotpots and tendency of Chinese graduate education research in 2016, desiring to help readers cognate main areas and important issue about Chinese graduate education on macro perspective, and have an accurate grasp of the content, focus, trends in current graduate education research.

Each subjects focus on research themes combing the literature, fully reflect the Chinese graduate education research in 2016. While analyzing the distribution of literature, the report summed up the annual research focus, research methods, the authors group characteristics, noted areas of research gaps related to the topic on the basis of 2012—2016. In addition, this report pays attention to the "Double World-class Construction", and do a specific research on world class university construction in subject 1 and do a specific research on world discipline construction in subject 7.

This report provides research information to graduate student and scholars, who want learn China graduate education research, also can provide reference for graduate education managers and workers.

中国研究生教育研究进展报告
（2017）

Chinese Graduate Education Research Progress Report 2017

中国学位与研究生教育学会进展报告编写组　编著

中国科学技术出版社
·北　京·

图书在版编目（CIP）数据

中国研究生教育研究进展报告．2017/中国学位与研究生教育学会进展报告编写组编著．—北京：中国科学技术出版社，2017.8

ISBN 978－7－5046－7606－1

Ⅰ.①中… Ⅱ.①中… Ⅲ.①研究生教育－教育研究－研究报告－中国－2017 Ⅳ.①G643

中国版本图书馆 CIP 数据核字（2017）第 186359 号

策划编辑 王晓义
责任编辑 王晓义
封面设计 孙雪骊
责任印制 徐 飞

出　　版 中国科学技术出版社
发　　行 中国科学技术出版社发行部
地　　址 北京市海淀区中关村南大街 16 号
邮　　编 100081
发行电话 010－62173865
传　　真 010－62179148
投稿电话 010－63581202
网　　址 http://www.cspbooks.com.cn

开　　本 720mm×1000mm 1/16
字　　数 240 千字
印　　张 16
印　　数 1—2000 册
版　　次 2017 年 8 月第 1 版
印　　次 2017 年 8 月第 1 次印刷
印　　刷 北京盛通印刷股份有限公司

书　　号 ISBN 978－7－5046－7606－1/G·757
定　　价 40.00 元

编　委　会

走出中国建设世界一流大学的路子

（代　序）

建设一批高水平大学和若干所世界一流大学是党和政府的长期战略目标。我国对高等学校进行重点建设的历史已有20多年，“211工程”和“985工程”推动一批重点建设高校显著提高了综合实力和国际影响力，为建设世界一流大学奠定了良好的基础。2015年，国务院发布《统筹推进世界一流大学和一流学科建设总体方案》（简称《总体方案》），为我国建设世界一流大学绘制了新的宏伟蓝图，而教育部、财政部、国家发改委发布《统筹推进世界一流大学和一流学科建设实施办法（暂行）》（简称《实施办法》），又为高校合理选择建设路径，不断提升人才培养、科学研究、社会服务、文化传承创新和国际交流合作能力指明了方向。

继往开来，引入竞争机制

1993年，原国家教育委员会印发了《关于重点建设一批高等学校和重点学科点的若干意见》，决定设置“211工程”重点建设项目，即面向21世纪，重点建设100所左右的高等学校和一批重点学科点。1995年，国务院批准，原国家计委、原国家教委和财政部联合下发了《“211工程”总体建设规划》，“211工程”正式启动。“211工程”采取分批滚动实施的办法，最终选定了112所建设高校，持续进行支持。

1998年5月，时任国家主席江泽民同志在北京大学百年校庆时提出“为了实现现代化，我国要有若干所具有世界先进水平的一流大学”。1999年，国务院批转教育部《面向21世纪教育振兴行动计划》，“创建若干所具有世界先进水平的一流大学和一批一流学科”，“985工程”正式启动，分期开展。在随后的几年时间里，陆续有39所高校进入重点建设行列。

经过20多年的建设，“211工程”和“985工程”吸引和会聚了一大批优秀人才，建设高校办学条件、学科水平和育人能力大幅度提升，显著提高了我国高等教育的国际影响力。事实证明，集中有限资源加大对部分高校的投入收到了预期效果。但同时，身份固化、竞争缺失、发展趋同的问题也凸显出来。

“双一流”实施中，在《总体方案》基础上进一步提出建立动态开放竞争，以绩效评价为主的调整机制，打破身份固化，不搞终身制。对不能达到建设目标和水平的高校给予预警并减小支持力度直至调整出建设范围；建设期末根据评价结果等情况，重新确定下一轮建设范围。这一机制在过去的重点建设计划中是没有的，是新的发展条件下进行重点建设的新思路、新举措，有利于建设高校自主制定发展规划与建设方案，增强质量意识和争优意识，同时也为其他未能进入建设范围的高校进一步提高学科水平和培养质量，争取下一轮得到支持保留了空间。

分类建设，调动各方积极性

“双一流”的实施将原“211 工程”与“特色重点学科项目”“985 工程”与“优势学科创新平台”等高等教育重点建设项目整合优化，明确按照“一流大学”和“一流学科”两类目标确定建设高校，实行分类进入、分别建设，突出改革导向，实行开放竞争，中央部门所属高校和地方院校依照标准同等对待。对于个别学科具有突出优势、水平较高、国际影响力较大的高校，只要满足条件也可以纳入建设范围。有利于不同类型的高校合理进行建设定位和选择建设路径，实现差别化、多样化发展，充分调动地方和高校积极性。这样可以缓解行业特色鲜明、优势学科突出的高校为追赶“一流”而盲目扩大学科覆盖面的冲动。而且从国际上看，近二三十年来新近跻身世界一流大学的也少有传统意义上的综合性大学，当今世界和国际高等教育毕竟与百年前不同了。

同时，我们也需要注意两个问题。一是无论一流大学建设高校还是一流学科建设高校，都应该以学科为基础，学科是大学最活跃的单元，要以一流学科建设引领健全学科生态体系，带动学校整体发展。二是建设高校自主确定学科建设口径和范围，有利于高校优化学科建设结构和布局，为不同学科间的交叉融合提供了舞台，也有利于水平较高的综合性大学发挥多学科优势，探索和布局国际前沿学科。“双一流”为高校充分发挥自身特色、选择优势学科、优化资源配置、合理制定发展策略提供了广阔的空间。

强调贡献，突出中国特色

双一流实施过程中大家普遍关心的是遴选条件，《实施办法》提出综合考虑可量化标准和综合性因素，着力于内涵发展和质量提升。专家委员会根据《总体方案》要求和《实施办法》，以中国特色学科评价为主要依据，参考国际相关评价因素，综合高校办学条件、学科水平、办学质量、主要贡献、国际影响力等情况，以及高校主管部门意见，论证确定一流大学和一流学科建设高校的认定标准。遴选方式也是过去没有过的，将不再组织申报评审，而是依托专家委员会，根据认定标准，采取认定方式确定一流大学和一流学科建设高校。减少了学校负担，避免了重复评价。

目前，我国高校在建设世界一流大学和一流学科过程中，大多将进入国际排名前列作为目标。建设世界一流大学当然必须在世界范围进行比较，这必然涉及国际排名。但是，目前国际上影响力较大的几个世界大学和学科排名，各有不同的指标体系及不同的权重选择，在其各自理念引导下具有一定合理性，但也都有各自的局限性。单纯采用某种国际排名作为评价一流大学或一流学科的标准是片面的、有风险的，单纯以个别的量化指标引导高校建设也会导致高校急功近利，或者千校一面。无论政府决策还是高校建设，都应全面分析各种大学和学科排名的特点与侧重，确保参考的指标不仅可以反映高校的综合实力、学科水平和国际影响，还要与高校的办学目标和定位相一致。

作为一所大学，首先要为国家做出贡献。习近平总书记指出，办好高等教育，事关国家发展、事关民族未来，要扎根中国大地办大学。中国的大学首先要为中国做出贡献，特别是作为中国一流大学，要服务国家高层次人才需求、重大科技战略需求、文化传承创新需求，因此必须具有鲜明的中国特色。但是高校对国家和经济社会做出的突出贡献是不可能客观全面地反映在国际评价中的，因此《实施办法》强调以中国特色学科评价为主要依据，参考国际相关评价因素，综合高校各方面情况以及有关部门意见，论证确定一流大学和一流学科建设高校的认定标准。

目前，我国对大学支撑国家发展贡献的评价，包括有关指标的研究确定、数据的第三方采集、积累与分析，尚不完善或缺失，在这方面，有关政府部门和第三方评价机构正在进行有益的尝试，还需要各方面不断加以完善。

建设世界一流大学和一流学科任重道远。面对建设进程中必然遇到的一些深层次问题，需要政府、大学以及所有高等教育工作者认真思考、理解把握问题本质和涉及的教育、科技规律，坚持立德树人、坚持服务国家、坚持改革创新，按照社会主义办学方向提高大学治理水平，加快建立并践行现代大学制度，树立自信、保持特色、强化优势，勇于进取，走出一条建设我国世界一流大学和一流学科的路子。

中国学位与研究生教育学会会长　赵沁平

（原载《光明日报》2017 年 3 月 7 日第 13 版）

目　　录

Contents

文献概述

文献概述主要反映2016年度研究生教育领域的总体进展。采用文献计量的方法，从关键词、期刊、作者、发文机构、论文引用及下载等角度，描绘本领域文献的分布特点。本部分以年度统计为主，也兼顾了文献分布的纵向比较，保证数据的连续性。

第一节　文献范围确定与检索方式

一、数据来源

本报告涉及的研究文献类型为公开发表的期刊论文、学位论文、学术著作和报纸文章，起止时间为2016年1月1日至2016年12月31日。

期刊文献来源于南京大学中国社会科学研究评价中心的《中文社会科学引文索引CSSCI来源期刊（2016—2017)》中的教育学期刊及其扩展版，同时为了更好地展现国内研究生教育研究的动态，本报告在今年首次加入了北京大学中文核心期刊目录（第七版）中的教育学期刊。期刊文献的全文来自中国知网（CNKI）期刊全文数据库和万方数据平台；学位论文来自CNKI中国博士学位论文全文数据库、中国优秀硕士学位论文全文数据库和万方数据平台，同时今年还新增清华大学、中国人民大学、北京师范大学学位论文数据库；学术著作来自读秀学术搜索引擎图书数据库；报纸文章来自中国知网中国重要报纸全文数据库。

二、检索方法

期刊论文的检索继续沿用“目录定刊”“词语定文”“人工鉴别”三个步骤。具体如下。

（1）目录定刊。CSSCI来源期刊目录（2016—2017）共有教育学期刊37种，扩展版14种。为更全面地反映论文发表情况，根据专家建议，今年的期刊文献加入了北大中文核心期刊《教育评论》《教育探索》《教育学术月刊》《中国教育学刊》和《教育探索》。剔除扩展版目录中极少发表研究生教育论文的《基础教育》《外国中小学教育》《数学教育学报》，实际选用期刊共计53种。我们编制了检索式，在CNKI期刊数据库以及万方数据平台中通过“专业检索”方式对53种期刊进行了检索。

（2）词语定文。与往年一样，在期刊检索的结果中，分别进行关键词二次检索。检索关键词与往年相同，由本领域研究专家充分研究后确定。检索关键词分为核心关键词和辅助关键词。核心关键词包括“学位”“研究生”“硕士”和“博士”，辅助关键词包括“导师”和“学科”。按照往年的经验和今年的试检索情况，使用核心关键词检索得到的文献基本属于研究生教育领域，而通过辅助关键词检索得到的文献有的属于该领域，有的则不属于，需要重点筛选。尤其是关键词“学科”，需要重点甄别。

（3）人工鉴别。将包含题名、作者、发表期刊、关键词、摘要、作者单位等信息的文献题录信息首先发给报告编制组全体成员征求意见。在综合各组反馈意见的基础上，由文献组两名成员分别进行逐篇鉴别，必要时泛读全文。两人意见不一致的，提交给课题组另外一名成员进行判断。最后，根据三人中的多数意见确定某篇文献是否属于本领域研究文献。

结合往年的经验，经过专家组的评议，为了更为准确地了解研究生教育研究进展与动态，本年度报告对文献筛选和甄别提出了更为严格的要求，对于与研究生教育相关度不够的文献进行了排除。

学位论文、学术著作和报纸文章的检索方法与往年相同，主要采用关键词检索和人工鉴别两个步骤获得最终的文献。

最终获得的研究文献见表0－1。

表0－1　2016年研究生教育研究文献来源统计

文献类型	数据库	数量	比例/%	检索日期
期刊论文	CSSCI（2016－2017）来源期刊目录（含扩展版）、中文核心期刊	707	55.23	2017－05－28
学位论文	CNKI中国博士学位论文全文数据库	16	1.25	2017－05－28
	CNKI中国优秀硕士学位论文全文数据库	436	34.06	2017－05－28
学术著作	读秀学术搜索引擎（图书数据库）	60	4.69	2017－05－28
报纸文章	CNKI中国重要报纸全文数据库	61	4.77	2017－05－28
总　计		1280	100.00	

表0－2和图0－1是2012—2016年研究生教育研究文献的分布比较。总体数量上，除了2014年外，近几年都是稳步提升。2016年期刊论文数量较2015年有小幅下降，但如果除去新纳入的部分中文核心期刊，今年期刊文献数量有较大的下降，原因是专家组对期刊文献筛选提出了更为严格的要求，所以本年度研究生教育研究期刊文献针对性较往年会有提高。学位论文较2015年有较大的增加，主要原因是新加入了部分高校的内部数据（如清华大学、中国人民大学和北京师范大学）。同时，学术著作增幅较大。最后，2016年报纸文章由于听取专家意见筛掉了大部分纯粹报道类文章，少于2013年和2014年，但比2015年又增加了不少。

表0－2　2012—2016年研究生教育研究文献分布

年份	期刊论文	博士论文	硕士论文	学术著作	报纸文章	总计
2011	648	11	247	17	69	992
2012	676	21	479	31	47	1253
2013	721	38	395	38	111	1303
2014	985	13	365	53	211	1627
2015	884	10	344	41	25	1304
2016	707	16	436	60	61	1280

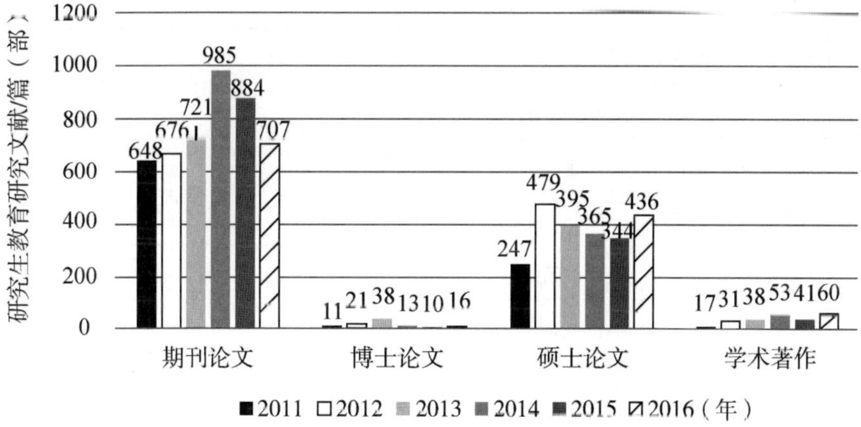

图0－1　2011—2016年研究生教育文献分布

第二节　文献分布

本节主要从关键词、期刊来源、作者、机构、引用及下载量等维度，对2016年的研究生教育研究文献进行统计分析，展现文献分布的总体情况。

一、期刊论文

期刊是研究成果最主要的发表阵地和学术影响力传播平台。CSSCI收录的中文期刊以及中文核心期刊上发表的论文，总体水平较高，涉及的研究领域也比较全面。选取CSSCI期刊及中文核心期刊论文进行分析，可以较好地反映年度研究生教育研究的概况。

（一）按关键词统计

论文的关键词传递了文章的理论基础、关键问题、主要方法与核心观点等方面的信息。707篇期刊论文中，关键词出现的总频次为3032次，较以往有大幅下降，篇均标注关键词4.3个，与近两年篇均关键词接近。表0－3列出了期刊论文中出现5次以上的关键词，共计63个。

表0－3　2016年研究生教育研究期刊论文的关键词统计

排序	频次	比例/%	关键词
1	90	2.968	研究生教育
2	67	2.210	研究生
3	41	1.352	一流学科
4	32	1.055	人才培养
5	25	0.804	学科建设
6	24	0.792	培养模式
7	21	0.693	专业学位
8	15	0.495	研究型大学
9	13	0.429	世界一流大学、高校

续表

排序	频次	比例/%	关键词
10	12	0.396	协同创新
11	11	0.363	世界一流学科、硕士研究生、研究生培养
12	10	0.330	博士生、高等教育
13	9	0.297	学科评估、专业学位研究生、导师、课程体系、拔尖创新人才
14	8	0.264	"双一流"建设、一流大学建设、一流大学、跨学科、高水平大学、博士生教育
15	7	0.231	培养质量、学科、工程硕士、实践能力
16	6	0.198	中国特色、价值取向、创新能力、国际化、大数据、学位授权点、教育博士、教育学、质量保障
17	5	0.165	优势学科、全日制、全日制工程硕士、协同培养、发展战略、哈佛大学、地方高校、学位论文、学术型、学科交叉、影响因素、教学改革、教育硕士、教育质量、研究生教育质量、立德树人、联合培养、课程设置

与2013—2015年类似，"研究生教育""研究生""人才培养""学科建设"等仍然是出现频次最高的关键词。值得关注的是，"一流学科""世界一流大学""世界一流学科""一流大学"等关键词在2016年的研究生教育研究期刊论文关键词统计中处于前列，尤其是"一流学科"更是以41的频次排名第二位，可以看出相关学者在2016年度积极响应国家政策对"双一流"建设进行了大量的理论和实践研究（表0-4）。

表0-4　2013—2016年排序前20位（含并列）的关键词统计

2013年		2014年		2015年		2016年	
关键词	频次	关键词	频次	关键词	频次	关键词	频次
研究生教育	111	研究生教育	113	研究生教育	104	研究生教育	90
研究生	71	研究生	62	研究生	51	研究生	67
专业学位	34	专业学位	38	高等教育	27	一流学科	41
学科建设	30	人才培养	36	人才培养	26	人才培养	32
培养模式	21	培养模式	26	培养模式	25	学科建设	25
学科	20	协同创新	25	专业学位	23	培养模式	24

续表

2013 年		2014 年		2015 年		2016 年	
关键词	频次	关键词	频次	关键词	频次	关键词	频次
学位论文	18	学科建设	23	协同创新	15	专业学位	21
高等教育	17	高校	23	中国特色	14	研究型大学	15
研究生培养	16	高等教育	20	学科	14	世界一流大学	13
硕士研究生	13	创新能力	16	高校	14	高校	13
人才培养	12	研究生培养	15	学科建设	11	协同创新	12
创新能力	11	专业学位研究生	14	政治理论课	11	世界一流学科	11
博士生	11	硕士研究生	14	理论学科	11	研究生培养	11
教育学	11	学科	13	研究生培养	11	硕士研究生	11
研究型大学	11	工程硕士	13	立德树人	11	博士生	10
跨学科	10	学位论文	12	跨学科	11	高等教育	10
博士生教育	9	思想政治教育	11	专业学位研究生	10	专业学位研究生	9
大学	9	教育学	11	大学	10	学科评估	9
教育技术学	9	博士生教育	10	思想政治教育	10	导师	9

图 0－2 是 2016 年度研究生教育期刊论文出现频次超过 5 的关键词文字云，利用文字云可以直观展现各关键词的热度，使 2016 年研究生教育研究领域内热点问题一目了然。

图 0－2　2016 年研究生教育研究关键词文字云

（二）按期刊发文统计

表0-5列出了刊载3篇以上本领域论文的期刊。与往年一样，《学位与研究生教育》和《研究生教育研究》的发文数量继续高居前两位，且遥遥领先，说明两本会刊作为研究生教育研究的主要理论阵地依旧发挥着无可替代的作用。载文数量排在前五位的还有《黑龙江高教研究》《中国高等教育》《中国高教研究》，《黑龙江高教研究》重回载文前列。2016年，排序前十位的期刊载文量合计576篇，占到了总数的69.45%，与往年相比有较大提升。

表0-5　2016年刊载研究生教育研究论文的期刊统计

篇数	期刊名称
172	学位与研究生教育
97	研究生教育研究
42	黑龙江高教研究
36	中国高等教育
28	中国高教研究
27	中国高校科技
24	教育理论与实践、现代教育管理
21	国家教育行政学院学报
20	高教探索、高等工程教育研究
18	高等教育研究
15	中国大学教学、江苏高教
14	教育评论
12	教育研究
11	教育发展研究、教育探索、清华大学教育研究、现代大学教育
9	复旦教育论坛
8	高教发展与评估
7	外国教育研究、教育学术月刊、比较教育研究
5	大学教育科学、当代教育科学
4	教育科学、河北师范大学学报（教育科学版）
3	华东师范大学学报（教育科学版）、教育与经济

续表

篇数	期刊名称
2	开放教育研究、教师教育研究、湖南师范大学教育科学学报
1	教育研究与实验、现代远程教育、电化教育研究、远程教育杂志

（三）按作者统计

2016 年，罗英姿发表了 7 篇论文，马永红、王传毅分别发表了 6 篇论文，梁传杰、沈文钦、魏玉梅发表了 5 篇论文，值得提出的是，这几位作者在过去几年也是相对高产的研究者。另外还有包水梅、陈洪捷等作者发表了 4 篇论文，虽然本年度报告筛选力度较往年更大，但在 2016 年，依旧共计 36 位作者发表了 3 篇以上研究生教育的期刊论文（表 0 –6），较 2014 年的 33 位、2015 年的 32 位有一定的提升。一方面可能是由于本报告今年首次纳入了中文核心期刊（非 CSSCI 部分），另一方面表明，2016 年度有更多的学者在研究生教育研究领域进行了深入的探索。

表 0 –6　2016 年发表 3 篇以上研究生教育研究论文的作者列表

篇数	作　者
7	罗英姿
6	马永红、王传毅
5	梁传杰、沈文钦、魏玉梅
4	张斌贤、周光礼、陈洪捷、林梦泉、包水梅、顾剑秀、侯怀银、高耀、李勇、刘亚梅、任超
3	王战军、别敦荣、袁本涛、王亚杰、吴小林、陈燕、陈静、范涛、付鸿飞、高田钦、焦磊、凌云志、刘贤伟、张伟、王海燕、王颖、武建鑫、赵俊芳、宗晓华

（四）按作者机构统计

表 0 –7 是发表研究生教育论文 3 篇以上的作者机构统计，为更加具体地呈现作者所属机构，本处统计的是作者隶属机构的原始情况。可以看出，北京大学教育学院、清华大学教育研究院是 2016 年度研究生教育研究期刊论文最高产单位。研究性大学的教育研究机构、研究生院，以及重点科研单位如中国工程院等依旧是研究生教育研究发文的主要机构。另外，值得注意的是，兰州大学教育学院已于 2016 年 7 月撤销，但在撤销之前该机构发文数量相当可观。

表0－7　2016年发表3篇以上研究生教育研究论文的第一作者机构统计

篇数	机构名称
13	北京大学教育学院、清华大学教育研究院
9	南京农业大学公共管理学院、南京大学教育研究院
8	兰州大学教育学院、武汉大学教育科学研究院
7	中国人民大学教育学院、厦门大学教育研究院、北京航空航天大学高等教育研究所、南京大学教育研究院
6	厦门大学、浙江工业大学现代大学制度研究中心
5	北京师范大学教育学部、华中科技大学教育科学研究院、吉林大学、西南大学教育学部
4	中国人民大学、中国工程院、北京大学教育经济研究所、北京工业大学高等教育研究所、北京师范大学国际与比较教育研究院、华东师范大学教育学部、华南理工大学高等教育研究所、厦门大学高等教育发展研究中心、武汉大学信息管理学院、湘潭大学公共管理学院、燕山大学、西南大学、陕西师范大学教育学
3	上海交通大学、上海交通大学研究生院、上海交通大学高等教育研究院、中国石油大学、中国高等教育学会、兰州大学马克思主义学院、北京理工大学教育研究院、华中师范大学教育学院、南京农业大学发展规划与学科建设处、南京大学、大连理工大学高等教育研究院、天津大学教育学院、宁波大学教师教育学院、山西大学教育科学学院、江苏大学教师教育学院、江西财经大学财税与公共管理学院、沈阳师范大学、河南大学教育科学学院、河海大学公共管理学院、清华大学公共管理学院、重庆大学

二、学位论文

2016年涉及“研究生教育”的学位论文除来自CNKI中国博硕士学位论文全文数据库以及中国万方数据库外，新增清华大学、中国人民大学、北京师范大学学位论文数据库。此外，作者发现万方数据库今年较以往大量收纳了北京体育大学的学位论文，在“研究生教育”研究领域属于完全新增学校。最终经过人工筛选，共得到452篇。其中博士学位16篇，硕士学位论文436篇。较2015年，学位论文总体数量增加151篇，其中博士学位论文数量较2015年增加166.67%，硕士学位论文数量增加47.80%。

（一）关键词统计

学位论文的关键词往往指出了该论文的研究领域、内容、范围，研究的问题、方法及核心观点等内容。通过对2016年筛选出的452篇学位论文中关键词统计得出，全部论文共出现1718个关键词，篇均标注关键词3.8个。表0-8列出了出现频次5次及以上的关键词，共计37个。

表0-8　2012—2016年研究生教育学位论文的关键词统计

2012年		2013年		2014年		2015年		2016年	
关键词	频次	关键词	频次	关键词	频次	关键词	频次	关键词	频次
研究生	76	研究生	41	研究生	69	研究生	56	硕士研究生	60
硕士研究生	55	硕士研究生	32	硕士研究生	47	硕士研究生	38	研究生	49
研究生教育	25	对策	21	培养模式	23	研究生教育	21	课程设置	18
对策	25	培养模式	18	研究生教育	18	培养模式	16	影响因素	17
专业学位	20	就业	17	专业学位	17	思想政治教育	14	学位论文	16
就业	15	研究生教育	16	课程设置	16	影响因素	14	研究生教育	16
影响因素	15	学科教学知识	16	影响因素	13	课程设置	12	对策	14
课程设置	13	专业学位	14	教育硕士	10	人才培养	12	专业学位	13
培养模式	13	思想政治教育	11	思想政治教育	9	专业学位	11	人才培养	12
思想政治教育	13	影响因素	11	体育硕士	9	实践能力	10	汉语国际教育硕士	12
教育硕士	12	女研究生	11	全日制教育硕士	8	全日制教育硕士	9	专业认同	9
女研究生	11	学科建设	11	硕士学位论文	8	对策	7	培养模式	9
学科	11	教育硕士	10	学科建设	7	英语专业研究生	7	现状	9
学科建设	11	高校	9	全日制	7	就业	6	硕士学位论文	7
大学科技园	10	课程设置	9	对策	7	学位论文	6	英语专业研究生	7
现状	10	学科	8	培养	7	现状	6	高等教育	7
培养	9	跨学科	8	教育博士	6	教育质量	6	指标体系	6

续表

2012年		2013年		2014年		2015年		2016年	
关键词	频次	关键词	频次	关键词	频次	关键词	频次	关键词	频次
培养现状	9	硕士生	8	培养质量	6	非英语专业研究生	5	科研能力	6
全日制教育硕士	8	全日制教育硕士	6	高校	6	英语专业研究生	5	美国	6
创新能力、全日制专业学位、问题	7	非英语专业研究生	6	学术道德	6			非英语专业研究生	6

由于论文总体篇数有所增加，因此较2015年，部分关键词的出现频次有所增加，同时又出现了少数关键词出现频次较往年偏低的情况。从表0－9可以看出，从整体上来看，2016年关于“研究生教育”的关键词使用频次前两位的仍然是“硕士研究生”和“研究生”，不过“硕士研究生”首次超过“研究生”位居关键词首位。近几年，围绕这两大核心词，衍生了越来越多的使用频次相对较高的关键词，表明研究生教育的研究人员在明确研究的宏观领域和范围之后，开始逐渐走向深入，更加关注对研究生教育中的中观层面和微观层面内容的研究与探讨。

表0－9　2016年研究生教育学位论文的关键词统计

频次	关键词
60	硕士研究生
49	研究生
18	课程设置
17	影响因素
16	学位论文、研究生教育
14	对策
13	专业学位
12	人才培养、汉语国际教育硕士
11	培养模式
9	专业认同、现状

续表

频次	关键词
7	硕士学位论文、英语专业研究生、高等教育
6	指标体系、科研能力、美国、非英语专业研究生、高校、高等体育院校、培养、培养方案
5	体育教育训练学、全日制教育硕士、地方高校、学术型硕士研究生、学科建设、就业、建议、教育质量、汉语国际教育、硕士论文、高等院校

按照关键词的含义及具体指向，大体可以把表 0－9 涉及的关键词划分为四类：①研究群体："硕士研究生""研究生""汉语国际教育硕士""英语专业研究生""非英语专业研究生""全日制教育硕士""学术型硕士研究生"；②培养环节："课程设置""学位论文""培养模式""科研能力""培养""培养方案""就业""教育质量""专业认同""硕士学位论文"；③研究问题："研究生教育""专业学位""人才培养""高等教育""学科建设""高校""高等体育院校""体育教育训练学""地方高校""汉语国际教育""高等院校"；④方法或对策："影响因素""对策""现状""指标体系""建议"。在这四类关键词中，涉及培养环节和研究问题的关键词最多，在一定程度上反映了国内"研究生教育"对培养环节的重视以及对问题的研究愈加深入具体。

总体而言，2016"研究生教育"研究紧紧围绕"研究生"和"硕士研究生"两个核心关键词，对有关研究生教育的"课程设置""影响因素""学位论文""人才培养"等内容进行了深入研究。

（二）按学位授予机构统计

2016 年，研究"研究生教育"的学位论文共涉及 133 所研究生培养单位。其中，学位论文数量在 5 篇及以上的培养单位共 30 所，占全部培养单位的 22.56%，涉及论文 266 篇，占所有论文总数的 58.85%。其中，北京体育大学以 25 篇的数量位居第一，华中师范大学和北京师范大学均以 19 篇排名并列第二位。在学位论文 5 篇及以上的培养单位中，师范类大学共 12 所，综合性大学 18 所。详见表 0－10。

表 0－10　2013—2016 年学位论文数量统计

<table>
<tr><th colspan="2">2013 年</th><th colspan="2">2014 年</th><th colspan="2">2015 年</th><th colspan="2">2016 年</th></tr>
<tr><th>篇数</th><th>授予单位</th><th>篇数</th><th>授予单位</th><th>篇数</th><th>授予单位</th><th>篇数</th><th>授予单位</th></tr>
<tr><td rowspan="2">23</td><td rowspan="2">东北师范大学</td><td rowspan="2">17</td><td rowspan="2">华中师范大学</td><td>15</td><td>西南大学</td><td>25</td><td>北京体育大学</td></tr>
<tr><td>14</td><td>广西师范大学</td><td>21</td><td>北京师范大学</td></tr>
<tr><td>16</td><td>上海师范大学</td><td>11</td><td>首都师范大学</td><td rowspan="6">13</td><td rowspan="6">华中师范大学</td><td>19</td><td>华中师范大学</td></tr>
<tr><td>15</td><td>陕西师范大学</td><td rowspan="3">10</td><td rowspan="3">东北师范大学、湖南师范大学、西南大学、陕西师范大学</td><td rowspan="3">11</td><td rowspan="3">华南理工大学、河南大学、湖南师范大学</td></tr>
<tr><td>14</td><td>南京师范大学</td></tr>
<tr><td>13</td><td>山东师范大学</td></tr>
<tr><td>12</td><td>华中科技大学、华中师范大学</td><td rowspan="2">9</td><td rowspan="2">河北师范大学</td><td rowspan="2">10</td><td rowspan="2">华东师范大学、山东师范大学、曲阜师范大学、黑龙江大学</td></tr>
<tr><td>11</td><td>河南大学、广州大学</td></tr>
<tr><td rowspan="2">8</td><td rowspan="2">哈尔滨工程大学</td><td rowspan="2">8</td><td rowspan="2">广西师范大学、华东师范大学、苏州大学、辽宁师范大学、南京师范大学</td><td rowspan="2">8</td><td rowspan="2">河北大学、湖南师范大学、郑州大学、山东师范大学、南京师范大学、江西师范大学</td><td>9</td><td>西南大学、重庆师范大学、清华大学</td></tr>
<tr><td>8</td><td>东南大学、南京师范大学、河北大学、中国人民大学</td></tr>
<tr><td>7</td><td>湖南大学、浙江师范大学、沈阳师范大学</td><td>7</td><td>厦门大学</td><td>7</td><td>中国矿业大学、四川师范大学、华南理工大学、河北师范大学</td><td>7</td><td>兰州大学、苏州大学、西安外国语大学、重庆医科大学</td></tr>
<tr><td>6</td><td>北方工业大学、大连理工大学、华东师范大学、江西师范大学、中南民族大学、湘潭大学</td><td>6</td><td>广西大学、福建师范大学、河南师范大学、南昌大学、沈阳师范大学、浙江大学</td><td>6</td><td>山东大学、广西大学</td><td>6</td><td>广西大学、江西师范大学、辽宁师范大学、郑州大学</td></tr>
</table>

续表

2013 年		2014 年		2015 年		2016 年	
篇数	授予单位	篇数	授予单位	篇数	授予单位	篇数	授予单位
5	中国科学技术大学、上海交通大学、哈尔滨工业大学、哈尔滨师范大学、江西师范大学、山东大学	5	河南大学、兰州大学、山东师范大学、云南师范大学、中北大学、重庆大学、重庆师范大学	5	大连理工大学、山西财经大学、云南师范大学、华东师范大学、吉林大学	5	上海师范大学、云南大学、北京工业大学、哈尔滨师范大学

三、著作和报纸

除期刊论文和学位论文外，著作也是研究生教育研究文献的重要组成部分，体现着研究生教育研究的综合水平和实力。另外，新闻媒体也时刻关注研究生教育的时事热点，报纸的快速报道也吸引了社会公众的眼球。

（一）著作

2016 年，国内共出版 60 部研究生教育领域的专著和译著，比 2015 年增加了近一半。这些著作中，研究对象涉及硕士、博士，也有博士后。其中硕士层次既包括专业学位硕士、也包括学术型硕士。研究内容涉及研究生教育质量、研究生教育研究进展、培养模式、思想政治教育、研究生管理、学科建设、学科发展、就业创业等方面。这些著作既有研究专著，也有研究报告；既有国内学者著作，也有译著；既有宏观政策方面的研究，也有微观人才培养环节方面的探讨。2016 年研究生教育领域著作一览表见附录二。

从出版研究生教育研究著作的出版地分布状况来看，2016 年的 60 部著作出版于全国 16 个城市。从出版地分布来看，2015 年著作出版地排名第一的城市仍为北京，所占比例达到 58. 33%，上海市排名第二名，共 7 部占 11. 67%，虽比其他城市多出不少，但与排名第一的北京市的 35 部相比存在较大的差距。

2016 年，国内出版有关研究生教育著作的作者共包括 39 位个人作者和 21 个编写团队。其中，既有研究生教育质量报告编研组、《中国学位与研究生教育发展年度报告》课题组等国内从事研究生教育研究的团队，也有赵沁平、王战军、邱均平等国内知名学者，更有克利夫顿 · 康拉德、珍妮弗 · 格兰特 · 霍沃思、苏珊·博雅德·米勒等国外学者的著作被翻译成中文。其中，冯长根以独立作者身份出版研究生教育著作两部。与2015年相比，本年度由课题组编著的著作数量有所增加。同时，对比2011—2015年著作发表情况，可以发现，目前国内学者赵沁平、邱均平、《研究生教育质量报告》编研组、《中国学位与研究生教育发展年度报告》课题组连续出版研究生教育报告。

（二）报纸

2016年，国内各大报纸对研究生的相关内容进行了深入报道。较为突出的是《中国教育报》。作为国家级报刊，该报全面、准确、及时宣传党和国家的教育方针、政策及工作部署，传播教育改革与发展的信息和经验，对我国研究生教育改革发展情况进行了集中报道。另外，光明日报、中国社会科学报、文汇报和中国美术报也对我国研究生教育的重大事件进行了深入报道（表0－11）。

表0－11　2016年刊登两篇及以上研究生教育新闻报道的报纸

篇数	报纸名称
13	中国教育报
10	光明日报
4	中国社会科学报、文汇报、中国美术报
3	江苏教育报
2	北京日报、科技日报、南京日报

表0－12是2016年报纸刊登的研究生教育文章选录。

表0－12　2016年报纸刊登的研究生教育文章选录

标题	作者及工作单位	报纸名称
一场持续20年的教育改革试验	中国教育学会会长、全国教育专业学位研究生教育指导委员会主任委员　钟秉林	中国教育报
落实全面从严治党责任；为学位与研究生教育事业提供坚强保障”	教育部研究生司司长　李军	中国教育报

续表

标题	作者及工作单位	报纸名称
统筹规划　协同推进　深化全省专业学位研究生教育综合改革	江苏省委教育工委书记　省教育厅厅长　沈健	江苏教育报
走出工程硕士培养的误区	深圳大学副校长　徐晨	光明日报
高校学位证书的设计宜独树一帜	中国人民大学艺术学院　吴文越	光明日报
高校要用好学位点“调整自主权”	厦门大学高等教育发展研究中心主任　别敦荣	中国教育报

专题一 研究生教育基本理论问题研究

2016 年，研究者们围绕“研究生教育基本理论”这一主题深入研究，相关研究成果较往年明显增加。本专题涉及研究生教育学构建、研究生教育发展战略研究、研究生教育规模与结构、一流大学建设基本问题、学科建设基本问题、学位制度等方面。根据本年度的文献分布情况，本专题选取了 44 篇（部）有关研究生教育基本理论问题的文献进行深入研究，相关研究进展综述如下。

第一节 研究生教育学构建

当前，我国已经建成完整的研究生教育体系，并逐步由研究生教育大国向研究生教育强国转变。我国研究生教育事业的持续快速发展，迫切要求加强“研究生教育学”学科建设，为研究生教育的发展提供支撑和引导。“研究生教育学”的基本问题和发展逻辑，研究生教育规律、本质属性、制度变迁等都是学界关注的重要议题。

一、“研究生教育学”及相关学科基本问题和发展逻辑

研究者认为，“研究生教育学”和“学位论文学”作为独立的学科有其自身的发展依据和发展逻辑。

江苏师范大学高田钦等认为，研究生教育学学科衍生发展的成熟度为构建研究生教育学理论体系奠定了基础。“研究”作为研究生教育学的逻辑起点，符合学界普遍认可的黑格尔关于逻辑起点的三条内在规定性，即“研究”是研究生教育活动中最简单、最基本、最一般的现实存在；“研究”蕴

含研究生教育学理论体系一切矛盾和可能的胚芽；“研究”与研究生教育学的历史起点一致。①

大连理工大学王续琨等研究指出，以学位论文研究成果为基础的学位论文学已具备新学科创生的基础条件，正在走向初创阶段。作者认为学位论文学的主要内容包括学位论文基础研究、学位论文写作研究、学位论文文化研究三个板块。学位论文学是生成于教育科学与语言科学之间并与管理科学有着密切关联的一门边缘学科，其近邻学科是高等教育学、研究生教育学、高等教育管理学和文章学、写作学。②

二、研究生教育学基本问题研究

研究生教育的规律、本质属性、价值取向以及研究生教育制度等问题是研究生教育学研究的基本问题。对于这些问题的深入探讨，有助于深刻把握研究生教育内涵，挖掘研究生教育发展规律，处理研究生教育过程中的问题，把握研究生教育发展脉络和趋势。

沈阳药科大学安江等人从三个层面研究研究生教育的一般规律。第一，研究生教育以人为本的核心规律。包括研究生教育的遵循人的智力开发和能力发展的规律以及构建人的完整性和健康发展的规律；第二，研究生教育的供给角度的规律。探讨与研究生教育密切相关的大学和科研机构的自身发展规律以及学科建设的规律；第三，研究生教育的需求角度的规律，探究研究生教育的社会需求规律以及知识服务社会的规律。③

南京师范大学孙国友归纳了学者们关于专业学位研究生教育本质属性的八种观点，即“职业说”“专业说”“综合说”“应用＋研究”说、“专门的知识属性＋独特的职业性”说、“实践性＋职业性＋综合性”说、“职业性＋学术性＋研究性”说、“教育性＋独立性＋社会性＋统一性＋发展性”，在此基础上重新定位我国专业学位研究生教育本质属性，即“基于职业，强调实践，注重技能，突出应用”。④

清华大学徐铁英认为，专业学位教育具有学科和专业实践双重取向，并重点分析专业学位教育具有双重取向的缘起、内涵及其带来的现实挑战。针对专

① 高田钦，张凡．试论研究生教育学的逻辑起点［J］．学位与研究生教育，2016（11）：67—72.

② 王续琨，李丽，等．关于学位论文学的初步思考［J］．河北师范大学学报（教育科学版），2016（04）：116—120.

③ 安江，邢花，等．研究生教育的一般规律研究［J］．研究生教育研究，2016（01）：27—30.

④ 孙国友．追本溯源：专业学位研究生教育的本质属性探骊［J］．研究生教育研究，2016：75—79.

业学位教育的双重取向，提出调整措施，一是加强与大学内其他学院之间的联系，充分利用大学的学科基础和资源开展应用研究；二是加强与专业人士和专业实践之间的联系，让专业人士进入教师队伍。①

南京农业大学罗英姿等运用新制度经济学相关理论构建了研究生教育制度变迁分析框架。指出资源配置上制度的供需矛盾、治理结构上各主体间的权力博弈、制度环境下路径依赖对次优制度的"锁入"、嵌入文化中意识形态与教育理念共同推动或抑制研究生教育制度变迁。认为中央政府、地方政府等应各司其职，妥善处理行政权力、市场等的关系，共同引领研究生教育变迁的方向。②

第二节 研究生教育发展战略研究

在我国研究生教育发展战略转型过程中，发展战略研究是大家关注的热点。

一、研究生教育发展

研究生教育发展研究包括研究生教育发展理念、发展特征、发展思路、发展趋势等多个方面，这些文献从不同角度展现了国内外研究生教育的发展形态与策略，有助于宏观了解研究生教育发展状况。

（一）研究生教育发展理念、特征、价值取向研究

国家领导人高屋建瓴，厘清我国研究生教育发展理念。学者们助力，分析世界高水平大学研究生教育发展的基本特征，明确研究生教育发展的价值取向，对促进研究生教育发展具有重要意义。

国务院副总理刘延东同志在国务院学位委员会第三十二次会议上的讲话指出，"十二五"期间我国学位与研究生教育改革发展成绩显著，包括研究生教育支撑经济社会发展的作用更加突出，重点领域重大改革迈出坚实步伐，质量保障和投入支持体系更加完善，研究生教育的国际影响不断提升等。必须充分认识大形势大背景对学位与研究生教育的新要求，科学制定研究生教育发展

① 徐铁英．专业学位教育的双重取向：内涵与启示［J］．研究生教育研究，2016（01）：75—79.

② 罗英姿，方超．我国研究生教育制度变迁的审视与反思——一个新制度经济学的分析框架［J］．江苏高教，2016（03）：100—104.

“十三五”规划，优化供给适应需求动态调整发展结构，着力深化研究生培养模式改革，创新完善质量评价机制和监督保障体系，统筹推进世界一流大学和一流学科建设，推动“十三五”研究生教育发展迈上新台阶。①

陕西师范大学陈玥等人总结世界高水平大学研究生教育发展的基本特征。招生上，多举措确保研究生生源的优质性、国际化与多样化，研究型学位与授课型学位协调发展；培养上，以项目制推动研究生培养的跨学科融合、探索跨学院联合培养博士模式、强化导师指导与学位论文评审要求、强调理论与实践结合；资助上，强调资助类型多样化、强化第三方资助力度；质量保障上，重视研究生教育的内部问责、发挥中介机构的保障作用、注重内外部质量保障协同。②

华东师范大学姜勇等指出，我国近些年以“现代取向”和“科学取向”为重要方向的研究生教育改革取得了成效，但在改革中却面临研究生教育本土化不足，研究生教育综合竞争力较弱，研究生教育“人文关怀”的精神受挤压等问题。要摆脱我国当前研究生教育改革中的种种困境，就必须重视“守成”的精神，回归“守成”的人文精神、伦理精神和文化精神的优秀传统文化与教育之路，推动具有中国特色的研究生教育长效、健康、可持续地发展。③

（二）研究生教育发展思路、趋势研究

在“十三五”规划期间，认真思考研究生教育发展思路，探讨研究生教育发展趋势，对于研究生教育实践具有重要启示意义。

厦门大学别敦荣等认为，“十三五”时期，我国研究生教育发展的国内外需求旺盛，并提出发展思路，即在“满足需求、提高质量”的总体要求下，坚持“积极稳健发展”的基本思路，坚持存量调结构、增量促发展的原则，有计划地进一步扩大总体规模，全面推动研究生教育内涵式发展，改革研究生教育人才培养模式，全面提高研究生教育质量与效益，促进研究生教育持续健康发展。④

北京师范大学马健生介绍21世纪以来世界高水平大学研究生教育发展的特

① 刘延东副总理在国务院学位委员会第三十二次会议上的讲话．[EB/OL]．[2016－01－08]. http：//www. moe. edu. cn/jyb_ xwfb/moe_ 176/201603/t20160308_ 232316. html.

② 陈玥，翟月．21世纪以来世界高水平大学研究生教育发展的基本特征——以哈佛、剑桥、伯克利和墨尔本四所大学为例［J］．外国教育研究，2016（07）：104—114.

③ 姜勇，刘静，等．论研究生教育改革中的“守成”精神［J］．学位与研究生教育，2016（03）：11—15.

④ 别敦荣，易梦春，等．“十三五”时期研究生教育发展思路［J］．中国高教研究，2016（01）：83—90.

点与趋势，例如：哈佛大学跨学院联合培养，加州伯克利大学内部问责制，剑桥大学科研与实践能力并重、墨尔本大学临床教学模式、香港大学研究式研究生教育、东京大学研究生院重点化、苏黎世联邦理工学院外部论文项目、海德堡大学结构化与跨学科研究生教育发展的新特点，以及多伦多大学、巴黎高师、巴黎第十一大、莫斯科国立大学研究生教育发展的新特点等，为我国研究生教育发展提供了借鉴。①

二、研究生教育发展战略

研究生教育发展战略部分从国家层面、省市层面、不同学位类型等多个层面阐释研究生教育发展方向、发展策略、发展路径等，对研究生教育发展提出战略性思考，并提出战略建议。

（一）国家层面研究生教育发展战略研究

我国正处在从高等教育大国向高等教育强国转变的过程中，教育部领导从国家层面提出或解析我国研究生教育发展战略。

教育部副部长杜占元同志在深化专业学位研究生教育综合改革推进会上指出，为深化专业学位研究生教育综合改革，要着力完成六项重点任务，即树立需求、一流、特色的教育教学理念，根据需求加大结构调整力度，创新专业学位研究生培养模式，加强应用型人才需求预测，着力构建专业学位研究生教育师资队伍，创新研究生质量评价机制。为确保专业学位改革试点取得实效，国务院学位办、各地区、专业学位研究生教指委、学校等应各司其职，共同努力。②

（二）区域层面研究生教育发展战略研究

区域层面，研究生教育发展需构建区域资源共享机制，需密切研究生教育与区域经济的发展，促进研究生教育与区域产业结构、科技结构和就业结构等的协调发展。

北京邮电大学党委书记王亚杰等分析指出为解决京津冀三地研究生教育资源布局不均衡问题，需建立行之有效的教育资源共享机制。研究构建京津冀研

① 马健生．21世纪世界高水平大学研究生教育—新特点与新趋势［M］．北京：高等教育出版社，2016：12.

② 杜占元．探索创新深化改革推动专业学位研究生教育再上新水平［J］．学位与研究生教育，2016（1）：1—6.

究生教育协同和资源共享机制，包括资源共享平台机制，协同领导机制，人事科研管理机制，监管与考评机制并提出具体建议。即构建研究生教育协同领导机制，推进协同改革试点工作，建立研究生导师流动交流制度，构建“适用性”博士团培养体系，建立统一的学分认证系统和京津冀校际科研资源共享机制。①

辽宁教育研究院杨玉等指出，研究生教育与区域经济的发展关系紧密，即区域经济结构制约着研究生教育的结构，同时，区域的研究生教育结构也影响区域经济结构的未来发展。在此基础上，提出区域研究生教育要与区域产业结构、科技结构和就业结构协调发展，从而有效促进社会的良性发展和进步。②

（三）研究生教育改革举措研究

学者们结合我国经济社会发展新情势，探讨研究生教育改革路径。比如供给侧改革、经济新常态等，同时结合国际研究生教育改革方向探讨我国研究生教育改革举措。

北京理工大学何海燕等探讨供给侧结构性改革的主要特征及其在研究生教育改革中的适用性。指出，激发活力与富有效率是供给侧结构性改革的本质特征，提高质量与效益先行是重要的衡量指标，优化资源配置与促进结构调整是必然要求，转变发展方式与高效的制度供给是必由之路。在供给侧结构性改革理论下提出研究生教育改革策略，一是激发活力，富有效率；二是提高质量，效益先行；三是资源配置，结构调整；四是转型发展，制度供给。③

吉林大学刘柏桥在其硕士学位论文中指出，经济新常态下专业学位研究生教育面临自身改革缺乏动力，培养目标定位滞后于经济发展，以及培养质量不能为创新驱动战略提供持续保障的三大困境。同时，提出改革举措，即要实现内涵式发展，保证专业学位研究生教育机制的流畅运行；坚持培养模式创新；深化体制改革，建立全面灵活的招生制度；加强质量体系建设，构建以自主创新能力为核心的专业学位研究生培养体系。④

陕西师范大学陈玥等人研究指出，21 世纪以来美国博士生教育面临新的时代使命，即培养属于“世界公民”的博士生，积蓄力量增强博士生教育的全球

---

① 王亚杰，陈岩．京津冀教育协同与资源共享——以研究生教育为例［J］．国家教育行政学院学报，2016（04）：17—22.

② 杨玉，赵哲．区域研究生教育与经济发展的核心关系及其协调［J］．高等工程教育研究，2016（01）：162—167.

③ 何海燕，单捷飞．供给侧结构性改革思考与研究生教育改革的策略选择［J］．学位与研究生教育，2016（05）：43—46.

④ 刘柏桥．经济新常态下专业学位研究生教育的困境与出路［D］．长春：吉林大学，2016.

吸引力，肩负提升博士生教育创新力与竞争力的重任。同时，指出美国博士生教育的改革策略：第一，构建知识共同体，推动“面向世界”的博士生培养；第二，加强财政支持力度，确保博士生教育的全球吸引力与竞争力；第三，明晰多方问责职责，增强博士生教育发展的创新性与有效性。①

第三节 研究生教育规模与结构

研究生教育的规模与结构相辅相成，不可偏废。合理的研究生教育规模，科学的研究生教育结构对于促进研究生教育的发展具有重要的作用。如何调整、优化规模与结构是研究生教育需要解决的基本问题。研究生教育规模既包括研究生教育绝对规模，也包括研究生教育相对规模，研究生教育结构既包括不同学位类型的结构，也包括不同学位层次的结构。学者们分别从以上角度予以分析。

北京航空航天大学赵世奎利用自己在美国威斯康星大学交流访问期间所掌握的第一手资料，以20世纪60年代为切入点，重点对该时期以来美国博士教育规模扩张的路径、博士教育规模扩张的动力机制、规模扩张的保障机制、博士毕业生就业、专业学位的发展等方面进行了较为全面、系统的梳理和分析，并以此为参照，对中国博士教育的规模扩张进行了务实而深切的分析。②

南京财经大学方超等指出，我国下一阶段人力资本梯度升级的重点是有效地推进研究生教育，提升异质型研究生人力资本在劳动力规模中的比重。引入千人注册研究生数，相对性指标揭示了研究生教育仍然存在扩大招生的可能性。应在招生环节上进行供给侧结构改革，由单纯规模扩张向结构性增长转变，建立“需求与条件”的动态调整机制，供给转型经济所急需的研究生层次人力资本，进而提升对经济结构变化的适应性与灵敏性。③

武汉大学王传毅等人指出，学生规模和结构是影响院校培养质量、办学效益的重要因素。根据武汉大学中国科学评价研究中心所发布的《世界一流大学与学科竞争力评价报告（2014—2015）》，从全球排名前300的大学中随机选取

---

① 陈玥，翟月．美国博士生教育面临的新时代使命及其改革策略［J］．研究生教育研究，2016（05）：90—95.

② 赵世奎．美国博士教育的规模扩张［M］．北京：北京大学出版社，2016：5.

③ 方超，罗英姿．人力资本梯度升级视野下的我国研究生教育供给侧改革［J］．清华大学教育研究，2016，37（05）：68—77.

52 所美国高校、10 所英国高校和 5 所澳大利亚高校进行相关指标研究，认为研究型大学合理的规模结构为在校本科生介于 18583—26928 人，在校研究生介于 6994—11513 人，生师比介于 16—18，博士学位授予数占研究生层次学位授予数的比例介于 0. 24—0. 33。①

华中科技大学王靖选取台湾地区学校数、研究所数、在校研究生数，分析 1950—2014 年间台湾研究生教育发展的规模与结构，分析台湾研究生教育结构发展的特征及发展趋势。即层次结构重心整体上移，本研比大幅缩小，硕博比先降后升；院校结构偏向应用型，技职院校逐渐成为新的研究生教育增长点；学科专业结构日益完整，科技类专业在其中占据明显优势；培养形式结构不再单一，非全日制研究生比重趋于稳定等。②

北京大学沈文钦等指出，博士生教育的需求分为对博士生的需求和对博士毕业生的需求两种类型。从博士生需求来看，随着高校研发经费的快速增长，各博士培养单位都希望进一步扩大博士生招生名额。从博士毕业生的需求来看，博士毕业生接收单位对博士毕业生需求数量并未同步增长。为化解两者需求的不一致性，提出建立起灵活的调节机制，为博士生就业提供扩大博士后、专职科研工作者的规模，引导博士毕业生到企业就业等更加宽广的出口。③

中国人民大学胡莉芳总结近半个世纪以来美国专业学位研究生教育的结构特点，即以硕士层次为主体，专业学位类型多样，为社会经济发展而产生，与产业结构发展相适应；分析了其发展趋势：即规模还在扩大，但增长速度趋缓；学科群学位授予类型不断分化，跨学科专业学位兴起；专业博士和学术型博士培养模式界线模糊。为我国专业学位研究生教育发展提供启示，即以专业硕士作为硕士学位教育的主导类型，慎重发展专业博士学位等④

山西大学丁皓比较全国高校研究生教育学位点的区域分布，揭示高等教育资源的不平衡程度以及学科优劣势。①具有学术研究生学位授予权的高校分布差异较大。②全国授权点数量最多的是管理学，最少的是农学，东、中、西部差异较大。③全国授权点数量最多的是马克思主义理论。④东部的海洋科学和传播与海洋工程，中部的冶金工程、医学技术、作物学、园艺学和畜牧学等，

---

① 王传毅，吕晓泓，等．什么是研究型大学合理的学生规模结构：基于跨国的院校比较［J］．教育学术月刊，2016（06）：8—15.

② 王靖．台湾研究生教育结构的演变及其特征分析［J］．学位与研究生教育，2016（01）：60—66.

③ 沈文钦，高耀，等．我国博士生教育需求的政策分析——基于二元需求的视角［J］．教育学术月刊，2016（12）：33—41.

④ 胡莉芳．美国专业学位研究生教育结构及其发展趋势研究（1971—2012 年）［J］．清华大学教育研究，2016，37（03）：48—58.

西部的民族学和草学分别是其特色。⑤学科饱和度最高的是上海，其次是福建、湖南等。①

第四节　一流大学建设的基本问题

一流大学是我国大学发展的战略目标。深刻领会一流大学的内涵、特征，研究一流大学的发展和建设战略，对于推动我国高等教育强国建设具有重要意义。学者针对一流大学这一专题进行了深入研究，指出对于一流大学的内涵、特征、理念等的理解，共同为“双一流”建设战略贡献智慧。

中国学位与研究生教育学会会长、中国工程院院士赵沁平撰文指出，世界一流大学建设需处理好十个关系。一是大学依法自主办学、政府管理与健全法规的关系；二是办学规律与教育发展规律的关系；三是党委领导与校长负责的关系，党政权力与学术权力的关系，校党委行政、机关部处与学院的关系；四是追求国际评价与支撑国家战略发展的关系；五是优势特色学科与综合整体一流的关系；六是拔尖人才汇聚与团队建设的关系；七是坚持社会主义价值观与学术自由的关系；八是国际化办学与培养民族精英人才的关系等。②

北京理工大学党委书记张炜撰文指出，国内部分文献关于世界一流大学共性特征有规模巨大、历史悠久、学科齐全、治理模式、学术自由、应用研究。但加州理工学院在上述六个方面有显著差异，既未影响其建设成为世界一流大学，也未影响其在世界高校排行中的“高高在上”。最后指出，要建设中国的世界一流大学，需实事求是、抢抓机遇、科学借鉴、彰显特色。③

北京师范大学王英杰以美国为例，总结美国一流大学有国际性、公开性、批判性和包容性四个特点。指出美国一流大学的价值核心是学术自治与学术自由。社会和政府保护、尊重大学的自治，可以为教师创造比较自由的空间，而学术自由可以为提高高校质量以及整个高等教育制度的质量做出重大贡献。认为建设世界一流大学的一个重要举措就是从制度上保证民主管理。④

---

① 丁皓，牛奉高．新学科目录下我国高校研究生教育学位点区域分布与差异分析［J］．教育理论与实践，2016（06）：3—6.

② 赵沁平．一流大学建设需处理好的十个关系［J］．研究生教育研究，2016（04）：1—4.

③ 张炜．钱学森之问与冯·卡门之见——再论世界一流大学的共性特征与个性特色［J］．学位与研究生教育，2016（03）：7—10.

④ 王英杰，陈洪捷，等．世界一流大学建设五人谈［J］．华东师范大学学报（教育科学版），2016（03）：1—4.

中国石油大学（华东）高平发等指出，要推进“双一流”建设，需要充分理解“创新、协调、绿色、开放、共享”五大理念的内涵，把握研究生教育在“双一流”建设过程中的重要意义和作用，将“五大理念”深化到研究生教育的改革中，优化学科生态群布局，创新研究生培养机制，加强高校与政府、社会、企业的共建共享。①

东南大学耿有权指出，从人才培养角度看，“双一流”建设的关键是建成世界一流水平研究生教育。“双一流”建设战略，攸关研究生教育的境界追求、研究生教育的科学发展、研究生教育要素的优化、研究生教育改革成效以及研究生教育文化的改进。为推动世界一流水平的研究生教育，要切实遵循研究生教育规律，推动一流研究生教育科学发展；着力深化研究生教育改革，完善一流研究生教育体制和机制；抓住关键环节和要素用力，构建一流研究生培养模式；突出一流文化重要性，构建一流的研究生教育文化环境。②

南京师范大学范冬清指出，国家战略、一流大学（学科）与精英人才三者处于共同话语体系，在绩效取向与公共性诉求上达成一致。同时指出，运用系统思考可打造战略、大学（学科）及科学精英的良性循环，缩短与高等教育强国的差距。③

第五节　学科建设的基本问题

学科建设是大学建设的核心。伴随着世界一流学科战略的提出，学者对学科建设基本问题的认识更深入了一层。学者们针对学科建设的内涵，话语权，跨学科、超学科发展机理等问题展开深入研究。

一、学科建设内涵、学科建设话语权研究

学者针对学科内涵、学科建设话语权进行研究，不仅从不同层面解析学科内涵，而且帮助厘清学术与学科的关系，行政力量、学术力量和市场力量的

---

① 高平发，龚文涛．“五大理念”在引领研究生教育“双一流”建设中的作用［J］．学位与研究生教育，2016（12）：15—19.

② 耿有权．“双一流”建设视域中的研究生教育［J］．学位与研究生教育，2016（08）：1—5.

③ 范冬清．国家战略、一流大学（学科）与科学精英的契合——基于对我国高等教育两大战略实施的理解［J］．国家教育行政学院学报，2016（04）：71—77.

关系。

华东师范大学袁振国指出，学术是学科的灵魂，没有高水平的学术就没有高水平的学科。学术的发展和一系列的制度创新、机制创新联系在一起。学术先与学科存在，学术与学科最大的区别是，学术关注问题，以新发现为导向；学科关注体系，以建立“体量”为导向。学术与学科密切联系，即学术促进学科分化、综合、深化，同时，学术在发现问题、研究问题、解决问题中引领学科发展。①

江苏师范大学安涛从学科知识、学科制度和学科文化三个层面解析学科内涵。学科知识层面，学科是科学理论“视域融合”的自组织系统，能为其相关的科学概念、定律和理论提供逻辑的语境，是学科元素意义的“居所”；学科制度层面，学科的内在制度是学科发展“无意识”的产物，是学科发展自身逻辑的体现，学科外在制度体现为学科规训制度和学科设置制度；学科文化层面，学科是学科知识、学科部落和学科精神的彰显，构成了学科特有的行为准则、价值观念和精神气质。②

南京师范大学王建华认为，学科建设是一种政策话语。表面上学科建设反映政府对大学科研工作的重视，实质上学科建设话语背后体现的是政治和行政权力对于大学学科发展的控制。指出当前学科建设作为一种政策话语已“破旧不堪”，愈来愈沦为一种“罐头思维”，难以应对科学研究和学科发展的新问题。反思和批判学科建设的话语体系以及隐藏其背后的思维方式，建议在高等教育理论和实践中逐渐抛弃已“过时”的话语方式，建立符合学科发展时代精神的新思维。③

东南大学张胤等将学科建设视为一个包括了行政力量、学术力量与市场力量构成的三方博弈的理论模型。该模型在实践中分别演化成行政推动模式、学术内生模式以及市场引领模式三种学科建设的现实模式。结合一流大学一流学科的成长案例，建议大学尽可能少地干预学科自身成长规律，为所有学科成长营造一个和谐的环境；学者要将学科整体发展的全局规划以及学校发展的整体战略的考虑结合；学科建设既要借重市场的力量，又要与市场保持适当的疏离。④

---

① 袁振国．学术是学科的灵魂——大学变革的历史轨迹与启示之三［J］．中国高等教育，2016（18）：29—32.

② 安涛．论学科的三重意蕴［J］．当代教育科学，2016（22）：32—36

③ 王建华．学科建设话语的反思与批判［J］．现代大学教育，2016（04）：1—6.

④ 张胤，温媛媛．行政推动、学术内生与市场引领——一流大学学科建设理论模型及其现实模式研究［J］．高教探索，2016（07）：57—61.

二、跨学科、超学科发展机理研究

学者针对跨学科、超学科开展深入研究，分析跨学科整合机制，跨学科研究的价值取向、发展困境以及超学科知识体系建设等。

哈尔滨工业大学黄超等从动态演变的角度分析了大学跨学科发展的学科整合机理，提出新兴学科衍生网络模式、主导学科衍生网络模式和多学科联合网络模式三种大学跨学科合作发展模式，并分析每种模式的生成背景、特点、功能及结构。总结技术、资金、空间、服务、网络和制度六个学科整合关键要素，并对三种大学跨学科发展模式下的关键要素进行了比较。①

华中科技大学张洋磊研究指出，在“外生性政策规制”的总体环境下，以“国家导向”为主要特征的政治逻辑、以“学术资本主义”为主要特征的市场逻辑等外部逻辑交互作用，严重侵蚀了中国研究型大学跨学科研究的自主性。同时，大学跨学科研究自身的文化困境和价值冲突，以及学术从业人员“学术精神”的匮乏，进一步放大了外部逻辑的制约作用。多重制度逻辑中的跨学科研究面临内外部力量交互作用的特殊挑战，亟须向“内生性制度创新”变革。②

天津大学申超从新制度主义的视角看我国大学中跨学科组织的发展困境。认为发展困境主要在于跨学科组织发展的制度要素的供给不足与冲突。具体表现是，政府推动高校跨学科发展的规制无法得到大学内部及时而有效的规制响应；大学内部的学科规范仍然强势地挤压着跨学科规范的确立与实施；企业等民间机构的活力和效力尚未得到充分的释放与实现；保守的学科文化与认知在一定程度上阻碍跨学科共识的形成。③

北京航空航天大学黄瑶等指出，知识生产模式Ⅲ与超学科存在映射关系，即“大学—产业—政府—公民社会”四螺旋动力机制模型使超学科的参与研究群体来源和知识背景变得多元，公民社会作为重要利益相关群体与超学科的社会公共利益的研究目标匹配，创新生态知识群强调碎片化的网状知识的内在联系所形成的集合，与超学科的知识体系吻合。模式Ⅲ从知识体系、研究目标、

---

① 黄超，杨英杰．大学跨学科合作的学科整合机制及其模式选择［J］．高教探索，2016（12）：5—12.

② 张洋磊．多重制度逻辑中的大学跨学科研究——从“外生性政策规制”到“内生性制度创新”［J］．江苏高教，2016（01）：23—26.

③ 申超．供给不足与制度冲突——我国大学中跨学科组织发展的新制度主义解析［J］．高等教育研究，2016（10）：31—36.

研究群体、发展模式四个方面促进超学科发展。①

第六节 学位制度

学位制度是学位与研究生教育的基本制度。本节探讨学位类型发展、学位授权点动态调整机制、学位法等内容。

一、学位类型发展

学位类型的产生、发展是一个历史性过程，是影响研究生培养模式和质量的重要因素。学者针对不同类型学位类型发表自己的观点。

曲阜师范大学胡钦晓介绍英国实践博士的形成、特征。指出实践博士是20世纪90年代初英国在设立了系列以实践为导向的专业博士之外增设的另一种博士学位类型。相对于哲学博士和专业博士，实践博士在专业设置、研究模式、实践类型、教学培养和学位授予等方面，有其鲜明的特征。研究建议我国高等教育在学位制度上要突破学术与专业的二元划分，在实践运行上注重质量与效益的双重兼顾。②

清华大学袁本涛认为学位类型的划分是影响研究生培养模式和质量的关键因素之一。认为目前我国研究生的学位类型简单地划分为学术型和专业型两种，未能反映职业市场对劳动力类型丰富多彩的实际需求和学科性质的多样性特点。建议增加"应用型"学位，并对研究生教育类型结构做出重大调整，即极大地缩小目前"学术型"学位的培养规模，大量招收应用型、专业型学位的学生，以优化人才培养结构和质量，回应社会对高层次人才类型的多元需求。③

兰州大学魏玉梅研究国外教育博士项目"存废"之辩的五种价值取向，一是对教育博士项目做局部修正和改良的"保守论"；二是教育博士项目和教育哲学博士项目非此即彼的"一元论"；三是教育博士项目和教育哲学博士项目并存的"二元论"；四是以新专业学位取代教育博士学位的"第三条发展道路"；五是创设专业学位和学术学位新项目的"整合重构论"。各种争论为教育

---

① 黄瑶，马永红，王铭．知识生产模式Ⅲ促进超学科快速发展的特征研究［J］．清华大学教育研究，2016（06）：37—45.

② 胡钦晓．英国实践博士：形成、特征及启示［J］．教育研究，2016（04）：125—133.

③ 袁本涛．关于我国研究生学位类型划分的思考［J］．大学教育科学，2016（06）：24—28.

博士项目提供了多元化改革发展思路。①

二、学位授权点动态调整机制及学位法相关问题研究

学者通过分析学位授权点动态调整机制以及学位相关法律问题，探讨国家与大学之间的合理关系构建以及合理的司法审查路径探索。

武汉理工大学范涛等探讨高校学位授权点动态调整机制。作者以问题为导向，基于利益相关的多元主体以及系统论的机制属性两个维度，提出高校学位授权点动态调整机制由约束机制、动力机制和运行机制三部分构成。约束机制包括淘汰机制、调控机制和监督机制；动力机制包括激励机制和竞争机制；运行机制包括目标导向机制、自我评估机制、分流机制和保障机制。②

温州大学周慧蕾以“高校能否在法律规定的学位授予标准之上增加要求”的实践争议及其司法处理为思考的逻辑起点，以高校学位授予权这一权利现象为研究主线，初步建构高校学位授予权保障与规制的合理路径与基本框架，在微观上把握国家法治与大学自治的合理关系，折射权利与权力博弈与制衡的本质，寻求一种法治意义上适度平衡的基本框架。③

对外经济贸易大学徐雷等分析学位撤销的法律渊源与基本特征，并梳理了学位撤销目前所面临的理论和现实困境。基于对中美学位撤销案例的收集整理，比较和归纳了不同学位撤销事由及法院判决中体现的司法审查要点。将学位撤销分为学术类和非学术类，认为非学术类撤销应较学术类撤销适用更全面的司法审查，并分别就法律适用、实体审查、程序审查等方面详细阐述了司法审查路径。④

第七节　文献分布及特点分析

从文献的数量和结构方面分析，2016 年本专题入选文献总量为 44 篇（部），同比增加了 8 篇（部），增长 22.2%，主要是因为与 2015 年相比，本章

---

① 魏玉梅．美国“卡内基教育博士改革行动”成效研究之审视［J］．比较教育研究，2016，38（07）：98—105.

② 范涛，梁传杰，等．论高校学位授权点动态调整机制之构建［J］．研究生教育研究，2016（02）：14—19.

③ 周慧蕾．高校学位授予权研究［M］．北京：中国社会科学出版社，2016：3.

④ 徐雷，沈思言，等．学位撤销纠纷的司法审查路径研究——基于案例的类型化分析［J］．学位与研究生教育，2016（06）：45—50.

增加了“一流大学建设基本问题”一节。调整后，本专题形成以期刊论文为主、学位论文及专著为补充的文献来源结构。本专题的文献来源统计及各主题文献分布分别见表1－1和图1－1。

表1－1　2016年研究生教育基本理论问题研究文献来源统计

文献类型	数据库	数量	比例/%	检索日期
期刊论文	CSSCI	40	90.9	2017－04－22
学位论文	CNKI 中国博士学位论文全文数据库	0	0	2017－04－22
	CNKI 中国优秀硕士学位论文全文数据库	1	2.3	2017－04－22
学术著作	读秀学术搜索引擎（图书数据库）	3	6.8	2017－04－22
合计		44	100	

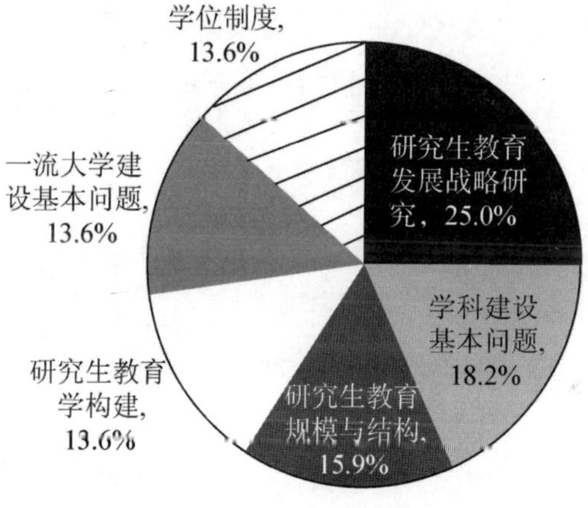

图1－1　研究生教育基本理论问题的文献分布

从文献的研究主题和研究方法方面分析，44篇（部）重点文献中，研究生教育基本理论问题这一领域研究文献较为集中的是“研究生教育发展战略研究”，占据总文献的1/4。其次是“学科建设基本问题”和“研究生教育规模与结构”，占比超过15%。最后是研究生教育学构建、一流大学建设基本问题，以及学位制度，均占13.6%。

从2011—2016年的文献署名情况分析，第一作者署名5篇（部）论著的作者有赵沁平、王战军、袁本涛、王传毅4人，第一作者署名4篇（部）论著的作者有李立国、赵军等2人，第一作者署名3篇（部）论著的作者有关辉、李云鹏、刘国瑜3人。2010—2016年第一作者署名3篇（部）论著的详细情况如表1－2。

表 1-2　2011—2016 年本领域第一作者署名 3 篇（部）论著详情表

数量（篇/部）	作者	论文、著作名称	期刊/出版社	年份
5	赵沁平	探索·创新·求真	研究生教育研究	2011
	赵沁平	开拓、创新、求真，科学构建研究生教育学学科体系	研究生教育研究	2014
	赵沁平	中国学位与研究生教育学会的价值与定位	学位与研究生教育	2015
	赵沁平	关于我国研究生教育的二十个问题	研究生教育研究	2015
	赵沁平	赵沁平．一流大学建设需处理好的十个关系	研究生教育研究	2016
5	王战军	转型期的中国研究生教育	学位与研究生教育	2010
	王战军	学位与研究生教育评价理论与方法	高等教育出版社	2012
	王战军	我国研究生教育国际影响力	国家教育行政学院学报	2013
	王战军	加强研究生教育科学研究促进研究生教育改革与发展	学位与研究生教育	2014
	王战军	构建研究生教育质量保障体系——理念、框架、内容	研究生教育研究	2015
5	袁本涛，王传毅	省域研究生教育与经济社会协同发展：争鸣与辨析	学位与研究生教育	2013
	袁本涛，王传毅，胡轩	我国研究生教育区域结构与经济、科技发展的协调性研究	高等教育研究	2013
	袁本涛，王传毅，曾明彬	我国研究生教育科类结构与经济、科技发展协调性的实证研究——基于协整理论的视角	清华大学教育研究	2013
	袁本涛，王传毅，冯柳青	基于协整理论的我国研究生教育与经济、科技协调发展研究	教育研究	2013
	袁本涛	关于我国研究生学位类型划分的思考	大学教育科学	2016

续表

数量（篇/部）	作者	论文、著作名称	期刊/出版社	年份
5	王传毅，李鹏，赵丽娜	我国研究生教育省域功能发挥态势的实证研究——基于教育本体功能视角	研究生教育研究	2013
	王传毅，袁本涛，文雯	我国研究生教育区域结构外部协调性之实证研究	研究生教育研究	2013
	王传毅	差异与协调（我国研究生教育之区域结构）	社会科学文献出版社	2013
	王传毅，李旭，胡彬涵	我国研究生教育类型结构与经济社会发展的协调性分析：基于人才供需的视角	教育发展研究	2014
	王传毅，吕晓泓，严会芬	什么是研究型大学合理的学生规模结构：基于跨国的院校比较	教育学术月刊	2016
4	李立国，乔立英，韦金伶	省域视野下的我国研究生教育布局研究	学位与研究生教育	2011
	李立国，黄海军	我国省域研究生教育的学科布局	复旦教育论坛	2012
	李立国，黄海军	政府主导下的我国研究生教育发展特征	复旦教育论坛	2014
	李立国，黄海军	中国研究生教育的规模结构与经济增长	教育科学出版社	2015
4	赵军，周玉清	研究生教育质量概念研究新视野	学位与研究生教育	2011
	赵军	研究生培养机制改革成效、问题与对策——基于部属高校与地方高校的比较研究	研究生教育研究	2014
	赵军	研究生培养机制改革：行动与反思	清华大学出版社	2014
	赵军，方子帆，何伟军	学科危机与学科突围——我国研究生教育学学科建构论略	学位与研究生教育	2015

续表

数量（篇/部）	作者	论文、著作名称	期刊/出版社	年份
3	关辉，成丰绛	跨学科研究生教育的二重性特征及其应对策略	现代教育管理	2014
	关辉	主动适应：跨学科研究生学科文化适应的理性选择	学位与研究生教育	2014
	关辉	跨学科博士学科认同的危机与重构	研究生教育研究	2015
3	李云鹏	论教育博士专业学位研究生教育的比较优势	中国高教研究	2012
	李云鹏	美国“重塑教育博士卡内基行动”及其启示	学位与研究生教育	2012
	李云鹏	美国专业博士学位的几个关键问题论析	学位与研究生教育	2014
3	刘国瑜，李昌新	对专业学位研究生教育本质的审视与思考	学位与研究生教育	2012
	刘国瑜，李昌新	专业学位研究生教育的学术特质及其实现	中国高教研究	2013
	刘国瑜，李昌新	全日制专业学位研究生专业实践的探讨	教育理论与实践	2014

根据2016年本章节有关文献，预测研究生教育基本理论问题研究将更加深入，具体预测如下。

第一，研究生教育学构建实践将大力推动研究生教育学这一学科的理论研究。伴随着北京理工大学、天津大学等高校研究生教育学学科设置的实践探索，研究生教育学的学科设置依据、学科使命、学科建设目的，学科理论基础与知识架构，学科建设路径，研究方法与技术，课程体系与培养方案，毕业生就业前景等将成为学者关注的话题。

第二，“双一流建设”的不断推进将推动研究生教育基本理论问题研究。一是，伴随着“双一流”建设的不断推进，研究生教育发展战略研究将更多地着眼于“实用”“前瞻”等字眼，既包括研究生教育发展的实战经验研究，又包括研究生教育发展理念引领和战略前瞻。二是，在研究生教育规模与结构方面，未来研究既包括国内不同层次、不同类型大学研究生教育规模与结构的探索，国外一流大学研究生教育规模与结构经验介绍，又包括合理的研究生教育规模与科学的研究生教育结构的内外部因素分析及相互关系研究。三是，一流大学建设基本问题方面，预计一流大学建设与研究生教育建设关系，研究生教育在一流大学建设中的地位和影响，研究生教育对于一流大学建设的作用等方面的研究可能会增强。四是，学科建设基本问题方面，预测学科发展模式及理念，学科竞争力，未来学科发展思路和战略，学科话语权等成为学者关注重点。

第三，关于学位制度。伴随着《学位条例》的修订，预计学者将会探讨学位相关法律问题的历史、发展与未来，新的研究生学位类型等问题，对推动我国学位相关法律文件贡献力量。

专题二 研究生教育质量研究

2016年度质量研究文献突出内容和大体进展如下：2016年，研究生质量研究、评估与保障依然保持研究和关注热度，研究论文数量增多，主题内容丰富，研究方法多样。本年度，共检索出81篇期刊论文、40篇学位论文、8篇报刊文章、5部学术著作，总计134篇文献。在134篇文献中，有41篇期刊论文、12篇学位论文、4部著作、7篇报刊文章，共计64个文献被纳入专题文献综述。本专题围绕研究生教育质量现状、质量评析、质量保障三个小节主题开展，各小节根据文献数量和内容进行细分。

第一节　研究生教育质量现状

在研究生教育质量现状研究领域，2016年共有42.54%的文献与质量现状相关。根据文献情况，作者将文献分为“研究者探索研究生教育质量”“研究生感知研究生教育质量”以及“学位点动态调整”。学者们从不同方面针对2016年国内教育质量热点现状进行剖析并思考，其中学位点的变更是2016年专家学者的关注热点。

一、研究者探索研究生教育质量

教育质量永远是研究者的探索热点。研究者们分别从宏观现状与具体案例等角度入手探索研究生教育质量。

（一）宏观探索教育质量

本小节展现的是专家学者在宏观层面对质量问题的探析。学者们从理论入

手针对2016年国内教育质量热点现状例如就业质量、培养质量、专业实践等进行剖析并思考

全国政协委员中国教育学会会长钟秉林发现研究生特别是地方高校研究生，正在成为一个新的就业困难群体。当前深化学位与研究生教育改革，关键是要进一步明确中央和地方、政府和学校的职责，进一步强化研究生教育培养机构的主体责任，充分调动导师的积极性，建立质量导向的研究生教育管理体制和人才培养模式。为此建议：有序扩大高校研究生招生自主权，增强人才选拔的科学性和有效性。扎实推进学位授权制度改革，引导研究生培养机构准确定位、特色发展。优化研究生教育结构，增强对经济社会发展的适应性。加快以导师制为核心的培养模式改革，全面提升研究生教育质量。改革成本分担机制，建立稳定的经费保障机制。完善研究生教育质量保障体系，建立客观公正的评价机制。①

华东师范大学唐玉光认为，“十三五”期间，我国研究生教育要以服务需求、提高质量为发展主线，进一步调整研究生教育结构，适度扩大博士研究生发展规模，全面提高研究生教育的人才培养质量、知识创新水平和社会服务能力，为建设研究生教育强国奠定基础。经济增长对高层次人才需求是研究生教育规模扩大的首要动因，“十三五”是实现中华民族伟大复兴中国梦的关键时期，未来的一个时期也是高等教育发展对高层次人才需求旺盛的一个时期，我国研究生教育在水平、质量和规模上与主要发达国家特别是美国的差距是显著的。②

暨南大学刘涛认为，大学不是输送利益的文凭贩子，而是弘扬知识与思想的道场。在今天的社会生产体系中，博士意味着一种超越知识道场的普遍的“符号资本”。当前的博士培养的论文质量问题堪忧。现在越来越多的官员和商人开始将目光转向了文化场域中的“博士学位”，然后再在其他场域顺势营销，将其转化为可以进行资本兑换或权力增值的符号资源。博士学位逐渐进入一种官僚化的裙带结构中，辱没的恰恰是学术的尊严。保证博士论文的学术质量，也就是保卫学术的斯文和尊严。评价一位博导的学术人生，不仅要看他个人的知识贡献，还要看他培养了多少著名的学者，而后者才是博导更应该深思的问题。③

清华大学杨斌等人提出研究型大学中高质量的博士研究生教育，承担着培养高层次学术创新人才的使命。无论是普博生还是直博生、全日制博士生抑或

① 钟秉林．研究生教育亟须提高质量［N］．人民政协报，2016-03-13（25）．

② 唐玉光．研究生教育要有“质”有“量”［N］．光明日报，2016-01-09（9）．

③ 刘涛．还博士学位应有的学术尊严［N］．中国教育报，2016-05-26（2）．

非全日制博士生，他们的培养质量标准应该是一致的，即检验其获得学位时的质量是否达到了学校设定（也有人认为应该是国家设定）的要求。博士生培养质量与博士学位论文质量实属不同，并需要清晰分辨。①

东北师范大学王楠楠等人文以研究机会为中介变量，通过科学的实证研究过程，揭示其对培养制度和培养环境与培养质量关系的影响路径和作用机制。实证结果表明，培养制度和培养条件对培养质量具有正向影响，在培养条件的各个维度中，学术环境、师资条件和科研条件对培养质量具有显著的正向影响，而物质条件和教学条件对培养质量的影响并不显著。研究机会对培养制度和培养条件与培养质量的影响具有部分中介作用。②

专业实践是重要的教学环节，充分的、高质量的专业实践是专业学位教育质量的重要保证。山东师范大学魏薇表示专业水平重在学以致用，目前的全日制教育硕士研究生专业能力培养存在高师培养模式与基础教育貌合神离、实践教学缩水和教师指导缺位、对专业素养的培养重视不够三大症结。建议提升实践教学的内涵与质量、关注教育硕士研究生课程学习的有效性、摒弃培养过程的功利性，以此提升全日制教育硕士研究生专业学习水平。③

也有学者对国外质量管理进行了研究。浙江大学沈国琴对德国高等学校的质量管理进行了研究。发现德国高等院校以质量为定位，形成了四个层次的质量结构模式和三维的质量管理模式。完善的学科认证体系是德国高校质量管理的一个重要特质。德国高校的质量管理有政策、法律及组织方面的保障，并得到各联邦州的财政资助，所有这一切确保了德国高校质量管理工作卓有成效地开展，也为我国高校的质量管理提供了别样的启示。提出我国应该实施相应变革，评价主体不能仅由国家担当，而应呈现多元化趋势。国家应以政策和立法引导完善内外质量保障体系。④

《六说中国研究生教育质量》在《中国研究生教育质量年度报告（2016）》的基础上，按照数说、事说、省说、生说、他说、“十二五”说六个维度，以图表为主要表现方式，分层次、多角度地聚焦我国2015年及“十二五”时期我国研究生教育质量的概况。⑤

《研究生教育质量功能展开研究》在对现有研究文献进行归纳和总结的基

① 杨斌，康妮．博士制度“四问”及改革建议［J］．学位与研究生教育，2016（12）：1—4

② 王楠楠，李天鹰．博士生培养环境对培养质量影响的实证研究——基于研究机会的中介作用［J］．研究生教育研究，2016（02）：6—13.

③ 魏薇．对全日制教育硕士研究生专业学习水平的审思——兼评首届全国全日制教育硕士学科教学（语文）专业教学技能大赛［J］．学位与研究生教育，2016（05）：55—58.

④ 沈国琴．德国高等学校的质量管理［J］．高等工程教育研究，2016（01）：132—137.

⑤ 王战军．六说中国研究生教育质量［M］．北京：科学普及出版社，2016.

础上，综合运用质量功能展开理论、系统理论、利益相关者理论、教育管理理论和质量管理理论和方法，构建了研究生教育质量功能展开模型。以“相关者需求—质量特征—质量保障”为思路，围绕利益相关者的需求，配置研究生教育质量特征并采取质量保障措施，把相关者需求转变为研究生教育活动中的参与者和管理者都能够理解和执行的具体信息，以便于研究生教育质量管理和质量改进活动的开展。并以广东省典型高校为例，对模型进行了实证研究验证和具体应用。①

（二）具体案例探索教育质量

专家学者从具体高校、具体专业学位或具体某一问题入手，对教育质量开展了深入探究，其中也有不少学者针对具体案例提出提高教育质量的建议。

我国专业学位研究生教育改革已进入一个深化和推进落实阶段。开展专业学位质量认证，提升专业学位质量，有助于为国家经济建设和社会发展培养高层次专业人才。国务院财政部会计司副司长欧阳宗书认为，开展会计硕士专业学位研究生教育质量认证，是在培养单位数量迅速增加、培养规模跨越式增长且培养水平良莠不齐的形势下，确保研究生培养质量的必然选择。财政部为持续提升会计硕士专业学位研究生的培养质量，未来将要推广案例教学、强化MPAcc示范性联合培养实践基地建设两个重点，努力构建会计硕士相关平台，采用互联网思维整合信息资源，搭建全方位交流平台、在培养单位中开展深化改革试点。② 司法部国家司法考试司王红表示，为实现深化法律硕士专业学位研究生教育综合改革目标，教指委确定了五个方面的重点任务：健全完善法律硕士招生考试制度、积极探索法律硕士教育与法律职业资格衔接的思路和举措、积极推进法律专业学位研究生培养流程改革，建立“4+2”“4+3”培养模式、进一步强化法律硕士专业学位研究生教育师资队伍建设。③

长安大学张小民等人分析了研究生原就读学校类别与研究生培养质量的相关性。结果表明：来自不同类别学校的生源在研究生入学初试成绩和研究生课程学习成绩方面差异显著，在科学研究成果方面差异不明显；总体上随着研究生年级的升高，不同类别学校生源的质量差异逐渐缩小。认为在积极吸引优秀生源的同时，更应注重提高学科影响力，营造学术研究氛围，落实个性化人才

---

① 刘源著．研究生教育质量功能展开研究［M］．广州：中山大学出版社，2016.

② 王红，欧阳宗书，袁雯，等．深化专业学位研究生教育综合改革提高专业学位研究生培养质量［J］．学位与研究生教育，2016（01）：7—24.

③ 王红，欧阳宗书，袁雯，等．深化专业学位研究生教育综合改革提高专业学位研究生培养质量［J］．学位与研究生教育，2016（01）：7—24.

培养，健全质量保障体系，树立正确的研究生生源质量观。①

南京大学仇鹏飞结合现阶段南京大学实施公派出国留学项目过程中人员选拔的具体做法，探讨以学科发展、优中选优、项目需求为核心要素的国家公派研究生项目人员选拔机制，建议今后国家公派留学项目以服务学科发展和国家战略需求为导向，重点选拔；以“三个一流”为标准，优中选优；以特色项目为依托，分类选拔。②

西华师范大学李惠娜通过案例分析法，对 X 大学的专业硕士教育的生源质量、培养过程、输出质量的各个环节进行调研，透过数据深入分析揭示出地方高校教育质量不高的原因在于办学条件、招生宣传、培养目标、课程设置、教学方式、专业实践和学位论文考核方面存在不足。最后，本研究从高校自身建设出发，提出“倡导质量观念；扩大学校品牌效应，完善招生考试；创新人才培养模式；改善师资和指导水平；提升教学质量；拓展校外实践基地，加强专业认证；规范毕业考核和学位论文；增强学生自我认知”八个建议，以期提高地方高校的专业硕士人才培养质量，增强服务地方经济能力。③

博士学位论文的质量是最能够直接反映和衡量博士生培养质量的标准。曲歌选取了华东师范大学课程与教学论专业 2000 年至 2015 年 4 月 20 日已经答辩通过并上传至中国知网的 105 篇博士学位论文作为样本进行研究。发现课程与教学论专业样本博士学位论文呈现的基本特点为：专业前沿理论和一线课程与教学改革实践紧密结合；文献涉阅量大，研究视野开阔；论文写作规范、严谨，具有科学性；论文具有较强的创新性。不足之处在于部分论文存在格式不规范的情况、部分理论研究滞后于教育实践、存在一定的“近亲繁殖”现象。④

杭州师范大学陈龙翔将研究生教育质量解构为课程管理质量、教学培养质量及学生发展质量三大部分。揭示浙江省高校研究生教育质量在课程管理质量方面存在教学管理工作过于松散、专业培养方案不完善、专业课程与实践需要脱节、科研资源保障乏力等问题；在教学培养质量方面存在部分导师有效指导时间严重不足、一些导师指导能力十分薄弱等问题；在学生发展质量方面存在道德素养参差不齐、科研热情层次有待提高、独立科研能力亟待提升等问题。建议树立正确的研究生教育质量观、动态优化研究生课程实施、创设导师协同

---

① 张小民，李婷，徐玮．硕士生原就读学校与培养质量相关性分析［J］．学位与研究生教育，2016（07）：62—66.

② 仇鹏飞．完善选拔机制提高公派留学质量和效益——以南京大学实施国家公派项目为例［J］．研究生教育研究，2016（01）：23—26.

③ 李惠娜．地方高校专业硕士教育培养质量问题研究［D］．南充：西华师范大学，2016.

④ 曲歌．国内课程与教学论专业博士学位论文质量研究［D］．延安：延安大学，2016.

机制、完善师生考核指标体系、建构多元评价体系等。①

二、研究生感知研究生教育质量

在校学生满意度是衡量教育教学质量、教育政策实施效果等的重要尺度，为深入研究研究生教育质量及各类教育政策实施效果，不少学者运用问卷调查法、访谈法、文献法、个案分析法、定序回归分析法等多种方式开展了有关研究生教育不同方面的满意度调查。

为持续追踪研究生对研究生教育的满意度情况，北京理工大学周文辉等人对全国139所研究生培养单位的39715位研究生进行了问卷调查。调查结果显示：不同研究生群体对研究生教育的满意度呈现均衡化趋势；专业学位研究生满意率连续三年高于学术学位研究生；研究生对课程教学、科研训练、管理与服务的部分方面满意度较低；微信版问卷的满意率显著低于纸质版。对调查结果作了初步解释，并根据调查反映出来的问题，提出了提高研究生满意度的对策。②

复旦大学廖文武等人通过对九校联盟（C9）高校学术学位研究生的问卷调查，发现研究生对教育现状几方面的总体满意度较为良好，但不同类别、录取方式与学科门类的研究生之间的教育情况存在一定的差异。并对此提出对策建议：在课程方面，在规范现有基础课程体系的基础上，构建以研究生需求为导向，以灵活多样与开放为特征的课程教学系统；在科研方面，提升研究生科研兴趣，激发研究生科研潜力；在环境条件方面，切合研究生需求，积极寻求创新与突破；努力不断探索与创建具中国特色的拔尖创新人才培养新模式。③

华东师范大学田贤鹏为深入考察其对高校创新创业教育政策的实施满意度，研究通过编制问卷，对不同性别、学科、院校和地区的1463名在校学生进行调查。结果显示：高校创新创业教育政策实施的整体满意度一般，课程体系和实践指导维度的满意度较低，培养机制、考核方式和教学管理维度的满意度较高，而其整体及各分维度满意度在性别、学科、院校和地区等背景变量上呈现出不同程度的差异性。④

---

① 陈龙翔．浙江省高校研究生教育质量问题研究［D］．杭州：杭州师范大学，2016.

② 周文辉，黄欢，付鸿飞，刘俊起．2016年我国研究生满意度调查［J］．学位与研究生教育，2016（11）.

③ 廖文武，程诗婷，廖炳华，等．C9高校学术学位研究生教育现状的调查研究［J］．复旦教育论坛，2016（05）：67—74.

④ 田贤鹏．高校创新创业教育政策实施满意度调查研究——基于在校学生的立场［J］．高教探索，2016（12）：111—117.

北京大学王添淼以学习投入理论为基础，采用问卷调查法对北京高校汉语国际教育硕士生的学习情况进行了调查与分析。研究发现汉语国际教育硕士生学习投入度较高，整体学情良好，但科研参与度有待提高；汉语国际教育硕士生对所在学校教学和所学专业评价较高；汉语国际教育硕士生在个人发展方面评价较高；调查还发现，研究生的学习兴趣对学习投入整体水平具有显著影响。基于对研究结果的深入分析，提出了提高汉语国际教育硕士生学习投入度的四点对策。①

南京农业大学顾剑秀等人基于江苏省 8 所高校三年级及以上学术型脱产博士生的调研数据，从学生职业发展需求视角下分析博士生对博士生培养满意度的评价，并用定序回归分析法从博士生职业类型期望以及博士阶段受教育经历两方面探索影响博士生培养满意度的因素。研究发现，当前博士生职业类型期望多元化，大部分博士生并没有在读博后改变他们的职业期望。博士生对博士生培养满足自己职业发展需求的评价较低。参加国际会议的经历、和谐的师生关系、与非学术组织合作、参加社会实践以及职业指导均显著正向影响博士生对博士生培养满意度的评价。为了提高学生对博士生培养的满意度，提出应该为博士生提供多样化的培训和更广泛的社会经验，并且重视导师的职业指导以及发挥研究生院的服务功能，促进博士生培养与学生职业发展需求的有效连接。②

山东师范大学王芳以山东三所高等师范院校的 2014 级和 2015 级的 145 名英语学科教育硕士为调查研究对象，从个体特征（学习动机和目的、学习态度与学习策略）、环境因素（课程设置、学习参与者与网络资源）以及由个体特征和环境因素交互影响形成的学习体验度，对互联网背景下教育硕士的学习情况三个维度进行了全面的调查。总结出目前教育硕士的四个培养现状：一是教育硕士学习方式多样化；二是教育硕士学习需求多元化，学习体验度较低；三是教师反馈交流匮乏，师生互动性不强；四是课程设置结构不合理，重理论，轻实践。③

哈尔滨师范大学张巍以全日制的专业硕士为调查对象，采用文献法、调查法与访谈法三种研究方法，对当前全日制专业硕士教育中的质量问题等进行分析、整理与归纳，发现问题主要表现在以下几个方面：第一，学生自我定位不

---

① 王添淼．汉语国际教育硕士生学情调查分析与建议［J］．学位与研究生教育，2016（04）：46—50.

② 顾剑秀，罗英姿．学生职业发展需求视角下博士生培养满意度评价及其影响因素——基于江苏省 8 所高校的经验研究［J］．复旦教育论坛，2016（02）：72—78.

③ 王芳．互联网背景下高等师范学校英语学科教育硕士学情调查研究［D］．济南：山东师范大学，2016.

够准确；第二，学生职业认同感不强；第三，课程设置中实践环节匮乏；第四，教师培养意识有待提高，师资队伍建设与管理工作不到位；第五，管理模式缺乏特色；第六，学生学习生活环境满意度低；第七，学生参与科研情况不尽如人意；第八，学生实习实践环节重视度不够等。①

华东师范大学吕芳婷以学生学业满意度为切入点，以 H 大学 - 法国高师集团联合培养研究生项目为个案展开分析。调查结果显示：第一，学生对项目的总体满意程度介于稍微满意和满意之间，课程教学指标影响最大；第二，项目目前急需改善的是法语语法课教学方法和教学内容，以及学生参加校（国）外学术交流的机会；第三，不同性别、学科背景和年级的学生，在整体学业满意度上没有显著差异，但对个别指标存在显著差异；第四，参与项目的学生希望通过不同的方式来提前选择中方导师，并希望得到导师更有针对性的指导。②

科研是反映研究生教育质量的重要指标，但以往对研究生科研状况的测评主要是通过研究生的毕业论文和学术成果这种外部的硬性指标来衡量，缺乏来自学生本人的真实体验与感受。河南大学孙紫妍抓住科研学习这条主线，运用文献分析法和问卷调查法对河南大学学术型研究生的科研学习状况进行了满意度调查研究。发现河南大学学术型硕士研究生科研学习满意度达到了一般满意水平，学术型硕士研究生对学校提供的科研学习条件较为满意，但学生对于自身的科研状态是最为相对不满的。③

《中国研究生教育质量年度报告 2016》是中国研究生教育质量系列报告的第 5 部，由北京理工大学学位与研究生教育研究中心主持研发，北京理工大学学位与研究生教育研究中心主任王战军教授主编，周文辉副主任担任副主编。系列报告突出“年度”和“质量”主题，本报告对 2015 年度中国研究生教育质量概括、提高研究生教育质量的举措和存在问题进行评析；遴选出 2015 年中国研究生教育的九大质量事件、上海交通大学为质量单位和潘建伟为年度质量人物；依据指标对 31 个省、自治区、直辖市研究生教育质量进行排名；对 39715 名研究生进行满意度问卷调查；收集国外媒体对我国研究生教育发展的观察和评价，以及美国、印度和金砖国家研究生教育质量现状及发展趋势。④

---

① 张巍．全日制专业硕士教育质量存在的问题与改进策略研究［D］．哈尔滨：哈尔滨师范大学，2016.

② 吕芳婷．中外联合培养研究生项目的学生学业满意度研究［D］．上海：华东师范大学，2016.

③ 孙紫妍．学术型硕士研究生科研学习满意度调查研究［D］．开封：河南大学，2016.

④ 研究生教育质量报告编研组编著．中国研究生教育质量年度报告（2016）［M］．北京：中国科学技术出版社，2016.

三、学位点动态调整

2016 年学位授权点大幅度调整，共有 25 个省份的 175 所高校撤销 576 个学位点，包括大量博士学位授权点。此外，共有 25 个省份的 178 所高校增列了 366 个学位点。在全国第四轮学科评估结果即将出炉和国家“双一流”计划启动的背景下，高校学位授权点动态大幅调整的消息受到专家学者的广泛关注。

天津教科院王海莹认为学位点的“优胜劣汰”还应常态化。我国应紧跟世界研究生教育发展趋势，完善符合社会发展和遵循教育规律的动态学位点调整体系。构建以学位授权点的内部质量保障为主体，教育行政部门为引导，学术组织、社会团体参与的“三位一体”的学位授权点评估与监督体系。认为学位授权点评估应注重顶层设计，随后建立全国学位授权点质量信息平台，最后，建立学位授权点预警机制。①

北京大学教育学院沈文钦认为，学位点撤销是各国普遍采取的做法，打破学位授权的“终身制”有利于督促培养单位更加重视质量建设。在我国质量保障体系建设初期，政府部门的监管显得尤为必要，且政府的质量监管需要依赖学术共同体的专业判断。与国际相比我国目前的评估程序相对简单，评估指标和数据并未完全公开，未来应该进一步推进此项工作的程序规范化、方法科学化和过程透明化，特别要给高校提供申诉的渠道。研究生教育质量的提高根本上依赖于高校自身质量意识的建立、质量文化的形成和质量保障措施的落实。政府部门在履行外部质量监管职能的同时，应进一步落实“管办评分离”的原则，培育第三方评估机构，进一步扩大高校办学自主权，使学校更多通过自律机制保障和提高研究生教育的质量。②

21 世纪教育研究院副院长熊丙奇认为，以“不合格”为依据对学位点“做减法”，也是为了高校教育质量做加法。基于教学质量监控，对某些高校争取学位点时积极，争到后忽视了师资、人才培养的情况予以“撤点”式处罚，也是在去“劣质产能”，实现供给端优化。认为取消行政管理部门主导的优秀评估，而改为合格评估，才是履行教育监管责任，是对教育管理部门职能的回归。至于学位授予点在合格基础上，具体水平如何，不该由教育行政评价，而应由社会专业机构进行评价。这是推进教育管办评分离改革的必然要求。③

天津大学研究生院张立迁认为，通过学位点的撤增，高校从既往重视外在

---

① 王海莹．学位点优胜劣汰还需常态化［N］．中国教育报，2016－03－29（2）．

② 沈文钦．撤销学位点体现质量导向［N］．人民日报，2016－03－30（5）．

③ 熊丙奇．高校学位撤点也是教育供给端优化［N］．新京报：2016－03－27（A3）．

量化指标和静态发展性指标中解放出来，实现了学位点的优化布局和学科系统的优化再造。学位点“瘦身”这场“减法改革”是“双一流”建设的现实需要，也是教育供给侧改革迈出的重要一步，这也是对过去非理性发展的一种纠偏行为。其中有高校主动“瘦身”，彰显了高校办学自主权，突出了学位授权点的主体地位。期待未来能增强学位授权点对学科建设及研究生教育的适应性、引领性；同时开展周期性和常态化的认证和评估，结合自身学科与培养特色自我诊断，形成各司其职、开放互通的良性循环；并在培养质量至上的教育新常态下，坚持科学的研究生教育质量观，凸显学位点资源配置的长远规划，提高人才培养与经济社会发展的契合度。①

第二节　研究生教育质量评析

对研究生教育质量进行定量分析依然是根据文献内容，本节分为评价理念与方法和质量评价体系两部分内容。

一、评价理念与方法

近年来各类评价体系层出不穷，专家学者基于对理论的分析、概念的界定、实践调研、历史研究等方式对如何科学、有效地评价教育质量展开了思考。

北京理工大学李芬等人认为基于大数据的研究生教育监测评估，是利用现代信息技术持续收集和深入分析研究生教育系统中的有关数据，直观呈现研究生教育状态，为多元主体价值判断和科学决策提供客观依据的过程。研究生教育监测评估具有依赖数据驱动、强调状态描述、关注价值多元需求的特征，能增加评估的精确性、即时性、开放性，强化评估的预警与预测功能。②

浙江工业大学徐吉洪等人界定了“创新”与“能力”的意涵，在对现有关于“研究生创新能力”文献综述的基础上，从心理学、经济学、教育学、社会学和文化学等学科视野对“研究生创新能力”的内涵进行了释读，进而探索性地从多学科视角构建了研究生创新能力评价指标体系。该指标包括 5 个一级

① 张立迁．学位点“瘦身”为研究生教育提质［N］．中国教育报，2016－10－25.

② 李芬，王战军．基于大数据的研究生教育监测评估研究［J］．学位与研究生教育，2016（07）：15—19.

指标（创新思维、创新人格、知识结构、创新实践、创新成果）①

清华大学袁本涛等人经过调查发现，学科评估不仅受到了普遍关注，而且获得了利益相关方的高度认可。各方普遍关切的问题包括如何更好地实现以评促建、更有效地评估科学研究、更好地体现国际化办学及国际化评估、更好地评估专家团队，以及如何确定合理的评估周期、设置合理的材料报送规则等；并希望在下一轮学科评估中能够进一步提高评估透明度，扩大评估主体，推进特色化分类评估。②

武汉理工大学梁传杰等人基于武汉理工大学专业学位点评估实践，认为专业学位点自我评估要坚持学校自我评估与政府合格评估相结合、学位点自我评估与学科动态调整相结合、学位点自我评估与学科绩效投入相结合、综合评估与专项评估相结合、学术管理与行政管理相结合、学位点评估与后续建设相结合六项原则，在具体实施过程中要经历试点阶段和全面推进阶段，要找准专业学位点自我评估定位，明确专业学位点发展目标，强化专业学位点专项评估，引入多元主体参与自我评估。③

北京大学吕宏伟基于“认识论”和“政治论”论述了学术学位与专业学位研究生教育所体现的不同教育质量观，认为“学术学位”研究生教育重在突出“认识论”哲学观，“专业学位”研究生教育则更突出“政治论”哲学观。在此框架下对两种学位类型研究生教育质量价值系统模型（GEQVS）各要素间的区别和联系进行了分析，发现二者的价值增值体系的利益相关者和所体现的内容不同，但在教育终极层面目标一致。在对两种不同学位类型的质量分类评价过程中应当侧重考察学校的办学定位与研究生教育类型的吻合度、考察学校对多元利益相关者的关照程度和有效的制度设计、注重评价方式的分类、重视对培养过程的分类考察、避免僵化粗放地执行分类评价政策。④

中国政法大学曹昱晨认为学科评估体系中，重要的方面一是宏观的评估体系建构问题，二是具体的标准设置问题，需要注意学科评估标准的设立应兼顾国际化与本土化、学科群的划分及评估标准要相适应、人才培养质量的指标要

---

① 徐吉洪，郭石明，洪滔，等．多学科视阈下研究生创新能力评价指标体系的构建［J］．研究生教育研究，2016（03）：67—71.

② 袁本涛，李锋亮．对我国学科评估发展的调查与分析［J］．高等教育研究，2016（03）：28—33.

③ 梁传杰，范涛．对高校专业学位点自我评估的思考——基于武汉理工大学的实践［J］．学位与研究生教育，2016（07）：10—14.

④ 吕宏伟．不同质量观下两种学位类型质量价值系统的要素分析及其评价策略［J］．学位与研究生教育，2016（02）：40—44.

主客观相结合、学术声誉的评价应该更量化、学科文化的建设与发扬应考虑在内。①

东南大学耿有权认为世界一流大学亦被称为世界一流研究型大学，其主要使命是在开展高水平本科生教育的同时，着力进行较大规模的一流水平研究生教育特别是博士研究生教育。这不仅体现一流大学人才培养的质量内涵，而且能够说明一流大学的科学研究和社会服务的质量水平。在关于推动世界一流研究生教育质量发展中提出几点思考：切实遵循研究生教育规律，推动一流研究生教育科学发展；着力深化研究生教育改革，完善一流研究生教育体制和机制；抓住关键环节和要素用力，构建一流研究生培养模式；突出一流文化重要性，构建一流的研究生教育文化环境。②

华东师范大学吴蓓莉详细梳理了 1985 年我国学位与研究生教育评估工作发端以来国家在合格评估工作上的探索和评估实践。通过对比相关评估及其概念突显和揭示学位点合格评估特征及性质，认为学科评估和学位点合格评估分别在评估定位、重点、实施主体和方案等方面存在较大差异；本科教学评估和学位点评估分别在参评对象和条件以及评估指标体系等方面存在差异。提出学位点合格评估指标体系构建需要秉承科学性、公开公正性、客观性以及可行性等原则并构建了一套以引导性和诊断性相结合目的由“目标与标准”“基本条件”“师资队伍”“科学研究”“人才培养”“社会服务”和“特色优势”七大方面构成的合格评估指标体系。③

二、质量评价体系

2016 年涌现了许多新的质量评价体系，这些质量评价体系由学者们更为客观地从不同角度针对动态监测、科研竞争力、培养质量、就业质量、学科竞争力等方面所构建，在经过实际操作后，根据评价结果提出提高研究生教育质量的建议。

硕士研究生教育是我国高等教育的重要组成部分，对我国经济社会的发展和创新型国家的建设有着至关重要的作用。北京理工大学乔刚等人以在读研究生的视角，通过 8105 名学术型硕士研究生对整体质量、导师指导、课程质量、科研训练、管理与服务五个方面的评价，了解当前我国学术型硕士研究生教育的状况。并针对调查中发现的问题，提出加强课程体系建设、增强课程内容的

① 曹昱晨．“一流学科”的评价体系初探［J］．中国高校科技，2016（07）：40—42.

② 耿有权．“双一流”建设视域中的研究生教育［J］．学位与研究生教育，2016（08）：1—5.

③ 吴蓓莉．学位授权点合格评估工作探析［D］．上海：华东师范大学，2016.

前沿性、调动学生参与科研的积极性、提高管理与服务的水平、加强就业指导与服务五项具体建议。①

创新能力是研究生业务素质的综合体现，是研究生培养质量的重要标志。西北工业大学李圣等人采用大数据分析和数据挖掘法对西北工业大学近八年的上万组研究生创新实践数据进行研究。以研究生发展质量为切入点，通过克朗巴哈系数、基于时间序列的数据关联性分析检验创新实践平台建设给研究生发展带来的优势，并在此基础上，利用聚类和主成分分析方法，寻找影响发展质量的关键因素。指出在研究生培养过程中加入创新实践活动环节，能有效地激发研究生开动脑筋，启迪创新思维，尤其是公共创新平台的建设，为研究生参与创新活动提供了浓厚的环境和氛围。②

中山大学许长青以 CIPP 理论为基础采用 AHP 技术整合指标体系，构建了高水平研究型大学研究生教育质量动态监测评估 HLRU－CEQAM 模型。研究发现，在一级指标中投入质量是关键，研究生在大学本科期间的科技创新能力是影响研究生教育质量的首要因素。表示依托该模型，政府部门可建立“研究生教育质量动态监测评估信息平台”，诊断、监测与评估研究生教育质量，进而制定研究生教育质量的宏观战略决策；高校可建立大学内部的研究生教育质量动态监测评估信息平台，开展院校研究生教育质量评估，进而制定本校研究生教育发展战略。③

华南师范大学丰国政以美国科学信息研究所 ESI 数据来源为基础，运用文献计量学理论，构建科研竞争力评价指标体系，对广东省整体进入高水平大学建设行列的 7 所高校的科研情况进行综合分析，客观反映了广东重点建设高校科研竞争力在全球学术机构和中国大陆高校中的相对位置。认为广东重点建设高校要重视 ESI 评价指标，提高论文数量和质量，加强国际合作，促进一流学科和高水平大学建设。④

安徽财经大学程俊等人基于院校影响因素理论模型，对博士生教育输入—过程—结果质量进行评价实证研究，旨在突破传统教育评价学生主体缺位等的局限，并探究博士生教育输入—过程—结果质量的影响路径。研究发现，博士

---

① 乔刚，付鸿飞．我国学术型硕士研究生教育质量评价研究——基于在读研究生的视角［J］．研究生教育研究，2016（05）：60—65.

② 李圣，李勇，王海燕，等．创新实践平台对研究生发展质量的贡献研究——以西北工业大学创新平台建设为例［J］．研究生教育研究，2016（01）：11—16.

③ 许长青．高水平研究型大学研究生教育质量动态监测评估：理念、模型与应用［J］．学位与研究生教育，2016（11）：13—21

④ 丰国政．基于 ESI 数据库的广东重点建设高校科研竞争力计量分析［J］．高教探索，2016（03）：41—45.

生教育输入质量对过程质量和结果质量产生直接影响；博士生教育过程质量对结果质量产生直接影响；博士生教育输入质量通过过程质量要素对结果质量产生间接影响。①

南京农业大学罗英姿等人强调毕业博士调查是博士生教育质量评价的一个新工具，通过获取博士毕业生相关信息（职业路径、职业发展现状、博士生教育经历及回溯评价），来辅助于博士生教育质量评价。运用知识生命周期理论、社会化理论、匹配理论，将毕业博士调查和博士生教育质量评价紧密联系起来，认为运用毕业博士调查开展博士生教育质量评价是必要、可操作且有效的，博士生教育质量评价机构的选择决定着评价活动实施的效率和结果。②

东北财经大学肖吴通过问卷调查对长三角地区专科及其下学历、本科学历、硕士研究生学历和博士研究生及其以上学历学位毕业生的就业质量进行分析。在指标体系建立上借鉴了国内外众多学者理论，同时结合我国当代学校毕业生的特点设计出一份较能客观反映高校毕业生就业质量的问卷，在指标赋值上参考著名学者的权重赋值，最后通过数据分析得出了博士研究生及其以上学历学位毕业就业质量最高，专科及其以下学历就业质量最低的结论，分析认为主要是由于工作培训、劳动关系（主要反映在劳动合同的类型）等原因普遍降低了各个学历学位的就业质量，而每个学历学位也存在着同影响对应就业质量的因素。③

哈尔滨工业大学艾美银尝试从学科的竞争资源和学科的竞争成果两个维度来构建学科竞争力的评价指标体系，分别为主成分分析法、加权平均综合法以及聚类分析法，来对学科竞争力进行衡量。通过三种学科竞争力评价方法依次对 10 所工科类大学的学科竞争力进行测算得到排名，建议大学管理者可以通过增强学科组织创新、增强与竞争对手的差异性、改善学科关键因素和把握机会来打破平衡等方面来提高学科的竞争力。④

华南理工大学杨亚娟以广东省工程领域的专业学位研究生联合培养基地为研究对象和研究资料的主要来源，对 H 大学与 5 家企业和科研机构合作建设的联合培养基地进行了实地调研，最终建立了由基地条件、管理制度、人才培养、合作成果 4 个一级指标，人员配备、基础设施、资金投入等 12 个二级指标，导师队伍、管理队伍、研发团队等 29 个三级指标构成的专业学位研究生联合培养

---

① 程俊，李明磊．博士生教育输入—过程—结果质量影响路径研究——基于“院校影响因素理论”模型［J］．研究生教育研究，2016（05）：11—16.

② 罗英姿，张佳乐，顾剑秀．毕业博士调查：博士生教育质量评价的新工具［J］学位与研究生教育，2016（11）：22—27

③ 肖吴．学历学位对就业质量的影响［D］．大连：东北财经大学，2016.

④ 艾美银．大学学科竞争力评价研究［D］．哈尔滨：哈尔滨工业大学，2016.

基地的绩效评价指标体系。①

第三节　研究生教育质量保障

2016 年与研究生教育质量保障有关的文献占教育质量文献的 19.4%，根据文献内容，本节分为质量保障理论研究和质量保障体系的构建与实践探索两部分内容。

一、质量保障理论研究

建立教育质量保障体系的一个基本前提是全面地理解教育质量的深刻内涵，树立科学的教育质量观。不少学者通过对各类保障机制的分析、引用其他学科理论、比较国外质量保障体系等方式，针对质量保障开展了理论研究。

教育部学位研究生教育发展中心任超等人从国家要求、国际趋势、内生需求等方面论证构建学科建设自我监测体系的必要性，研究学科建设自我监测体系构建的内涵和方法，并提出动态监测、制度保障、多方参与、主客结合、外部协同、激励反馈等构建监测体系的六大要素。最后提出实施学科自我监测的五项基本程序，即制定监测方案、确定监测内容、获取监测数据、统计分析诊断、结果使用反馈，供有关高校参考。②

清华大学余寿文指出，教育部近 20 年在与质量有关改革中，始终把大学生的质量要求和工程单位、用人单位的需求结合起来。正确的教育质量评估是一个与专业评估、学科评估、高校科研评价、教师评价紧密联系、互相作用的系统。提出，要看到世界发生的变化，世界在变，质量的内涵也在变。现在的质量不完全是过去的数理化基础或者狭义的机器和设计质量，而是一个工程人才的综合素质，是现代工程背景下合格人才的全面发展的质量。③

黑龙江大学田苗以研究生教育内部质量保障体系为研究对象，以制度分析视角来审视现阶段我国研究生教育内部质量保障体系建设中出现的问题，发现

① 杨亚娟．专业学位研究生联合培养基地绩效评价指标体系研究［D］．广州：华南理工大学，2016.

② 任超，陈燕，周媛莎，等．英国 REF 评价对我国学科水平评估的启示［J］．高等教育研究，2016（11）：104—109.

③ 余寿文．对工程教育质量保证中几个问题的思考［J］．高等工程教育研究，2016（03）：5—8.

在人员要素方面存在主体参与不积极、导师在人才培养与学术研究间选择困难、研究生责任意识缺失等问题，建议设置专门机构与专业人员参与体系建设、充分调动导师参与体系建设的积极性、强化研究生责任意识；在制度要素方面存在资助力度发展不均衡、过程管理亟待完善、淘汰机制执行效果不明显、自评机制有效性待提高等问题，建议完善研究生教育资助制度、完善研究生教育过程管理；在目标要素方面存在体系建设目标有待明确、体系建设特色有待突出等问题，建议高校应明确自身发展目标与人才培养目标、高校应重视市场竞争机制在研究生教育内部质量保障中作用。①

海南大学研究生处蒋国洲等人运用经济学中的激励相容理论，分析当前我国专业学位研究生培养中诸多激励不相容现象，例如校方激励性政策的不相容、信息不对称问题比较严重、权责匹配体现不够充分、监督约束不到位。提出若要构建更具激励相容效果的专业学位研究生培养内部质量保障体系则必须满足的五个基本条件：激励目标明确；激励措施合理；信息有效对流；权责相互匹配；利益相对平衡。②

也有学者着眼于国外，对他国有效的质量保障机制进行分析解读。南京大学刘学东等人发现教育认证是荷兰研究生教育外部质量保障机制的核心组成部分。荷兰研究生教育外部质量保障机制分为院校和学位项目两个层次，包括院校认可、院校审查、新增研究生学位项目初始认证和已开设研究生学位项目评估四个方面。该机制有以下特点：政府在评估中起宏观指导作用；专家独立性是评估公正、权威的保证；学习结果是评估的关键要素；评估文化是质量保障的灵魂；国际合作是提升评估质量的重要途径。荷兰研究生教育通过认可、审查、评估与认证活动，推动高校改善内部质量保障体系，不断提升研究生教育质量。③

二、质量保障体系的构建与实践探索

除对质量保障的理论研究外，不少学者基于所发现的教育质量问题，着手于构建质量保障体系，并积极开展实践探索。

同济大学陈以一指出自 2005 年起逐步建立了全方位监控、本研全覆盖、循环闭合、持续改进的教育教学质量保证体系。主要特点体现在：从教学环节拓

---

① 田苗．制度分析视角下我国研究生教育内部质量保障体系研究［D］．哈尔滨：黑龙江大学，2016.

② 蒋国洲，刁晓平．激励相容视角的专业学位研究生培养内部质量保障机制研究［J］．研究生教育研究，2016（06）：13—17.

③ 刘学东，汪霞．荷兰研究生教育外部质量保障机制研究［J］．高教探索，2016（01）：33—37.

展到全因素，从教务系统拓展到全部门，从学校内部拓展到全社会。并提出全方位监控影响教育教学质量的关键因素、全员参与保障教育教学工作质量、闭合循环推进教育教学工作质量不断提升、内外结合形成质量保证工作的长效机制四点思考。①

鲁东大学苏春景等人基于对博士人才培养质量保障机制的认识，对鲁东大学在实施“服务国家特殊需求博士人才培养项目”的实践中，探索形成的具有自身特色的博士人才培养质量保障机制进行了阐述。通过建立项目质量保障责任制，明确博士人才培养质量保障的责任主体。提出课程体系设置既要强调学术导向，也要强化实践应用，把理论与实践融入课程体系。把导师队伍建设纳入到培养模式中，对于确保博士人才培养质量至关重要。②

西南医科大学蔚坤妍等人总结了X大学为保障临床医学专业学位研究生的教育质量，着力于建立三级管理构架，打造特色品牌基地，创新人才“优选”机制，构建核心课程体系，创建能力进阶机制，铸造质量反馈平台等，创立了既彰显学校“协同兴教，以教促医，以教促改”的办学理念，又突显西部地区住院医师培养特点与特色的医教协同“5+3”卓越住院医师质量保障体系。“5+3”质量保障体系建设实施方案与具体步骤为：统一思想，建立三级管理构架，形成四级联动新机制与改革新合力；结合新“标准”，创设“三元三创”基地考评指标体系，着力打造特色品牌基地；制定新“条件”，创新人才“优选”机制，首创“4+1”复试选才工程；依据新“方案”，构建“3+X”核心课程体系，应用三位一体的“CPT”教学方法；踩准新节奏，创建“三步走”临床能力进阶机制，打破师生交流壁垒。③

南京工业大学季青春基于GPA学业评价指标的跟踪分析，对人才培养质量进行过程性和发展性评价，从而对高等教育质量进行前馈、过程和反馈的动态监控，进而提出科学有效的学生事务管理范式，做到制度化常态化规范管理、精准化发展性评价、个性化综合素质导向，围绕高等教育系统质量的核心命题，实现高等教育科学有序的健康发展。④

浙江大学徐国斌等人基于人才培养的视角，从学生发展质量的维度，提出

① 陈以一．高等学校内部教育教学质量保障体系建设的思考——基于同济大学教学质量保证体系的建设与实践［J］．中国高教研究，2016（01）：51—53.

② 苏春景，韩延伦．创新博士人才项目培养质量保障机制［J］．中国高等教育，2016（10）：43—45.

③ 蔚坤妍，吕沐瀚，朱小平．“5+3”模式下临床医学研究生质量保障体系构建研究［J］．高教探索，2016（S1）：19—20.

④ 季青春．GPA精准化管理：高校人才培养质量监控及其启示［J］．黑龙江高教研究，2016（08）：64—66.

了研究生社会实践的质量观：围绕实践教育的实施过程，结合浙江大学的工作探索，提出基地化建设、课程化管理、多维化评估、全员化参与四大举措。构建资源质量、运行质量、评估质量、工作队伍质量全方位并行的研究生社会实践质量保障体系，并就进一步发挥导师质量保障作用。推动社会实践与专业培养的深度融合。创新社会实践多元模式等方面对研究生社会实践质量保障予以思考和展望。①

河北工程大学李占雷等人基于知识供应链的理念，以开题报告、中期报告、学位论文写作、毕业答辩为研究生学位论文知识链节点，剖析了学位论文知识链结构。在此基础上，采用专家打分法分析知识链节点质量影响因子，得出各节点质量的影响主因子分别是选题、开题报告建设性意见、中期报告小组教师建设性意见、论文评审。最后，依据节点质量影响主因子和协因子的构成，构建了研究生学位论文的质量保障体系。②

东华大学研究生部张翔等人认为，大数据由于其自身的大规模、高速度、多样化和真实性的特点，可为学位授权点质量数据的常态化监测提供坚实的技术支撑。以东华大学为例，在分析学位授权点质量信息要素和内容的基础上，探讨了以大数据为基础的学位授权点信息常态化监测模型——数据的筛选与集成、数据的挖掘与分析以及数据的反馈与利用，并分析了该模型的特点及未来发展前景。③

《医学专业学位研究生教育质量保障体系研究》是学术专著，从专业学位研究生教育质量保障体系的内涵、相关理论、研究现状入手，在深入分析国内外医学专业学位研究生教育质量保障体系建设概况的基础上，提出构建“系统常态化”医学专业学位研究生教育质量保障体系。本书分析了“系统常态化”质量保障体系的理论基础、基本特征和构建原则，并从内部质量保障体系和外部质量保障体系两个维度构建“系统的、常态化的”医学专业学位研究生教育质量保障体系。④

也有不少学者着眼于国外，从国外研究生教育质量中汲取经验为我国的发展提供参考。天津师范大学研究生院封旭红就以林奈大学的质量保障体系为例，

---

① 徐国斌，马君雅，王莉．基于人才培养视角的研究生社会实践质量保障体系建构——以浙江大学为例［J］．学位与研究生教育，2016（09）：13—17.

② 李占雷，于泓泉，李素莲．基于知识链的研究生学位论文质量保障体系研究［J］．高等工程教育研究，2016（02）：132—135.

③ 张翔，陆嵘，丁明利，等．基于大数据的学位授权点质量信息常态化监测［J］．学位与研究生教育，2016（02）：34—39.

④ 邬丽莎，朱小平，尹思源．医学专业学位研究生教育质量保障体系研究［M］．成都：西南交通大学出版社，2016.

发现瑞典林奈大学研究生的质量保障体系具有全局性的观点、高校的运行系统和开放的沟通渠道三个特点，并建议我国高校内部的研究生教育质量保障体系构建全面质量观理念的质量保障体系、构建多元的研究生教育质量评价体系、设计具有激励效用的制度保障体系。① 中国矿业大学谢梅等人对美国公立高校自愿问责系统的发展现状进行了探究并对未来发展进行了展望，发现该系统目前面临参与高校数量下降、信息披露不完整、不同信息板块的网页访问量差异显著、学生学习效果评价工具存在争议等问题，提出未来需要扩大影响力和增加参与高校的数量、增强与目标受众的有效沟通和提高网站访问量、扩大学生学习效果评估工具的选择范围。② 中国地质大学研究生院张俐等人指出其英国高校经过长期探索建立了较完善的博士生导师队伍质量保障机制，国家政策的积极引导、中介机构的有力监督、高校机制环境的主导及导师个人意志的驱使等因素共同推动着高校博士生导师队伍质量保障机制的有效运行。认为该机制在保障博士生导师队伍建设与博士生培养质量方面发挥着重要作用。③ 天津大学张宇等人从质量国际领先的英国工程博士教育入手研究，将英国工程博士教育质量中值得我国借鉴之处总结为：严格把关工程博士研究生入学申请，建立工程博士研究生培养机构审核制度；营造良好的培养环境，建立高质量师资队伍，确定灵活适切的教育内容；建立合理的教育成本分担机制；形成培养过程和学位论文质量监控机制。④

第四节　文献分布及特点分析

一、搜索文献数量

2011—2016 年，研究生教育质量研究文献总体数量逐年增加，见图 2 - 1。期刊论文数量稳定增加，学位论文、报纸文章、学术著作数量均显著增加，这

① 封旭红．瑞典林奈大学教育质量保障体系的构建及其启示［J］．研究生教育研究，2016（03）：91—95.

② 谢梅，李强．美国公立高校自愿问责系统的发展现状及未来展望［J］．现代教育管理，2016（12）：114—118.

③ 张俐，李祖超，黄杨．英国高校博士生导师队伍质量保障机制及其对我国的启示［J］．学位与研究生教育，2016（05）：73—77.

④ 张宇，肖凤翔，唐锡海．英国工程博士教育质量保障经验分析［J］．高等工程教育研究，2016（01）：138—142.

说明研究生教育质量研究逐渐受到学界关注成为研究热点。

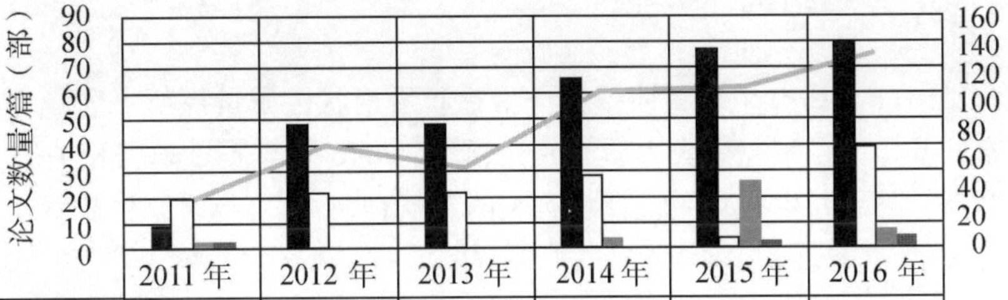

	2011 年	2012 年	2013 年	2014 年	2015 年	2016 年
期刊论文	10	49	45	66	78	81
学位论文	20	22	12	29	4	40
报纸文章	3	0	0	4	26	8
学术著作	3	1	1	1	3	5
总计	36	72	58	109	111	134

图 2－1　2011—2016 年文献检索情况

二、采纳文献的数量与类型

文献搜索后，经过人工关键词和摘要筛选得出与专题有关的研究文献。对文献进行综述，将反映专题研究现状、脉络、成果、方向，水平较高的研究成果纳入专题之中。图 2－2 反映出，纳入本专题的文献大体上逐年增加，2017 年度报告引用文献达到 71 篇。本专题使用文献以期刊论文为主，达到 66.2%；其次是学位论文达 16.9%；报刊文章达 11.27%，最后是著作为 5.63%。

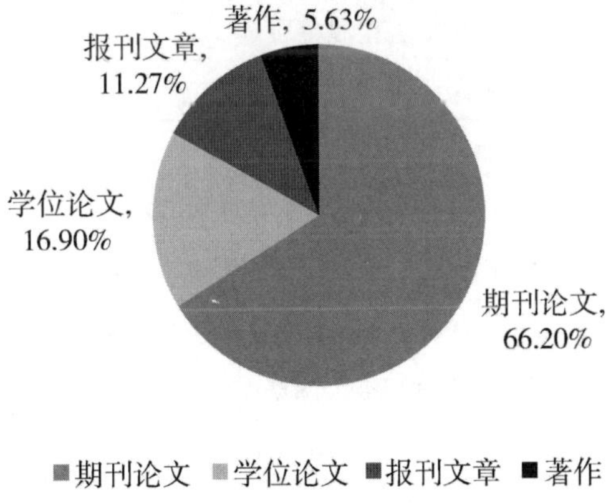

图 2－2　2016 年度本专题采纳文献类型

三、专题结构

2016 年，研究生教育质量三个主题质量现状、质量评析、质量保障文献数量有些差异，在研究生教育质量研究领域，2016 年与质量现状相关的文献有 57 篇文献，与研究生教育质量评析有关的文献有 51 篇，与研究生教育质量保障有关的文献有 26 篇。

在相关文献中，现状研究和评价分析的比例较多，质量保障研究比例相对较少。本章节各专题文献选取比例与在总体各主题文献占比相似，现状部分，研究者探索的研究生教育质量现状比例较多；评析部分，质量评价体系内容比例较多；保障部分，质量保障体系的构建与实践探索比例较多。

四、高频作者

在《研究生教育进展报告 2012—2016》及本年度报告中，共有 6 名研究者以第一作者身份在本专题出现三次及以上，即为研究生教育质量研究的高频作者，分别为王战军（7 篇）、周文辉（7 篇）、梁传杰（5 篇）、翟亚军（4 篇）、廖文武（4 篇）。表 2 – 1 列出了六年中高频作者及论文题目。

表 2 – 1　2011—2016 年研究生教育质量研究高频作者及研究内容（发表 3 篇以上）

学　者	论文题目
王战军	建立健全新时期研究生教育质量保障体系
王战军	构建研究生教育质量保障体系——理念、框架、内容
王战军	六说中国研究生教育质量
王战军	构建质量保障体系　提高研究生教育质量
王战军、李明磊等	研究生教育评估新思维
王战军、周文辉等	中国研究生教育质量年度报告 2015
王战军等	中国高等教育质量保障新理念和新制度
周文辉、李明磊	基于高校调查的研究生培养质量保障机制研究
周文辉、王战军等	2013 年我国研究生满意度调查
周文辉、王战军等	2015 年研究生教育满意度调查
周文辉、王战军等	基于在读研究生视角的满意度调查
周文辉、黄欢等	2016 年我国研究生满意度调查

续表

学　者	论文题目
周文辉、付鸿飞等	培养单位研究生教育质量报告：缘起与实施
周文辉、陆晓雨	专业学位硕士研究生课程教学现状及改革建议
梁传杰、毕姗姗	论研究生教育内部质量保障机制之构建
梁传杰、范涛	对高校专业学位点自我评估的思考——基于武汉理工大学的实践
梁传杰、张凌云	论高校学位点自我评估机制之构架
梁传杰	研究生教育内外部和谐质量保障机制构建
梁传杰、毕姗姗	论研究生教育质量保障机制之构建
翟亚军、王战军	省级政府学位与研究生教育管理职能历史演进
翟亚军、王战军	省级政府学位与研究生教育管理职能历史演进
翟亚军、王战军等	研究生教育质量的指数测度方法
翟亚军、王战军等	省级学位与研究生教育评估
廖文武、程诗婷等	教育生态学视角下的研究生教育质量自我评估体系构建探析
廖文武、程诗婷等	C9 高校学术学位研究生教育现状的调查研究
廖文武、廖炳华等	转型期复旦大学研究生教育的实践与探索
廖文武、陈文燕等	研究生教育质量影响因素分析与对策研究

五、研究方法

今年本专题研究所使用方法更加丰富，问卷调查法得到广泛应用，大部分研究采用问卷调查与访谈相结合的混合研究方法（表 2－2）。定量模型使用和运算统计更加高深，结构方程模型、定序 Probit 模型、多元线性回归模型、优先行动矩阵等都被使用到满意度调查研究中。总体上，有关研究生教育质量研究逐渐向规范的社会科学研究范式方向发展。

表 2－2　本专题研究使用研究方法统计

年份	研究方法	理论分析	问卷调查	内容分析	统计分析	访谈调研	比较研究	制度构建	历史研究
2014	数量	13	17	2	5	5	7	8	1
	比例/%	22	29	3	9	9	12	14	2

续表

年份	研究方法	理论分析	问卷调查	内容分析	统计分析	访谈调研	比较研究	制度构建	历史研究
2015	数量	23	6	1	10	1	12	1	0
	比例/%	40	12	2	18	2	24	2	0
2016	数量	23	7	4	9	3	6	7	2
	比例/%	37.7	11.48	65.57	14.75	4.92	9.84	11.48	3.28

六、年度文献研究特点总结与未来展望

经过分析，2016年度研究生教育质量研究文献呈现出以下特点：第一，关于质量现状研究的文献逐渐深入，既有宏观的把控与理论分析，也有结合具体实例进行的研究；第二，有关质量评析、质量保障方面的国际比较、欧美经验借鉴研究比去年有所增加；第三，研究方法方面，使用统计分析类文献增加，制度构建类文献数量减少；第四，专题二的文献整体理论化水平更高，研究基本有理论基础和依据。文献行文流畅，条理清晰，形成有关研究生教育质量的话语体系。第五，从研究内容比例来看，有关质量概念和质量保障理论这类偏重基础核心概念和基础理论的研究所占比例较小，未来还需要增加更加本质、基础的核心概念和理论探究。第六，有关质量保障体系建设实施前后，教育质量是否提高的实证研究尚显不足。

通过对本年度学科建设领域文献深入研究，本专题认为未来关于研究生教育质量研究将会更加深入，宏观的把控和具体实例研究的文献均会增多，两者并行发展。会有越来越多的学者基于国际教育质量的长处对我国的教育质量进行分析和提供建议，所以关注国外教育质量的文献会逐渐增多。研究方法会更加多元，不仅限于调查问卷、访谈等传统方法，模型建构等方法会逐渐成为主流。本章节的文献情况与时代热点结合紧密，一旦当年出现某一质量热点，必然会大幅涌现有关热点的文献。此外，自国家出台“双一流”建设相关文件后，高校管理层、学者、学生对研究生教育领域的“双一流”建设越来越关注，因而未来会出现对一流研究生教育的研究与思考会增加。

专题三

研究生培养研究

研究生培养研究一直是研究生教育研究领域关注的重点。2016 年，我国学者在 2015 年研究生培养研究的基础之上，持续关注了研究生培养的基础、核心问题，如培养模式改革、培养机制创新等，对研究生培养领域的前沿趋势、热点问题作了回应，如“双一流”建设、创新创业教育等。综观全年关于研究生培养的文献，主要有以下几个特点：①研究生培养模式研究特别是专业学位研究生培养模式研究更加精细、精准，案例研究具有推广、借鉴价值；②研究生能力与素质培养研究与时俱进，集中表现为创新、实践、创业能力研究持续升温；③研究生课程与教学研究不仅从宏观和微观层面阐述了研究课程体系建设、教学模式变革等核心内容，还增加了关于信息化、国际化课程建设与教学改革方面的研究。④研究生学位论文研究侧重于学位论文质量管理及影响因素研究。

第一节　研究生培养模式

研究生培养模式在研究内容上经历了一个由宏观到微观、由一元到多元逐步向纵深层次推进的过程，在研究形式上呈现出“多维度挖掘、多视角分析、多案例支撑”等特点。本年度关于研究生培养模式的研究文献有 91 篇，主要内容包括以下三个方面：①研究生培养模式改革研究；②在协同创新背景下，高校与企业、科研院所联合培养研究生的模式探索；③基于不同学科、不同专业的培养模式的改革与实践。

一、研究生培养模式改革研究

我国研究生教育已进入新的发展阶段，研究生培养的模式不断变革，内容不断丰富，这是我国研究生教育改革与发展的必然趋势，有利于调整和优化研究生结构，以满足社会对不同类型人才的需求。

东北大学张颖伟、鹿雪文等从研究生培养目标、培养过程、课程设置、质量管理四个方面出发，认为研究生培养模式改革与创新的基本路径是转变学生的思维模式、培养学生的研究能力；科学设置课程内容、紧扣学科前沿动态；建立客观公正的评价机制、完善研究生质量评价体系。① 福建农林大学许星认为，农业科学技术的发展和新型农业技术人才的培养都离不开“双一流”大学农业科学专业的建设。在“双一流”建设的背景下，对我国农业科学类研究生的培养模式进行了全新探索，构建了以产学研为核心的全新农业科学类研究生培养模式，与合作企业共同改善和提升目前我国农业科学类研究生的培养质量。②

在“2011 计划”实施的战略背景下，如何调整以往研究生培养的理念、目标、机制、环境等内容，以适应国家创新组织形式的新常态，已成为当前研究生培养工作关注的一项重要理论和实践课题。南京理工大学何振才从学术团队组建、学术资源共享、学术环境优化等方面分析了协同创新机制自身的特点和发展优势对高校的研究生教育产生的深远影响，提出了依托协同创新机制的研究生培养模式。③ 湘潭大学盛明科、邵梦洁认为国家协同创新战略的实施和推进，给研究生培养带来了许多新的变化和挑战。然而，当前高校研究生培养目标、理念、机制、方式等，还不能很好地适应国家创新组织形式的新常态，并在一定程度上造成了培养资源的割裂和闲置，制约了研究生创新能力和综合素质的提升。因此，协同创新战略实施环境下深化研究生培养模式改革，要树立协同创新培养理念、丰富协同创新培养方式、健全协同创新培养机制、完善协同创新培养评价体系。④ 厦门大学黄涛针对两岸关系和平发展协同创新中心在项目培育和实施阶段存在的问题，从研究生培养理念、机制、方式、评价体系等方面出发，提出协同创新环境下研究生培养要牢固树立研究生培养的协同创新理念、完善研究生协同创新培养的管理机制、丰富完善研究生培养的协同创新方式、建立完善研究生培养相关的绩效评价体系。⑤

① 张颖伟，鹿雪文．我国研究生培养模式的改革与创新［J］．中国高等教育，2016（20）：45—46.

② 许星．“双一流”建设背景下研究生培养模式探索——以农科类院校为例［J］．中国高校科技，2016（12）：48—51.

③ 何振才．基于“2011 计划”协调创新机制的研究生培养模式分析［J］．高等农业教育，2016（01）：90—92.

④ 盛明科，邵梦洁．协同创新环境下深化研究生培养模式改革的几点思考［J］．研究生教育研究，2016（01）：17—22.

⑤ 黄涛．协同创新环境下的研究生培养模式初探——以两岸关系和平发展协同创新中心为例［J］．研究生教育研究，2016（06）：44—48.

与此同时，科学学位、专业学位作为同一层次不同类型的两种研究生学位，因为培养目标的差异决定了其在培养模式上的不同，简而言之，学术型研究生以培养教学和科研人才为主，专业学位研究生主要是培养应用型人才。福建师范大学张文东、雷培梁认为分类推进应用型和学术型研究生培养模式改革是提高研究生培养质量的关键，并针对当前福建省属高校应用型与学术型研究生培养区分度不高、培养特色不够鲜明、培养质量与职业岗位要求还存在一定差距等问题，结合深化研究生教育综合改革要求，提出推进以提高就业创业能力为核心的应用型研究生培养模式改革以及提高科研创新能力为核心的学术型研究生培养模式改革。[①] 湘潭大学罗泽意、宁芳艳等人基于创新能力开发对专业学位与学术学位研究生培养进行比较分析，提出了专业学位和学术学位研究生培养的Y模式。在Y模式中，认为研究生创新能力开发过程中可将创新能力划分为基础性创新能力和适应性创新能力。前者是两类研究生培养都需要开发的创新能力，后者是两类研究生培养过程中的分离区域。[②]

近年来，专业学位研究生教育作为高层次、职业性、应用型人才的主要提供者，必须在宏观上紧扣这种变化中的社会需求、转型需求进行改革和创新。西华师范大学魏红梅认为当前专业学位研究生教育的社会认同危机尚未消解，人才培养模式改革进展缓慢，专业学位研究生教育改革体制机制障碍等问题已然构成改革的瓶颈。为了适应新常态和引领新常态，专业学位研究生教育要重新确立以增强对区域经济社会发展的服务贡献能力为首要目标，以实践为核心重建彰显专业学位特色的培养模式，以改革和创新为动力不断完善专业学位研究生教育体制机制。[③]

武汉大学刘亚敏、姜秀勤认为专业学位研究生培养模式是一个相对独立的系统，可以采用系统科学的方法对专业学位研究生培养模式的要素、结构、功能进行综合分析，发现专业学位研究生培养模式是按照一定教育规律将各要素串接、搭建起来的相互联系、相互作用、相互制约的有机结构，它不仅具有实体系统的功能，也具有认识系统的功能。因此，通过调整专业学位研究生培养模式的结构，优化培养流程，使专业学位研究生培养模式这个系统功能最大化，

---

① 张文东，雷培梁．分类推进研究生培养模式改革的路径——基于福建省研究生教育综合改革的思考［J］．福建医科大学学报社会科学版，2016（01）：27—30.

② 罗泽意，宁芳艳．专业学位与学术学位研究生培养模式异同研究——创新能力开发的视角［J］．研究生教育研究，2016（02）：43—46.

③ 魏红梅．“新常态”下我国专业学位研究生教育改革的创新探索［J］．学位与研究生教育，2016（03）：15—20.

从而更好地满足经济社会发展需求。[①] 此外，刘亚敏等人对我国专业学位研究生培养模式改革的动力来源、动力机制和价值取向进行分析，研究认为经济发展的驱动力、政治发展的牵引力和科技与教育融合发展的引领力是专业学位研究生培养模式改革的外原动力；高等学校自身发展的进取力、教师群体的内驱力和学生群体的推动力是专业学位研究生培养模式改革的内原动力。专业学位研究生培养模式改革既要充分关注动力，又要尊重动力激发机制、动力传导机制、动力聚合机制、动力协调机制和动力支持机制等动力运行机制。[②] 同时，我国专业学位研究生培养模式的改革必须坚持主导性价值取向。在理念层面，要以自由平等、公正法治、民主科学、效率效益为价值取向；在目标层面，要以育人为本、全面发展、因材施教、提高质量为价值取向；在过程层面，要以职业导向、分类培养、开放协同为价值取向；在操作层面，要以统筹兼顾、循序渐进、因地制宜为价值取向。[③]

二、以联合培养为代表的研究生培养机制创新研究

随着知识生产模式的转变，大学与企业、政府、科研院所等单位的互动日益频繁，国内外高校、科研院所、地方政府和企业积极开展各种形式的联合培养实践，不断将人才培养与企业需求、市场需求、国家创新战略需求有机融合，以满足社会对复合型人才的要求。本年度，学者们对联合培养的关注度持续增加，通过案例介绍了校政企协同、校企合作、校所合作等形式的联合培养实践。

河海大学沈金荣、曹世敏等从区域经济视角提出研究生协同培养生态系统的概念和健康表征，提出创新、协调、绿色、开放、共享五大发展理念对研究生协同培养及发展具有重大指导意义。在这五大理念的指导下，加强政策引导和法制建设，完善有序发展机制和可持续发展机制，依托区域优势产业扩大平台合作范围和建设内涵，推进人才与科技合作一体化建设等协同培养生态系统构建的思路，为工程科技人才培养提供参考。[④]

浙江师范大学邱欣、杨青等人基于“校—政—企”三方协同创新理念，提

---

① 刘亚敏，姜秀勤．专业学位研究生培养模式的系统分析［J］．研究生教育研究，2016（06）：80—85.

② 刘亚敏，胡甲刚．我国专业学位研究生培养模式改革的动力机制探讨［J］．学位与研究生教育，2016（06）：9—13.

③ 刘亚敏．我国专业学位研究生培养模式改革的价值取向［J］．研究生教育研究，2016（02）：1—5.

④ 沈金荣，曹世敏，等．专业学位研究生协同培养生态系统的构建与思考［J］．研究生教育研究，2016（05）：79—83.

出适用于我国普通高等院校工科硕士研究生的人才培养策略。即以高校理论导师与企事业单位实践导师协作培养研究生的“双导师制”为实施方式，实现课程教学与人才培养模式的改革与创新实践，增强教学的探索性、创造性和实践性，实现工科应用型、创新型人才培养的要求。① 南京审计学院王家华、王瑞以南京审计学院为例，提出以高校、政府、企业以及科研院所联合培养金融硕士的人才培养模式，包括校政企研合作开发建设校内仿真实验教学平台、合作建立金融研究中心、合作建立金融研究生实习实践基地、采用“两阶段”及“双导师”制联合培养金融研究生等，并针对校政企研在合作培养金融硕士的过程中可能遇到的问题提出了对策和建议。②

产学研合作平台是应用型人才培养的最佳途径，良好的校企协同培养机制是这一平台可持续发展的关键。南京信息工程大学李长波以南京信息工程大学为例，介绍产学研联合研究生培养模式。指出该培养模式下，多方优质科教资源得以有效整合，研究生实践创新能力得到提高，人才培养成效显著，行业贡献突出。在总结产学研联合培养研究生实践探索的基础上，对行业特色高校如何发展和完善这项工作做了进一步思考。③ 校企合作是当前创新人才培养的主旋律，持续推进校企合作是我国科技创新和人才培养创新的一项重大举措。河海大学沈金荣、张静辉以江苏某高校研究生工作站为例，在应用利益相关者理论分析校企协同培养的核心利益主体基础上，提出了协同培养的制度体系、多渠道经费投入机制和利益保障机制等。实践表明，构建和完善利益保障机制，有利于促进我国高层次应用型人才校企协同培养局面的形成，提高高层次人才培养质量。④ 北京化工大学谭天伟、于颖以北京化工大学校企联合培养工科博士研究生为例，阐述了校企联合培养模式通过培养主体的多元化实现了培养过程中的优势互补，初步构建了科学与技术相结合的课程体系，形成了理论与实践相结合的导师团队，实现了基础研究与应用研究相结合的科研训练方式，并促进了培养目标的多元化。同时，也指出了校企联合培养项目的持续性、提升博士研究生的科研水平等方面仍有待改进与完善，需要进一步探索。⑤

---

① 邱欣，杨青，等. 基于“校—政—企”三方协同创新的工科硕士研究生培养模式改革与实践研究［J］. 科教导刊，2016（12）：24—25 +29.

② 王家华，王瑞. 校政企研联合培养金融硕士模式创新与策略研究　以南京审计学院为例［J］. 研究生教育研究，2016（01）：80—85.

③ 李长波. 行业特色高校产学研联合研究生培养模式的实践探索——以南京信息工程大学为例［J］. 江苏经贸职业技术学院学报，2016（03）：81—85.

④ 沈金荣，张静辉. 专业学位研究生校企协同培养机制构建及实践研究［J］. 研究生教育研究，2016（02）：80—84.

⑤ 谭天伟，于颖. 校企高端合作　培养创新型工科博士［J］. 中国大学教学，2016（07）：12—15.

四川大学陈慧、鲍锦库以四川大学与中科院成都生物研究所的合作为例，为了进一步推动研究生培养管理机制改革，四川大学生命科学院秉承“创新教育模式，培养一流人才”的理念，自2009年起与中国科学院成都生物研究所合作，联合培养博士研究生。双方针对学科领域和专业特点，立足于以合作课题为纽带的培养模式，开展深度合作，共建科研团队，促进学科建设，构建人才培养长效持续机制，实现人才培养和科研创新双赢，并且在项目实践开展过程中，着力对资源共享、优势互补的新型培养模式进行探讨和总结，以期为发展高等院校高素质科研人才的教育教学培养机制改革提供更好的经验和借鉴。①

专业学位研究生联合培养工作取得了较好的成绩，但也面临诸多亟须破解的困境和难题，比如高校与“他方”联动不足、政府指导不够等问题，在大众创业、万众创新的浪潮下，专业学位研究生培养具有更加迫切的现实意义。浙江理工大学徐木兴剖析“众创时代”专业学位研究生联合培养面临的困境与难题，主张“三螺旋”理论是“众创时代”专业学位研究生联合培养模式优化的理论诉求与现实选择，提出“三螺旋”理论视域下专业学位研究生联合培养模式优化路径，即完善联合培养体制机制，优化联合培养过程，打造联合培养平台，建立健全联合培养质量保障机制。② 东北石油大学孙明明、刘巨保针对专业学位研究生培养中面临的培养模式僵化、知识结构单一、实践能力不足等问题，阐述了在此背景下东北石油大学构建和实施跨时域、跨地域、跨领域的“三跨”培养模式，实施多样化培养的模式和个性化的教育，提升了全日制专业学位研究生培养水平，为社会输送了更多高素质、高层次的应用型人才。③

三、基于不同学科、不同专业的研究生培养模式的改革与实践

研究生培养模式存在着学科差异，不同学科、不同专业的研究生培养有着自身规律，特别是面向应用型的不同学科专业学位研究生培养，既有跨学科、交叉学科的培养实践，又有个性化、专业化的培养实践。本年度学者针对工程专业、医药专业、法律专业、管理专业等不同学科的研究生培养模式进行了探讨。

跨学科人才培养已成为深化工科硕士研究生教育改革的重要手段，华南理

---

① 陈慧，鲍锦库．院校联合培养研究生创新模式探讨——以四川大学与中科院成都生物研究所的合作为例［J］．中国高校科技，2016（Z1）：102—104.

② 徐木兴．“众创时代”专业学位研究生联合培养模式优化研究［J］．学位与研究生教育，2016（06）：25—28.

③ 孙明明，刘巨保．以“三跨”模式培养全日制工程专业学位研究生的实践——以东北石油大学为例［J］．学位与研究生教育，2016（06）：29—34.

工大学张建功、杨怡斐等通过构建研究生跨学科培养模式评价指标体系，对我国高校工科硕士研究生跨学科培养模式现状进行实证调查，结果显示，高校在跨学科理念、组织管理体制、教育资源共享、跨学科培养规划及评价体系建立等方面存在一定问题，并有针对性地提出完善对策：推动跨学科理念深入人心、建立规范有序的资源共享机制、全面统筹规划跨学科培养工作、探索行之有效的培养评价方式等。① 沈阳建筑大学刘莉、孙丽结合沈阳建筑大学交叉学科研究生培养情况，针对研究生招生、培养、学位授予三个阶段进行研究，形成符合土建类院校交叉学科研究生培养模式。即科学、规范地设置交叉学科，建立与交叉学科发展相适应的创新人才培养模式。这样不仅有利于复合型人才培养，还有利于使科学本身向着更深层次和更高水平发展。②

近年来，工程硕士研究生教育规模呈现出跨越式增长，工程硕士培养受到了广泛的关注。创新工程硕士的培养模式、提高工程硕士的培养质量业已成为校、政、企等多方共同关注的问题。中国石油大学文永红、吴小林等人通过分析专业学位研究生教育的特性，提出全日制专业学位研究生教育应以职业需求为导向，工程硕士应以工程能力为导向，突出工程知识、实践能力、工程素养的培养。中国石油大学（北京）全面深化研究生培养机制改革，按照工程能力的目标导向，探索形成了“四个三”的全日制工程硕士专业学位研究培养模式。即：优化三个阶段，实行学习与实践交互式的校企协同培养；坚持三个原则，围绕工程知识构建开放的知识发展体系；依照三个层次，围绕工程实际构建递进的实践训练体系；坚持三个融入，围绕大工程观构建全面的工程素养体系。结合工程硕士教育的实践，剖析了当前专业学位研究生培养中存在的主要问题，提出了相应的对策与建议。③

东北林业大学刘亚秋、陈广胜等人以东北林业大学林业信息工程学科多元化研究生培养模式综合改革为例，基于林业信息工程学科的内涵和实际情况，凝练形成了“现代信息技术与数字林业”“林业智能装备与信息控制”“CPS 技术与林业服务物联网”和“高性能计算与多媒体支撑技术”四个学科研究方向，并明确了学科的人才培养目标。从优化课程设置、实施导师团队指导、加强产学研平台建设、完善奖助学金设置四个方面对研究生培养方案进行了优化和创新，构建了林业信息工程学科学术型、复合型和应用型研究生的多元化研

---

① 张建功，杨怡斐，等．我国高校工科硕士研究生跨学科培养模式调查研究［J］．高等工程教育研究，2016（04）：195—200.

② 刘莉，孙丽．交叉学科研究生培养模式研究［J］．教育教学论坛，2016（51）：229—230.

③ 文永红，吴小林．以职业需求为导向的专业学位研究生培养实践探索——以中国石油大学全日制工程硕士培养为例［J］．国家教育行政学院学报，2016（05）：80—85.

究生培养模式。最后，结合东北林业大学综合体制改革，从学科建设、研究生招生制度改革、研究生培养质量提升工程建设和研究生导师队伍建设四个方面，提出了与林业信息工程学科多元化研究生培养模式改革相配套的措施。① 福建师范大学林慧以材料工程、学科教学物理等专业型研究生为例，探讨了有益于提高专业型研究生培养质量的创新培养模式，即建立与学术硕士不同的培养方式，提现专业特色；实行校企双导师责任制；创新培养模式，多学科交叉培养复合型创新型人才。② 福州大学陈绍春以福州大学机械工程专业全日制专业学位硕士研究生的培养实践为例，基于课程改革实践，在课程体系的设计上强化良好综合素质的培养，尤其是对工程实践素质的强化。通过夯实机械技术领域上课程体系的科学基础，确立机械工程专业的专业学位硕士研究生课程体系的培养目标与素养结构，借助课程体系的构建，为提高机械工程专业的专业学位硕士研究生培养质量、促进工程实践素质培养以实现培育具有从事机械领域新技术、新工艺和新产品的研究开发工作能力的高层次工程技术或工程管理人才的培养目标奠定基础。③

在国家相关部委联合提出医教协同、全面提高临床医学人才实践能力的背景下，第三军医大学西南医院刘耀、邱学文等查阅2010—2013年国内关于药学专业学位研究生培养模式的文献，结合目前国内药学专业学位研究生的培养现状，认为我国药学专业学位研究生的培养模式存在导师力量薄弱、课程设置不合理、教育结构不健全、学生对专业学位的认同度不够高、质量评价体系不完善等问题。针对这些问题，文章有针对性地提出药学专业学位研究生培养模式改革需要加强教师队伍建设，开展联合培养；完善培养方案，改进教学课程，强化学位论文应用导向作用；加强实践基地建设；充分调动药学专业学位研究生学习的积极性和主动性；推进专业学位研究生培养与职业资格的衔接；完善质量保障体系等改革措施。④ 华北理工大学贾永森、杜晨光等人通过分析中医学术型研究生培养模式的现状，认为现有的培养模式主要存在的问题是研究生创新能力不足，并针对此问题提出了“两强化、一完善、两搭建”的培养模式改革对策，即强化导师队伍建设、强化学术能力培训、完善科研创新能力培养

① 刘亚秋，陈广胜，等．多元化研究生培养模式的改革探索——以东北林业大学林业信息工程学科为例［J］．中国林业教育，2016（04）：20—24.

② 林慧．浅谈高校专业型研究生培养模式——以材料工程等专业为例［J］．艺术科技，2016（07）：23＋80.

③ 陈绍春．以强化工程实践为导向的专业学位硕士研究生培养［J］．中国高校科技，2016（Z1）：70—73.

④ 刘耀，邱学文，等．关于药学专业学位研究生培养模式的探讨［J］．中国药房，2016（06）：851—853.

机制、搭建学术交流平台、搭建科研平台等对策，同时还提出培养模式改革的目标是提高研究生的创新能力，使研究生能够解决与临床关系密切的中医科研、学术问题。① 西南医科大学朱小平以某医学院校2013级研究生为调查对象，采用自编的《临床医学专业学位研究生培养模式改革与研究调查问卷》进行满意度问卷调查。结果显示学生对现行“双轨合一”人才培养模式总体比较满意，符合当前“医教协同”战略需要，有效地提升了人才培养的效率和质量。对于存在的不足，文章提出须进一步强化对研究生培养模式的认识，提升师资水平，完善培训内容和培训制度，建立灵活多样的临床能力考核评价体系。②

此外，北京师范大学徐胜萍等人以法律硕士（法学）专业学位培养模式为例，指出法律硕士（法学）以培养专业型、实务型的法律高级人才为目标，培养模式既不同于法学硕士，又与法律硕士（非法学）有所区别。法律硕士（法学）的培养应关照学生的学科背景，既要注重“专业型”的要求，又要突出“实务型”的特点，加强法律实务教学队伍的建设，改良教学方式，强化教学的实务性、操作性和互动性，同时构建与法律职业能力对接的考核体系。③ 齐鲁工业大学刘凤、刘伟以管理类研究生培养模式为具体研究对象，从研究生培养的目标、过程以及评价等主要方面，深入分析当前管理类研究生培养中存在的问题，针对性地提出可行性措施，从明确培养目标、实施差异化培养、创新教学模式、加强实践基地建设以及科学构建多元化培养评价体系等方面优化培养模式，提升管理类研究生培养质量。④

第二节　研究生能力与素质培养

研究生的能力与素质是衡量研究生培养质量的重要因素。本年度关于研究生能力与素质培养的文献有39篇，研究内容大致包含两方面内容：①研究生能

① 贾永森，杜晨光，等. “医教协同”背景下中医学术型研究生培养模式现状及改革对策［J］. 中国民族民间医药，2016（11）：141—142+145.

② 朱小平. 医教协同背景下临床医学专业学位研究生培养模式改革探索［J］. 中国社会医学杂志，2016（04）：332—334.

③ 徐胜萍，田海鑫. 法律硕士（法学）专业学位研究生培养模式探究［J］. 研究生教育研究，2013（05）：74—78.

④ 刘凤，刘伟. 管理类硕士研究生培养模式优化研究［J］. 当代教育实践与教学研究，2016（04）：77—78.

力与素质影响因素研究；②研究生创新创业教育研究；③研究生创新能力、实践能力和创业能力培养研究与探索。

一、研究生能力与素质影响因素研究

研究生的能力与素质包括科研能力、实践能力、创新创业能力等方面。本年度，学者以案例为抓手，主要从建设实践创新平台、优化学术生态环境、培养创新精神与创新思维等多方面分析了影响研究生能力与素质的主要因素。

李圣、李勇等采用大数据分析和数据挖掘法对西北工业大学近八年上万组研究生创新实践数据进行研究。以研究生发展质量为切入点，通过克朗巴哈系数、基于时间序列的数据关联性分析检验创新实践平台建设给研究生发展带来的优势，并在此基础上，利用聚类和主成分分析方法，寻找影响发展质量的关键因素，并指出创新实践平台有待加强和改进的领域，并提出可行的政策建议。①

全日制专业学位研究生是我国经济社会发展对高层次应用型专门人才的迫切需要，也是研究生教育科学发展和自我完善的内在需求。华南理工大学向兴华、李晴虹等通过质性研究发现，全日制专业学位硕士研究生实践能力包括实践动机、一般实践能力、专业实践能力、情境实践能力四个维度。其中，实践动机包括实践内生动机和实践外生动机；一般实践能力包括沟通能力、人际交往、团队合作、信息处理、自学能力；专业实践能力包括专业知识和专业技能；情境实践能力包括匹配分析力、整体规划力、执行力、应变力、反思力。提出全日制专业学位硕士研究生实践能力的核心是知识应用创新能力，在实践能力培养过程中四维度能力各司其职，缺一不可，实践动机是实践能力培养的前提，一般实践能力是实践能力培养的基础，专业实践能力是实践能力培养的核心，情境实践能力是实践能力培养的目的。② 卢曼萍、许璟从对全日制专业学位研究生职业能力内涵的分析入手，依据多目标决策理论对全日制专业学位研究生职业能力结构进行分析，认为职业能力包括职业知识、职业技能、职业潜能、情境性综合能力四个方面。同时，针对职业能力的结构，提出课程体系的科学化设置、专业实践环节的强化推进、科研训练方向的准确定位、毕业设计环节

---

① 李圣，李勇，等．创新实践平台对研究生发展质量的贡献研究——以西北工业大学创新平台建设为例［J］．研究生教育研究，2016（01）：11—16＋35.

② 向兴华，李晴虹，等．全日制专业学位硕士研究生实践能力结构的质性研究［J］．学位与研究生教育，2016（03）：62—68.

的优化创新是提高全日制专业学位研究生培养质量的重要途径。①

江苏师范大学高田钦、王保健基于对江苏省5所高校463名硕士研究生的创新性调查数据，采用结构方程模型探究创造性人格影响创新能力的内在机制，分析创新自我效能感发挥的中介作用。结果表明，硕士研究生创造性人格、创新自我效能感和创新能力三者之间两两呈显著正相关，硕士研究生创造性人格不仅可以直接影响创新能力的发展，还可以通过创新自我效能感的中介作用间接预测创新能力水平。研究生导师的积极帮助和硕士研究生自我的突破与完善可以有效增强硕士研究生的创新自我效能感，促进其创新能力水平的提高。②

二、研究生创新创业教育研究

创新创业教育的核心是创新教育，研究生创新创业教育就是要培育勇于创新、善于创新、实现创新，具备创新精神、创新能力和创新人格的高级专门人才，为创业教育注入源源不断的活力，服务国家经济社会发展。李长萍、吕安琳等认为，我国当前创业教育应树立以人为本的基本理念，以创新为核心，以素质教育为内涵，以专业教育为基础，充分发挥创业教育功能。基于这一基本思路，高校创业教育更应准确定位，立足于应用型人才培养，服务地方经济发展，构建应用型学科体系，加强实践教学。为促进创业教育发挥其应有之义，创业教育可采取以下路径：注重顶层设计，激发学生创业意识；构建创业教育课程体系，丰富学生创业知识；依托地方创业教育基地，加强创业实践训练；完善保障机制，确保创业教育落到实处。③ 如何构建创新创业教育的课程体系是大学有效开展创新创业教育的核心问题。马永斌、柏喆在梳理我国创新创业教育课程发展现状的同时，通过对清华大学的创业教育进行分析，提出要构建一个高效的创业教育课程生态系统，必须要从“专业教育与创业教育”“必修课程与选修课程”相融合的角度，突破目前创新创业教育课程缺乏系统设计、课程内容与实践脱节等问题，打造一个多层次的创新创业教育课程体系。④ 邵进基于南京大学近年来推进“三三制”人才培养模式改革以及“五四三”创新

① 卢曼萍，许璟．全日制专业学位研究生职业能力构成及培养路径研究［J］．学位与研究生教育，2016（11）：37—41.

② 高田钦，王保健．硕士生创造性人格和创新自我效能感对创新能力的影响［J］．中国高教研究，2016（12）：52 55.

③ 李长萍，吕安琳，等．创业教育的定位与发展路径［J］．教育理论与实践，2016（22）：28—31.

④ 马永斌，柏喆．创新创业教育课程生态系统的构建途径——基于清华大学创业教育的案例分析［J］．高等工程教育研究，2016（05）：137—140＋150.

创业教育体系构建的经验，提出了新时期高校创新创业教育工作的两个切入点：创新能力与跨界能力培养。文章指出，培养创新创业人才应该大力推进专业教育与创新创业教育的深度融合，在教学过程中注重学生批判思维的训练，并为培养学生的“跨界能力”搭建有效平台。①

华北电力大学李双辰认为，高校在创新创业教育体系建设中，应以自身学科专业优势和特色为基础，坚持推进教育教学改革，构建创新创业课程体系；坚持依托行业企业资源，完善创新创业实践机制；坚持加强资源整合力度，构建协同创新工作模式；坚持加大政策支持力度，加强创新创业服务保障；坚持努力营造校园氛围，注重创新创业文化建设。②

中国高校创新创业教育研究与实践近年来获得了快速发展，但在学科建设方面仍有潜力可以挖掘，需要以学科的标准加以规范和提高。东北师范大学王占仁认为，创新创业教育学科建设是一项系统工程，由于中国高校创新创业教育走过了一条政府驱动的快速发展道路，决定了中国高校创新创业教育具有整体性、开放性和时代性等学科化特性。创新创业教育学科建设需要结合中国国情走一条“专业式”与“广谱式”双轨并进、“问题导向”与“学科导向”兼顾、“政府驱动”与“高校需求”互动的特殊道路，加强平台建设和人才培养。③

大连理工大学赵哲、宋丹等分析我国高校研究生创业教育的主要态势和价值意蕴，并从筹建各具特色的区域自主创新创业示范区、全面推进研究生创业教育的培养机制改革、打造研究生创业教育的多样服务平台和丰富研究生创业教育的协同创新行动路径四个方面建构高校研究生创业教育的长效机制。④

胡春平、刘美平等指出当前高校创新创业教育存在的突出问题，提出以树立新的创新创业教育理念、加快推进高校研究生培养模式的转型发展、吸引社会资源参与研究生创新创业教育、建设创新创业教育实践平台、创新人才培养模式、提高研究生创新创业教育的合法性等方面为主要内容的具体举措。并以吉林大学为例，开展研究生创新创业教育改革的实践探索。⑤

---

① 邵进．创新创业教育的两个切入点：创新能力与跨界能力培养——南京大学的思考、探索与实践［J］．中国大学教学，2016（12）：40—43.

② 李双辰．立足学科专业优势　完善创新创业教育体系［J］．中国高校科技，2016（07）：4—5.

③ 王占仁．中国高校创新创业教育的学科化特性与发展取向研究［J］．教育研究，2016（03）：56—63.

④ 赵哲，宋丹，等．研究生创业教育：态势研判、价值意蕴和长效机制［J］．研究生教育研究，2016（03）：44—48.

⑤ 胡春平，刘美平，等．现阶段我国高校研究生创新创业教育：问题及对策——以吉林大学为例［J］．黑龙江高教研究，2016（02）：77—80.

三、研究生创新创业能力、实践能力培养研究

南京师范大学徐吉洪、郭石明等认为，高校研究生创新能力是一个复杂、综合、多元的概念。因此，我们需要从更广阔的视野来研究、分析研究生创新能力的内涵。文章界定了“创新”与“能力”的意涵，在对现有关于“研究生创新能力”文献综述的基础上，从心理学、经济学、教育学、社会学和文化学等学科视野对“研究生创新能力”的内涵进行了释读，进而探索性地从多学科视角构建了研究生创新能力评价指标体系。①

广西大学黄勇荣、蒋婷婷等认为跨学科培养研究生是提高我国研究生科技创新能力、培养拔尖科技人才的重要途径。现阶段，我国研究生跨学科培养尚存在招生遭遇“专业壁垒”、课程设置局限于学科性、导师跨学科素质不高、学生指导和引导不足、教育资源共享机制未建立等方面的问题。为此，我国高校跨学科培养研究生应采取“拓宽培养口径，推进跨学科招生；设置跨学科课程体系；强化导师跨学科能力的培养；建立指导学生跨学科选择课程和专业的制度；成立校级跨学科教育组织”等策略，从而促进高校研究生科技创新能力的培养。②

近些年来，科技的发展日新月异，社会对创新型人才的需求也日益增加，所以，如何培养新一代的科技创新型人才也成了重中之重。南京林业大学蒋国斌分析和研究在协同创新视角下研究生在培养科技创新能力的过程中出现的一些问题，通过创新教学方法、改革教学体制、提高教学质量等对培养创新型人才提出一些建议，有助于推进科学技术的创新，改革臃肿的教育体制，进一步优化对高新科技人才的培养。③

赵凤围绕农科研究生的创新能力培养机制展开研究，针对农科研究生创新能力培养中存在的创新资源不足等问题，提出构建农科研究生创新能力培养机制的过程中应注意兼顾两个内外力的作用，即以培养单位为主体提出的举措中的“外力”和以农科研究生自身为主体的“内力”。文章指出，“外力”的着力点应放在搭建平台、营造氛围、创建激励机制以及提供实践经验；“内力”提

---

① 徐吉洪，郭石明，等．多学科视阈下研究生创新能力评价指标体系的构建［J］．研究生教育研究，2016（03）：67—71.

② 黄勇荣，蒋婷婷，等．论研究生科技创新能力的培养——跨学科的观点［J］．黑龙江高教研究，2016（11）：82—84.

③ 蒋国斌．基于协同创新视角下的研究生科技创新能力培养［J］．中国高校科技，2016（11）：35—37.

升则侧重于自身的创新意识、创新能力和创新实践。①

王海燕、李春科等介绍了西北工业大学“翱翔创新计划”所包括的五大工程：研究生教育质量提升与保障工程、研究生培养体系结构优化工程、研究生创新能力提升工程、研究生教育国际化工程和研究生拔尖人才培育工程，以这五大工程建设为抓手，围绕学校高层次人才培养目标，多平台、全方位构建研究生创新能力培养体系，切实提高研究生创新能力。②

第三节　研究生课程与教学

课程与教学作为研究生培养过程中的重要环节，是提高培养质量、提升研究生创新能力和发展能力的关键因素。2016 年度研究生课程与教学的研究主要包括研究生课程教学改革研究、不同学科的研究生课程与教学研究、基于信息化的研究生课程与教学改革探索三个方面。

一、研究生课程与教学模式改革与实践

我国研究生课程教学长期存在着课程结构单一、知识更新缓慢、教学模式陈旧等诸多问题。我们必须认识到，研究生课程教学不是本科阶段的简单延续，研究生课程教学意在培养研究能力和创新思维，拓宽学生的研究视野，为未来从事科研工作奠定坚实的基础。因此，研究生课程与教学模式的改革是提高教学质量乃至保障研究生培养质量的重要举措。本年度学者分别就研究生课程教学改革、专业学位研究生课程教学改革以及基于信息化的研究生课程教学模式予以探讨。

2015 年，教育部发布《关于改进和加强研究生课程建设的意见》，指出，研究生课程设置以创新能力培养为重点，建立开放性、竞争性课程设置申请机制，鼓励开设研究方法类、研讨类、实践类课程，同时支持和奖励研究生教学。可见，课程教学作为研究生培养的重要载体受到了广泛的重视。华中农业大学韩鹤友、侯顺等认为研究生课程教学存在教育理念转型难、体制机制突破难以及变革动力缺失、传统模式失效等突出问题，面对时代变革的契机和挑战，研

① 赵凤．“内外力”兼顾培养研究生创新能力［J］．中国高等教育，2016（08）：51—53.

② 王海燕，李春科，等．研究生创新能力培养体系的构建与实践——以西北工业大学“翱翔创新计划”为例［J］．学位与研究生教育，2016（11）：28—32.

究生课程教学的改革和建设势在必行。从外部环境来看，要突破教育理念和体制机制上的瓶颈；从内部系统来看，要以信息化建设为抓手，开展教学内容、教学方式、学习方式、考核方式等“多位一体”的综合改革与建设。[①] 武汉大学王传毅、黄俭阐释了研究生课程设置的价值取向，即学科本位、社会本位和个体本位。基于这三类价值取向，提出现有的研究生课程存在的问题，并提出优化课程体系必须整合三大价值取向，发挥政府、院校和企业的合力。[②] 南昌大学喻登科分析了研究生方法论课程对传统教学模式的挑战，提出以在线学习共同体的思路来开展研究生方法论课程的教学工作。对在线学习共同体的建设维度和基于在线学习共同体的研究生方法论课程教学过程进行了总结归纳，提出了方法论课程教学的循环改进模式。[③] 研究生课程的学习在研究生培养过程中具有重要作用，加强研究生课程建设是提高研究生培养质量的关键，尤其是对纠正当前重科研轻课程的现象具有现实意义。云南师范大学杨文正、刘敏昆针对研究生专业课程教学中“研究性”缺失的问题，从培养目标、教师、研究生、教学评价和教学管理等方面剖析其成因，提出构建“研究性课堂”是强化研究生专业课程教学“研究性”的有效途径。阐述了“研究性课堂”的内涵及其承载的使命，提炼出“研究性课堂”的关键构成要素，基于系统论的视角构建研究生专业课程“研究性课堂”教学机制，从内部结构和外部反馈系统提出保障“研究性课堂”教学机制顺畅运行的有效措施。[④] 暨南大学方丽分析加强研究生课程建设的本然性与实然性、应然性与必然性的基础上，提出促进教师专业发展、助推课程建设的途径和措施。[⑤]

学术学位研究生和专业学位研究生因为培养目标的差异性，课程教学的实践也有所不同。胡春平、刘一心等从学术学位研究生课程建设的必要性出发，介绍了吉林大学优化学术学位研究生课程体系建设的具体措施，即明确目标定位，优化课程结构；丰富课程类型，提高综合素质；核心课程引领，“教、考”全面建设；强化体系实施，完善评价监控。[⑥] 专业硕士是具有职业背景的学位，

---

① 韩鹤友，侯顺，等．新时期研究生课程教学改革与建设探析［J］．学位与研究生教育，2016（01）：25—29.

② 王传毅，黄俭．基于价值取向分析的我国研究生课程体系优化研究［J］．学位与研究生教育，2016（07）：42—47.

③ 喻登科．基于在线学习共同体的研究生方法论课程教学模式探索［J］．学位与研究生教育，2016（04）：12—17.

④ 杨文正，刘敏昆．研究生专业课程“研究性课堂”教学机制探析［J］．研究生教育研究，2016（02）：53—58 +74.

⑤ 方丽．研究生课程建设与教师专业发展之我见［J］．研究生教育研究，2016（02）：64—67.

⑥ 胡春平、刘一心，等．学术学位研究生课程体系建设的思考与实践——以吉林大学为例［J］．学位与研究生教育，2016（09）：56—60.

培养具有实践能力的应用型高级人才。鲁东大学姜岚以全日制专业硕士的培养实践为着眼点，探索采用多角度、立体化、平台化的教学模式，重点是以学生为主体，发挥导师的主导作用，加强课程体系建设，突出专业实践教学环节的设计，整合优势资源和条件，构筑具有职业特色的高层次人才培养平台。[①] 南京农业大学刘国瑜认为我国专业学位硕士研究生课程体系还存在着目标定位模糊、课程结构不合理、课程内容选取不当、实践性课程落实不力等问题，提出专业学位硕士研究生教育的内在属性和价值取向决定了其课程体系建设应以职业需求为导向、以实际应用为主线、以综合素养提高为核心，并提出了明确课程体系建设目标、采用模块化课程机构、精心选取课程内容等改进建议。[②]

二、不同学科的研究生课程与教学研究

2016 年，我国学者对不同学科的研究生课程与教学给予了充分关注，主要以案例分析的方式，对教育专业、计算机专业、工程专业等学科的研究生课程与教学改革予以探讨。

郭永峰、毕波等以我国培养全日制教育硕士专业学位研究生的 20 所高校的师生为样本，对实践教学的现状进行问卷调查，发现教师对实践教学重要性的认识不够全面，实践教学体系未能充分体现专业学位研究生教育的实践性，实践性环节的教学比较薄弱，缺乏完善的评价制度和科学的评价指标体系，学生的满意度比较低等问题。提出，全日制教育硕士培养单位需加强对实践教学重要性的认识，设计系统化的实践教学体系，构建贯通式实践教学过程，制定科学的评价制度和评价指标体系。宁波大学施莉认为教学实践能力作为全日制专业学位教育硕士的核心能力之一，是其专业发展特点及发展前景所依。指出作为培养全日制教育硕士研究生教学实践能力的主要途径是教育实习。目前教育实习存在着时间不够充足、实习期间缺乏指导、实习鉴定考核粗略笼统、反馈沟通表达不畅等问题。文章指出，摆脱路径依赖、改变对实习的态度、建立长效畅通的沟通反馈机制、突出反思和分享的考核评价制度等是真正发挥教育实习在培养全日制教育硕士研究生教学实践能力中重要作用的有效途径。[③] 西南

---

① 姜岚．专业硕士实践教学培养模式探索与思考［J］．高教探索，2016（03）：104—106.

② 刘国瑜．专业学位硕士研究生课程体系建设之省思［J］．研究生教育研究，2016（03）：81—84.

③ 施莉．教育实习中培养全日制教育硕士专业学位研究生教学实践能力探析［J］．学位与研究生教育，2016（08）：25—28.

大学张学敏、侯佛钢分析了案例教学在全日制教育硕士研究生培养中的作用，认为案例教学是连接教育理论与教育实践的桥梁。充分发挥案例教学中教学目标实践取向、教育情景实践应用、教学内容实践转化、教学效果实践迁移等作用机制，可以较好弥合教育理论与教育实践之间的裂口、保障教育硕士的人才培养质量。[①] 山东师范大学王飞、张莉通过访谈和问卷调查，揭示出全日制教育硕士研究生教育类公共课程中存在的主要问题，强调应该基于教育实践的逻辑建构全日制教育硕士研究生教育类公共课程体系。[②]

王健、赵国生以计算机专业研究生课程“信息系统安全工程”为例，针对传统研究生课程教学的特点和不足，结合基于问题教学模式（PBL）的基本理论，进行教育教学方法的研究与实践。作者认为基于问题的教学模式在实现教学目标理论性与实践性有机融合的同时，能够使研究生教学课堂成为“学习共同体”的知识平台，对提高高校研究生课程教学质量起到深远的影响。[③]

研究型大学全日制工程硕士实践课程开发探析实践能力的培养是全日制工程硕士研究生培养的核心问题。华南理工大学刘婷、王应密等认为，研究型大学遵照以提升实践能力为核心的课程目标、实践性的教学场景、建构性的知识组织、教学嵌入学习者的实践活动之中、综合化的教师团队、研究型实践与实践中研究等原则，通过校企合作和项目实践两种方式来开发全日制工程硕士研究生实践课程，以完成高水平应用型人才培养的任务。[④] 王干、刁国旺等以扬州大学为例，阐述了建构主义理论视角下实践教学的核心观点及构建实践教学体系的基本原则，结合扬州大学的改革实例，探讨了构建全日制工程硕士生实践教学体系的各项措施。[⑤]

姜兆华、姚忠平等以哈尔滨工业大学化工学科界面化学类课程改革为例，文章认为，树立以人为本、创新为导向的课程观，根据人才培养目标的需求，从制定各课程教学大纲入手，围绕“一条主线”，构建“两个体系”，深化“三个结合”，对界面化学类研究生课程进行教学改革，形成启发科研思路的课堂教

---

① 张学敏，侯佛钢. 全日制教育硕士研究生案例教学的桥梁作用［J］. 学位与研究生教育，2016（08）：43—47.

② 王飞，张莉. 全日制教育硕士研究生教育类公共课程的困境及反思［J］. 学位与研究生教育，2016（07）：48—52.

③ 王健，赵国生. 基于问题的教学模式在研究生教学中的探索——以“信息系统安全工程”教学改革为例［J］. 黑龙江高教研究，2016（11）：91—94.

④ 刘婷，王应密，等. 研究型大学全日制工程硕士实践课程开发探析［J］. 高等工程教育研究，2016（01）：154—157 + 167.

⑤ 王干，刁国旺，等. 建构主义理论视角下全日制工程硕士生实践教学体系的构建——以扬州大学为例［J］. 学位与研究生教育，2016（02）：17—22.

学——提高创新技能的实践环节——服务于学位论文科技创新的课程群建设模式。①

南京晓庄学院王茜认为高校语言类学科教学模式应立足社会情景交际教学过程的全面融合，依托生活化教学模式的构建原则，注重情景化、社会化、生活化等三个方面的实践性功能探索，使其生活化教学模式具有的实践性启迪功能得到全面开发，增强语言类学科学生专业的社会适用性。与此同时，将社会化教学模式作为关键性补充，对高校语言类教学模式的实践性引导功能、实践性社会服务功能全面挖掘，提升高校语言类教学模式具有的实践性发展价值。②广西师范大学陈吉棠依据英语课程与教学论专业硕士研究生的专业特点与培养目标，提出课堂教学应该实行“四个转变”：对学生角色定位认知的转变、教材选用的转变、课堂教学方式的转变与学习评价方式的转变。③ 东北林业大学任冰认为专门用途英语在研究生英语教学中具有得天独厚的优越性，探讨非英语专业研究生专门用途英语教学的理论与实践，在一定程度上补充和拓展对专门用途英语教学研究的新视角。④ 哈尔滨工业大学王景惠、宋平基于中外博士生英语学习动机和学习需求分析，以跨文化交际理论为指导，借鉴世界一流大学的经验，采用中外博士生混合编班的方法，探索多元文化语境下的博士生英语教学模式，为发展中国家培养能够进行高水平的国际科学技术交流的新科学家。⑤

三、基于信息化的研究生课程与教学改革

随着信息化的发展和信息技术的广泛应用，传统的以教材或 PPT 为主要载体、以老师为中心的课程教学已不能完全满足研究生培养的需求。翻转课堂、慕课等新应用正是在这样的背景和需求下逐步走进公众视野，成为一种新兴的教学方式。

作为互联网时代特有的创新教学形式——翻转课堂，旨在让学生由浅表学

---

① 姜兆华，姚忠平，等. 基于培养创新能力为导向的研究生课程群建设研究——以哈尔滨工业大学化工学科界面化学类课程改革为例［J］. 黑龙江高教研究，2016（12）：122—125.

② 王茜. 论高校语言类教学模式的实践性功能［J］. 黑龙江高教研究，2016（06）：164—166.

③ 陈吉棠. 也谈硕士研究生课堂教学问题——从英语课程与教学论专业维度说起［J］. 学位与研究生教育，2016（08）：48—52.

④ 任冰. 非英语专业研究生专门用途英语教学研究［J］. 黑龙江高教研究，2016（06）：113—115.

⑤ 王景惠，宋平. 多元文化语境下博士生英语教学模式探索——以新科学家英语演讲与写作课程为例［J］. 学位与研究生教育，2016（07）：52—56.

习走向深度学习，由初级理解向深度理解发展。深度学习的本质与翻转课堂的旨趣相契合，因而也提供了新的研究视角。江南大学陈明选、张康莉以硕士研究生群体为研究对象，促进研究生深度学习的翻转课堂可以从四个方面进行设计，分别是课前自我理解、课上分享理解、课后反思理解和课终迁移应用。依此设计模式开展的实证研究结果表明，促进深度学习的翻转课堂设计有助于提升研究生的认知结构层级水平，促进师生之间的多元互动，显著增强深层学习动机与学习投入，深化深度学习策略的应用。① 北京交通大学莫永谊认为在研究生英语阅读课上运用翻转课堂的教学理念实施合作学习的教学模式，有助于将翻转课堂这一全新的教学理念与合作学习的有效教学方法有机地结合起来。此教学模式转变教师原有的角色，把学生真正放在中心位置，让学生成为课堂教学过程中的主体，通过表演、课堂讲解和讨论等合作学习方式，使学生在掌握知识的同时，获得实际运用英语的能力，从而真正实现英语的交际功能；同时注重教师对教学程序的主导作用和对教学活动的组织作用，进而有效地推动学生语言交际能力的发展。②

从 2012 年起逐渐盛行的 MOOC 所显现出的特点和优势很好地满足了现阶段研究生培养课程体系改革的要求。北京航空航天大学韩钰、张江龙等提出将 MOOC 引入研究生课程体系，承认其课程学分，使其成为研究生课程体系的组成部分和传统面授课程的有益补充。文中论证了将 MOOC 引入研究生课程体系的必要性与可行性，探讨了引入的具体机制及存在问题，并初步设计了一个将 MOOC 学分转换为实际课程学分的算法。此方案已在笔者所在单位针对博士研究生进行试点。③

第四节　研究生学位论文及质量管理

学位论文工作（从撰写到答辩）是研究生培养的重要环节，集中体现了研究生的科研能力和学术水平，是研究生培养水平最重要的标志。本年度关于研究生学位论文的研究偏重于学位论文质量及其影响因素分析，提出了学位论文

---

① 陈明选，张康莉．促进研究生深度学习的翻转课堂设计与实施［J］．现代远程教育研究，2016（05）：68—78.

② 莫永谊．翻转课堂教学理念下的合作学习模式研究［J］．学位与研究生教育，2016（04）：18—22.

③ 韩钰，张江龙，等．关于将 MOOC 引入研究生课程体系的思考［J］．研究生教育研究，2016（05）：49—52.

学这一新的概念。

衡量研究生培养质量重要标准的学位论文，其质量综合反映了培养单位研究生的科研能力和学术水平。宁波大学罗晖以学术型硕士学位论文质量管理为研究对象，对影响学位论文质量的管理因素进行了分析，并对提高学位论文质量的管理对策进行了研究。主要对策为：加强学位论文选题、开题、中检、评审和答辩等过程管理；建立学位论文评审申诉机制；建立导师遴选与聘任制度；建立激励政策；推行弹性学制，建立软淘汰制。① 军械工程学院李希亮认为要提高军校研究生学位论文质量，需从优秀学位论文评选、学位论文评阅、培养过程管理、优化招生考试制度、落实淘汰制度等方面完善激励机制，充分调动研究生和导师的积极性，形成良好的学习氛围，激发创新潜能，提高学位论文质量。② 河北工程大学李占雷、于泓泉等基于知识供应链的理念，以开题报告、中期报告、学位论文写作、毕业答辩为研究生学位论文知识链节点，剖析了学位论文知识链结构。在此基础上，采用专家打分法分析知识链节点质量影响因子，得出各节点质量的影响主因子分别是选题、开题报告建设性意见、中期报告小组教师建设性意见、论文评审。最后，依据节点质量影响主因子和协因子的构成，构建了研究生学位论文的质量保障体系。③ 李春根、黄天发介绍了江西财经大学自 2013 年下半年开始在财税与公共管理学院试点实行硕士学位论文答“末位审慎制”：即在答辩前，根据专业分类、导师规避、成绩均匀的原则将申请答辩的研究生分成若干答辩小组，答辩委员会对答辩情况进行投票表决，确定本答辩小组的最后 1 名（不完全限于 1 名）为“末位审慎”的对象，被审慎的研究生必须在导师的指导下结合答辩委员会提出的意见对学位论文进行修改，修改稿经导师签字后交由学院学术委员会再次审慎。此举措在很大程度上提升了学位论文的整体质量。④ 中国矿业大学宋妍、张明针对我国经管类研究生培养规模大但学位论文质量偏低这一现状，本文从培养过程、论文选题、论文撰写、论文评阅和研究生导师指导等环节分析影响经管类学位论文质量的因素，并针对性地提出了提高经管类研究生学位论文质量、进而提升经管类研究

---

① 罗晖．影响学位论文质量的管理因素分析与对策［J］．宁波大学学报（教育科学版），2016（06）：48—52.

② 李希亮．提高研究生学位论文质量的探索与实践［J］．学位与研究生教育，2016（07）：39—41.

③ 李占雷，于泓泉，等．基于知识链的研究生学位论文质量保障体系研究［J］．高等工程教育研究，2016（02）：132—135 + 173.

④ 李春根，黄天发．江西财经大学硕士学位论文答辩试行“末位审慎制”［J］．学位与研究生教育，2016（09）：77.

生培养质量和科研质量的相关对策。①

针对研究生学位论文存在的问题，如论文抽检、著作权保护等，学者对这一领域有所关注。东北师范大学曹雷、邢蓉等分析了国务院学位委员会办公室发布的《博士硕士学位论文抽检办法》的作用，对学位论文抽检中可能存在的各类问题以及相应的解决对策进行探讨与分析，以期对我国研究生学位论文抽检工作有序开展提供借鉴，以切实提高研究生学位论文质量。② 吉林大学张丹丹、张艳萍阐述了在研究生学位论文管理实践中存在的著作权侵权风险，介绍了国外的学位论文管理经验，对规避学位论文开发利用中的著作权风险提出了相应对策，如完善我国的学位论文管理制度、管理模式以及学位授予单位的版权政策，建立学位授予单位、国家图书馆及学位论文数据库共建共享的协作体系。③

此外，大连理工大学王续琨、李丽等认为以学位论文研究成果为基础的学位论文学，已具备新学科创生的基础条件，正在走向初创阶段。依据对学位论文研究文献的梳理，学位论文学的主要内容可以归并为学位论文基础研究、学位论文写作研究、学位论文文化研究三个板块。从科学知识体系的角度来看，学位论文学是生成于教育科学与语言科学之间并与管理科学有着密切关联的一门边缘学科，其近邻学科是高等教育学、研究生教育学、高等教育管理学和文章学、写作学。④

第五节　文献分布及其特点分析

2016 年，关于研究生教育培养方面的研究文献有 232 篇，其中期刊论文 210 篇、报刊文章 8 篇，专著 14 本。文献主要包括以下四个议题：研究生培养模式、研究生能力与素质培养、研究生课程与教学、研究生学位论文及其质量管理研究。

---

① 宋妍，张明．影响经管类研究生学位论文质量的因素及对策措施［J］．高等教育研究（成都），2016（01）：8—12.

② 曹雷，邢蓉，等．研究生学位论文抽检中的问题预判与解决对策［J］．学位与研究生教育，2016（01）：52—55.

③ 张丹丹，张艳萍．研究生学位论文开发利用中的著作权风险与对策学位与研究生教育，2016（06）：51—56.

④ 王续琨，李丽，等．关于学位论文学的初步思考［J］．河北师范大学学报（教育科学版），2016（04）：116—120.

一、文献分布

2016年度，研究生培养方面的文献共232篇（不含学位论文），被纳入此次综述的文献共77篇，均属期刊论文。相比2015年，纳入文献增加了16篇，本年度的文献总数少了43篇。从文献分布的结构来看，学术期刊论文占90.5%，报刊文章占3.5%，专著约占6%（图3－1）。

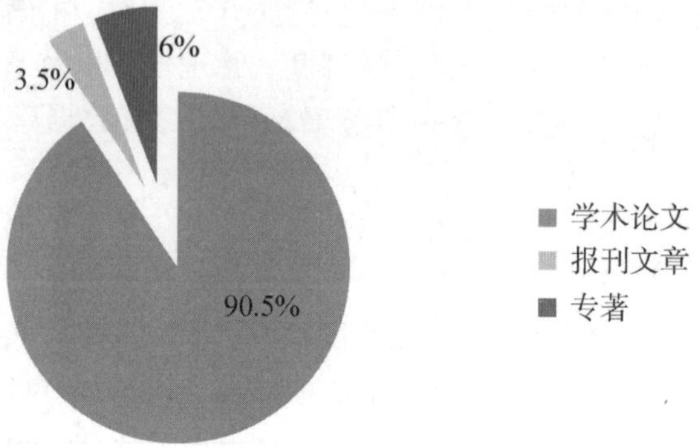

图3－1　2015年度研究生教育培养研究文献类别分布

笔者通过梳理研究生培养这一方向的期刊论文，发现本年度研究生培养方面以第一作者署名论文两篇以上的作者有14位，比2015年多了4位。其中，第一作者署名3篇论文的有一位，第一作者署名两篇论文的作者有李成明、李锋亮、梁传杰、李艳、吴蔚、张莉、赵清华等13人。2016年度本领域第一作者署名两篇及以上论文的详细情况见表3－1。

表3－1　2016年度研究生培养领域第一作者署名两篇及以上论文详情

篇数	作者	论文名称	期刊名称
3	刘亚敏	教育经济与管理专业硕士研究生培养现状及对策研究	学位与研究生教育
		教育生态学视角下的研究生教育质量自我评估体系构建探析	学位与研究生教育
		教育实习中培养全日制教育硕士专业学位研究生教学实践能力探析	学位与研究生教育
2	高田钦	创新实践平台对研究生发展质量的贡献研究——以西北工业大学创新平台建设为例	研究生教育研究
		创业教育的定位与发展路径	教育理论与实践

续表

篇数	作者	论文名称	期刊名称
2	胡春平	非英语专业研究生专门用途英语教学研究	黑龙江高教研究
		弗吉尼亚大学教育学博士与教育博士培养之特征、差异及比较、借鉴	学位与研究生教育
2	黄忠	高校综合改革的误区与出路	江苏高教
		工程博士培养的校企协同创新机制探析	黑龙江高教研究
2	梁传杰	基于结构方程模型的硕士研究生有效学习影响因素探究	研究生教育研究
		基于培养创新能力为导向的研究生课程群建设研究——以哈尔滨工业大学化工学科界面化学类课程改革为例	黑龙江高教研究
2	刘贤伟	加强谋划　扎实推进　确保专业学位研究生教育综合改革取得实效	学位与研究生教育
		建构主义理论视角下全日制工程硕士实践教学体系的构建——以扬州大学为例	学位与研究生教育
2	沈金荣	论研究生科技创新能力的培养——跨学科的观点	黑龙江高教研究
		论研究生廉洁教育的范式转换	学位与研究生教育
2	王传毅	人力资本梯度升级视野下的我国研究生教育供给侧改革	清华大学教育研究
		上海市深化专业学位研究生教育综合改革的思考与探索	学位与研究生教育
2	王红	试论沉浸式教学与军队专业学位研究生教育	学位与研究生教育
		硕士生创造性人格和创新自我效能感对创新能力的影响	中国高教研究
2	王亚杰	网络环境下研究生培养模式创新探究——北京航空航天大学经济管理学院的探索与实践	学位与研究生教育
		我国创新型人才协同培养的制约因素及对策	中国高校科技

续表

篇数	作者	论文名称	期刊名称
2	魏玉梅	我国校所联合培养博士生的模式及其网络结构特征研究	研究生教育研究
		我国研究生培养模式的改革与创新	中国高等教育
2	吴卓平	校企高端合作　培养创新型工科博士	中国大学教学
		校企协同创新培养博士：基于英国经验的思考	高等工程教育研究
2	张建功	也谈硕士研究生课堂教学问题——从英语课程与教学论专业维度说起	学位与研究生教育
		以“三跨”模式培养全日制工程专业学位研究生的实践——以东北石油大学为例	学位与研究生教育
2	张淑林	以跨院系教育中心为基础的项目制专业学位研究生教育改革	学位与研究生教育
		以强化工程实践为导向的专业学位硕士研究生培养	中国高校科技

二、研究方法

从研究方法上看，本年度研究生教育培养方面的文献仍以定性研究为主。常用的研究方法有经验总结、理论思辨、文献研究、比较研究等方法，这些研究方法的大量使用，应该说由我国研究生教育研究的“问题”的性质所决定的，我国研究生教育的问题，主要不是关于变量间因果关系的理论问题，而是关于“怎么做”的实践问题。对实践问题的精确描述需要调查研究和定量分析，但如果问题是明确的，研究的主要任务就是提出解决问题的方法。

值得关注的一个动向是建立在调查、问卷、访谈等基础之上，利用数理分析工具的实证调查研究方法，呈现出逐年增长的趋势，但通过分析还存在一些问题，如在运用调查研究方法方面，绝大多数调查研究的目的就是了解现状、分析问题、解决问题，而不是考察变量之间的因果关系、探寻客观规律。另外，存在调查方式单一、问卷设计不科学、调查分析不严谨等一系列问题。

研究生教育研究领域以案例分析为代表的经验总结研究方法，仍占据研究方法的较大比重；作为研究结果，经验总结提供了培养模式创新、教学改革的成功案例，这些成功的案例可经由推广借鉴从而引领改革，但经验总结还存在不足之处，需要进一步的规范和完善。

部分学者还运用管理学、社会学、历史学等学科的相关理论，如协同创新理论、建构主义理论等，对研究生教学培养中的现象、问题进行了深入地剖析，在研究生教育研究领域呈现出“学科交叉”的新态势。

三、研究特点

从研究领域来看，2016 年度研究生培养研究基本包含了研究生培养过程的全部环节，主要集中在分类培养模式改革与实践、研究生实践能力、创新创业能力培养、基于信息化背景的课程教学改革、研究生学位论文质量管理及影响因素研究等领域。

从研究热点来看，2016 年度研究生教育培养模式侧重于专业学位研究生培养模式研究、联合培养研究、不同学科研究生培养研究，涵盖了研究生培养模式发展与改革的最新动态。在国家和社会倡导创新创业教育的趋势下，研究生能力与素质培养方面主要侧重于创新创业教育、创新创业能力培养、实践能力培养等方面。本年度，不少学者对研究生创新创业能力的提升方法进行了探讨，研究文章有一定的借鉴价值。研究生课程与教学持续关注慕课、翻转课堂等新课程教学方式研究。在学位论文及质量管理方面，侧重于学位论文质量影响因素分析，学者们通过对学位论文质量影响因素的细致分析，为提高研究生学位论文质量乃至于研究生培养质量提供了可行性建议。2016 年度研究生教育培养主题与研究热点见表 3 - 2。

表 3 - 2　2016 年研究生教育培养研究主题与研究热点

研究主题	研究热点
研究生培养模式	专业学位研究生培养、联合培养、不同学科研究生培养研究
研究生能力与素质培养	创新创业教育、创新创业能力培养
研究生课程与教学	慕课、翻转课堂等新应用研究、不同学科研究生课程与教学改革研究
学位论文及质量管理	学位论文质量管理及影响因素分析

四、未来研究展望

随着我国由研究生教育大国向强国的转变，这两年研究生教育培养环境正在发生剧烈变化，社会各界对研究生培养质量的关注度也是前所未有，研究生培养质量问题已成为社会关注的焦点，培养质量提升也成为大家共同的期待，这无不表明我国研究生教育正站在一个新的起点上，正步入以质量提升为显性特征的新常态。如何认识这一新常态、适应这一新常态，进一步总结培养经验，全面分析教学培养改革中的矛盾与问题，创新研究生培养机制、培养模式，是今后一个时期该领域研究持续关注的重点、热点。具体来说，学界可能会对以下几个方面给予持续的关注。

（1）通过对本年度研究生教育培养的文献深度分析，笔者认为，随着“双一流”建设的实施和持续推进，研究生培养模式创新、课程与教学改革、研究能力与素质提升将持续成为近几年的研究热点。

（2）研究生能力和素质方面，除了着力体现创新创业能力培养、实践能力培养外，立德树人将成为研究生能力与素质培养的重要环节。在今后几年，如何将立德树人贯穿于研究生培养的全过程，如何提升研究生的创新创业能力将成为未来研究生能力与素质培养研究的重中之重。

（3）在未来研究生的课程教学探索实践中，研究生在线教育资源共享问题、线下线上相互配合问题将成为研究生课程与教学研究的新趋势。

专题四 研究生导师队伍建设研究

2016年度研究生导师队伍建设研究呈现文献数量显著增长、研究主题愈发聚焦、研究范畴不断扩散的特点。从数量来看，本年度研究文献共70篇，较2015年40篇，2014年41篇而言，涨幅明显。从主题来看，本年度研究聚焦于导师指导与师生关系、导师素质与结构研究，二者研究文献达51篇，已占据本年度文献数量的半壁江山。从研究范畴来看，本年度除延续关注了导师指导、师生关系、责任权力等主题外，还开始对导师的素质结构、角色身份、评价管理、指导限度等进行了探索性研究，大大丰富了本专题的研究范畴。

根据本年度文献呈现出来的特点，本专题主要分为五个议题：导师指导与师生关系、导师素质与结构、导师评价与管理、导师角色与身份、导师责任与权力。

第一节 导师指导与师生关系

2016年度，导师指导与师生关系研究文献29篇，成为本年度最受关注的专题。从本年度学者对导师指导与师生关系的研究情况来看，本议题研究内容的焦点集中于导师指导效果、导师在研究生思想政治教育的指导作用及导师风格；本议题研究方法多采用问卷调查方法，部分文献还采用了二维交叉列联分析法；本议题文献分布较为均衡，其中期刊论文19篇，学位论文8篇，报纸3篇。

一、导师指导

近年来已有大量研究表明导师指导行为对研究生科研绩效具有重要影响。中国科学院大学袁康、王颖等对中国科学院大学23161名博士研究生以及4574

名导师进行了实证研究，结果表明，导师年龄和担任行政职务情况对学生科研绩效有显著影响，导师主持国家级项目数量、项目经费和近年来学术成果与博士生科研绩效显著相关，导师学术地位显著影响学生科研绩效，百人计划和杰出青年基金获得者的学生科研绩效质量更高。① 本研究通过实证调查有力证明了导师在博士生培养过程中的关键作用。北京师范大学李湘萍、青岛大学梁锦涵等分别研究了师生科研互动对学生学业能力和科研能力的影响。其认为，导师指导低效是培养过程中的突出问题之一，提升研究生的学业能力与科研能力应从导师这一第一责任人身上入手，通过重塑职业精神，提高职业道德；重视课程教学，提高教学质量；优化指导模式，保证指导效果；完善遴选资格，落实评价机制等举措切身提高导师指导水平。②③

在政策导向背景下，导师在研究生思想政治教育的指导作用被引起较大关注。中国石油大学袁永红、高平发等认为导师是研究生思想政治教育的首要责任人，具有引导研究生形成正确的价值观念、培养研究生良好的学术素养、帮助研究生全面健康发展的职责。然而，目前导师在研究生思想政治教育中存在认识不到位、积极性不高、方法不得当以及教育脱节等问题。其号召应树立育人的责任意识，提高师德修养和育人能力，建立良好的师生关系，坚持教育与学术科研相结合，营造良好的团队文化氛围，发挥合力育人作用。④ 福建农林大学吴家铭以问卷调查与二维交叉列联分析法相结合的方法，对当前导师在研究生思想政治教育中发挥作用的现状进行了分析，认为存在师生关系淡化、缺乏交流互动、导师作用认识存在误区、思想政治教育责任缺位等问题。同时，其还对问题进行了原因分析，认为当前多数学校未对导师就研究生的思想政治教育问题进行系统培训，工作机制上存在较大疏漏。⑤

导师指导风格也是本年度关注的重点之一。中国地质大学侯志军、何文军等通过问卷调查发现：不同的学科类型存在着不同的导师指导风格和知识共享及创新特征，理工科研究生较多感受到控制型导师指导，而文科研究生较多感受到支持型导师指导；不同的导师指导风格对研究生专业认同、知识共享及创

---

① 袁康，王颖，缪园，汤超颖．导师科研活跃度和学术地位对博士生科研绩效的影响［J］．学位与研究生教育，2016（07）：66—71.

② 郭倩．研究型大学硕士阶段师生科研互动对学生学业成就的影响——以北京师范大学为例［D］．北京：北京师范大学，2016.

③ 梁锦涵．导师与研究生科研能力的关系研究［D］．青岛：青岛大学，2016.

④ 袁永红，高平发．发挥导师在研究生思想政治教育中的首要责任人作用［J］．教育探索，2016，(01)：99—101.

⑤ 吴家铭．导师在研究生思想政治教育中首要责任人作用机制研究［J］．教育评论，2016，(09)：130—133.

新的影响方式不同，支持型导师指导风格更能有效预测研究生知识共享及创新，而控制型导师指导风格则是更多地通过影响研究生的专业认同进而影响知识共享及创新。① 西北工业大学王雅静、天庆锋等通过问卷调查发现，导师自主性支持对博士生科研产出具有正向影响，构想自我效能感在上述关系中起完全中介作用，创造性人格对自主性支持与构想自我效能感之间的关系起正向调节作用。② 中国科学技术大学檀成华还对自主性支持对学生心理的影响进行了补充，其认为导师自主支持不仅会直接促进研究生创造力，同时还会引起学生心理层面上的变化，通过增强学生的自主性动能和创新自我效能感，进而对创造力产生影响。③

二、师生关系

师生关系、导学关系一直是近几年关注的焦点，本年度仍表现出较强的关注度。南京邮电大学徐水晶等认为中国研究生教育中导师和研究生的关系出现了较多的问题，部分导师以自身利益为本，通过把研究生当无偿劳动力、接受研究生送礼、从研究生那里谋取科研项目及侵占研究生科研成果等方式，谋取自身利益。其认为，研究生教育中出现师生关系问题原因复杂，其中较为突出的是一些导师对师生关系主体定位问题、研究生与科研助手之间的关系问题的认知存在偏差。其提出，师生关系应以生为本，研究生的角色定位不应是导师的科研助手，并建议纠正导师和研究生之间的关系，需要在理清师生关系、研究生与研究助手之区别的基础上，以规范导师行为为重点，赋予研究生更多选择权，限制导师权力，明确导师责任，规范研究生参与课题研究模式，改革导师评价机制和研究生培养机制，明确禁止导师与研究生联合发表学术论文等科研成果。④

针对师生关系存在的问题，不少学者提出了建立“师生共同体”的呼吁。常州大学龚放等对“师生共同体”进行了概念辨析，其认为人才培养是最基本的任务和最核心的使命，大学应作为并且成为“师生共同体”，师生课堂上的

---

① 侯志军，何文军，王正元．导师指导风格对研究生知识共享及创新的影响研究［J］．学位与研究生教育，2016（02）：62—67.

② 王雅静，田庆锋，蔡建峰．导师自主性支持对博士生科研产出的影响机制研究［J］．学位与研究生教育，2016（04）：60—64.

③ 檀成华．导师自主支持对研究生创造力的影响机制研究［D］．合肥：中国科学技术大学，2016.

④ 徐水晶，龙耀．中国研究生教育中导师与研究生关系问题研究［J］．现代大学教育，2016，(05)：80—87.

互动及课后的密切接触，构成了大学师生共赢的局面。“师生共同体”包括认知拓展、情感互通和共生、创生三重境界，“师生共同体”的现实重构尽管困难重重，却是势在必行、时不我待之举。[①] 江西财经大学李春根、陈文美等提出了共同需要、平等互信、优势互补、教学相长是导师与研究生命运共同体理念的内涵，并给出了“师生共同体”的构建路径：以制度建设保障师生共同需要，以平等对话实现师生身份平等，以自身发展促进师生共同提高。[②]

第二节　导师素质与结构

2016 年度，导师素质与结构研究文献 22 篇，成为本年度第二关注的专题。从本年度学者对导师素质与结构的研究情况来看，本议题研究内容的焦点集中于导师总体能力与素质、不同科类导师的能力与素质及师资队伍结构与建设；本议题研究方法多采用文献研究方法；本议题文献分布较为集中，其中期刊论文 18 篇，学位论文 3 篇，报纸 1 篇。

一、导师总体能力与素质

不少学者对导师的能力进行了分析研究，认为导师的总体能力主要体现为专业能力与教学能力。四川师范大学周波提出教学专业发展是高校教师专业发展的重要内容之一，其核心在于树立教学学术理念和积极开展教学学术研究。教学学术使教学不仅具有教育属性，还具有学术属性，可以从根本上化解了科研与教学的矛盾，利于高校教学中心地位的复归。教学学术以全新的理念创新教学专业发展、以明确的目标激励教学专业发展、以多种形式促进教学专业发展、以完善的制度保障教学专业发展，为高校教师教学专业发展提供了全新的视角和内生点。[③] 南京大学王守仁、施林森等结合南京大学实践，探讨了教师教学发展中心的定位、理念、工作内容，提出教师教学发展中心应该致力于提升教师教学能力，主动服务学校教学改革，促进教学科研的深度融合，推进教

① 龚放．大学“师生共同体”：概念辨析与现实重构［J］．中国高教研究，2016（12）：6—10.

② 李春根，陈文美．导师与研究生命运共同体：理念与路径构建［J］．学位与研究生教育，2016（04）：55—59.

③ 周波．教学学术：高校教师教学专业发展的内生点［J］．国家教育行政学院学报，2016（04）：47—52.

师教学从自在到自为的转变。①

在导师素质研究方面，“德”成为重要的讨论对象。北京大学严纯华提出，“立德”和“守正”是导师和研究生的共同责任。其阐述了研究生导师的概念与内涵，认为导师应“因人而异，以人为本”，做到因材施教。同时要能激发学生探索科学的热情，培养学生具有适应各种环境、解决复杂问题的能力及科学研究以外的技能，并从课程学习、科学研究、交流合作、学术规范、心理健康等方面探讨了怎样当好研究生导师。② 德国图宾根大学戴乃恩等强调了“陶冶”在学生成长中的重要价值与意义。其提出，真正“大爱”的精神培育一定不是灌输的，而是要通过经年累月的“陶冶”化育而成的，因此导师应注重“陶冶”，懂得呵护“心生命”的教育之魂，努力寻求通往“幸福·心灵·自由”的教育之路，并且会将教育引向“大爱”的精神。③

二、不同科类导师的能力与素质

工程实践类导师与就业导师仍成为关注的重点。华北电力大学赵黎明、赵冬梅等以华北电力大学为例，阐述了工程硕士研究生培养与高级设备监理师资格对接的基本情况，以案例形式就工程硕士与高级设备监理师对接中的探索和实践进行了详细的剖析，并就取得的成效进行了简要分析。④ 南通大学吴洁提出就业导师制是基于高校就业问题解决建立的一种新的大学生导师制度，不过据目前的运行状况来看，还存在很多不足的地方，与高校研用双型人才培养模式的要求相差较大。据此，其建议我国高校务必要主动按照研用双型人才培养模式的要求，以研用双型人才培养为目标，注重就业导师的选拔与素质提升，拓展就业导师工作的内容，整合就业导师工作的方式与平台，营造好就业导师工作的环境和氛围，注重就业导师工作绩效的考核与督导，不断完善研用双型人才培养模式下就业导师制度，以此提高大学生就业求职的理论水平与实际水平。⑤

---

① 王守仁，施林森．聚焦教师教学能力提升　推进高校教师教学发展中心建设［J］．中国大学教学，2016（04）：75—80.

② 严纯华．传道授业解惑　守正立德垂范——如何当好研究生导师［J］．学位与研究生教育，2016（09）：1—4.

③ 戴乃恩，姜勇，戴双翔．论注重“陶冶”的教师——基于文化教育学派的思考［J］．教育发展研究，2016（Z2）：109—113.

④ 赵黎明，赵冬梅．工程硕士研究生培养与高级设备监理师资格对接的探索与实践——以华北电力大学为例［J］．学位与研究生教育，2016（11）：51—55.

⑤ 吴洁．“研用双型”人才培养模式下就业导师制完善途径探究［J］．黑龙江高教研究，2016（04）：133—135.

不少学者还对不同专业导师的群体特征进行了研究。河北大学李明忠等探究了我国高等教育学专业研究生导师的群体特征。通过对我国117个高等教育学学位点的834名研究生导师群体状况的数据分析显示：高等教育学学位点分布不均衡；导师梯队建设不合理，性别差异显著，专业化程度较高，但专兼职比例失衡、担任行政职务人员比例较高。因此，其提出需要积极制定我国高等教育学专业学位质量标准，加强学位点质量管理；完善研究生导师队伍遴选、管理与评价机制，加强导师队伍建设。① 天津外国语大学花亮对翻译专业口译教师进行了调查研究。通过对翻译专业口译教师职业发展相关的提升与进修、科研与理论研究意识、口译实践活动意识、口译人才培养理念与方法论四个维度的内容进行调查，可以看出翻译专业口译教师队伍拥有积极的口译专业建设、人才培养、职业发展观与价值观，但仍存在局限性，如技术职称低、学历水平偏低、口译教龄短等问题。促进翻译专业口译教师的专业发展，研究生教育主管部门及决策部门应注重口译教师的遴选和调整，加大师资的提升与培训力度，为口译教师营造良好的科研氛围，并建立相关激励机制鼓励口译教师指导学生的口译活动。②

三、师资队伍结构与建设

师资队伍结构研究一直是学者关注的焦点。南京大学王静认为教学队伍的发展存在一系列问题，突出表现为：教学师资队伍自身薄弱，职称、学历、年龄、性别结构不尽合理，教师的阅历、教学能力、研究能力有待提高；教学队伍教师及其所在单位承担了繁重的教学任务和其他相关事务，教师缺少提高自身素质和教学科研能力的时间和精力；教学岗高级职称相关政策不够细化，不利于不同学科的教学特点和人才培养。为此，其提出通过改革聘用机制、职称评审、任职考核、激励机制和培养模式等途径，发挥团队作用，提升教师的学历、阅历和教学科研能力，尤其是国际化水平，打造一流的教学队伍，从而为创建世界一流大学做出贡献。③

在完善师资队伍建设方面，渤海大学潘琦的观点较为新颖。其以角色期望理论、需要层次理论、教师人力资源理论等为理论基础，阐述了基于硕士研究

---

① 李明忠，褚照锋，邵攀，魏丽颖，张菊．我国高等教育学专业研究生导师群体特征研究［J］．高等教育研究，2016（07）：33—44.

② 花亮．翻译专业教师发展研究：一项基于口译教师的调查［J］．教育理论与实践，2016（06）：37—39.

③ 王静．研究型大学教学队伍建设的思考［J］．江苏高教，2016（02）：107—109.

生期望建设导师队伍的意义。继而，通过对渤海大学不同专业、不同年级的硕士生进行了调研，根据调查结果统计出硕士生在基本条件、学术方面、教学方面、学习指导以及其他方面五个维度上对导师存在的期望，并通过“现实”与“期望”之间的对比分析，从导师队伍建设应遵循的基本原则、高校需完善的导师队伍建设制度、导师应了解硕士研究生的期望三个层面提出了建设高素质导师队伍的可行措施。[①]

第三节 导师评价与管理

2016 年度，导师评价与管理研究文献 9 篇。从本年度学者对导师评价与管理的研究情况来看，本议题研究内容的焦点集中于教学评议与教师评价、导师动态管理机制与智能导师系统；本议题研究方法多采用案例研究方法与比较研究方法；本议题文献分布较为集中，其中期刊论文 8 篇，学位论文 1 篇。

一、导师评价

导师评价研究主要集中于教学评议与教师评价。近十年来，提高研究生教育质量，尤其是提升教育教学和人才培养质量成为研究生教育发展的关键目标。但由于各种原因，教学工作相比于科研工作，在高校仍未获得应有重视。学术界大多将之归咎于现行教学科研评估制度造成的必然结果，认为教学工作存在的可评价性差、评估成本高、评估过程中师生互信度低等问题是导致重科研评价、轻教学评价的主因。为此，如何科学评价教学工作成为研究生教育能否深化发展的关键。北京理工大学刘进、沈红等关注了近 20 年来外国教学同行评议的情况，并对其进行了引荐和分析。据其介绍，近 20 年，欧美一些国家在探寻新的教学评价方法过程中，逐渐将重点聚焦到借鉴和学习科研同行评价上，开始引入教学同行评议的概念，并且教学同行评议被证明与科研同行评议一样行之有效。教学同行评议一般包含三个方面：第一，评估被专门设计用来提高教学表现和供个人选择，而不是简单用来考核教师教学业绩或决定是否有资格获得晋升；第二，评估参与者包括同事、学术管理者、教师发展专家、外部同行评议者、教师自己以及学生；第三，教学表现信息来自于课堂观察、分析教学

① 潘琦．基于硕士研究生期望的导师队伍建设研究［D］．锦州：渤海大学，2016.

录像带、评价教学材料、教师对学生学业表现进行评价的情况、与学生/同事个别访谈或集体访谈、评价学生在课程中的收获、学生对课程和教师评价等。通过对西方高校教学同行评议的深入分析并结合当前我国高等教育发展的实际，刘进、沈红指出教学同行评议制度应引入中国高校教学评价制度改革之中，应突破传统评价的方法论和技术，突出外部同行评议和全过程教学信息采集与传递，强调统筹协调，并注意教学同行评议方法和技术的本土化改造。①

在教师评价方面，本年度学者重点对卓越教师进行了关注。广东第二师范学院左岚以我国香港卓越教学奖的评选经验为基础，结合我国新课程改革与教师教育的现状，尝试提出了我国卓越教师评价标准体系模型。2003 年起，香港教育局陆续公布了《行政长官卓越教学奖教学实践卓越表现指标》（以下简称《卓越指标》）的评审标准。《卓越指标》中包含不同学科领域的具体指标。此表现指标包含专业能力、培育学生、专业精神和对社区的承担以及学校发展四个范畴。在分析《卓越指标》的基础上，左岚认为香港卓越教学奖的评选经验为我们提供了多角度、多维度的科学系统化评价体系，为建构我国卓越教师评价标准提供了专业视角，并据此提出我国卓越教师评价标准体系模型。该模型包含了教学表现、教学成效、专业精神与社区服务。即以课程实施为核心，评价卓越教师的教学表现；以学生发展为中心，评价卓越教师的教学成效；以不断追求新知，评价卓越教师的专业精神；以发展专业学习社群，评价卓越教师的社区服务。②

二、导师管理

研究生导师是高校高层次人才培养的主体力量，研究生导师岗位管理机制是影响整个研究生培养质量的重要客观变量。本年度学者对导师管理提出了较多思考。华东师范大学田贤鹏针对当前我国研究导师管理过程中的问题，指出建立研究生导师动态管理机制对完善我国研究生导师管理体系、提升研究生培养质量具有重要的理论和实践价值。其认为建立研究生导师岗位动态管理机制的实质是打破研究生导师终身制的身份窘境，形成竞争淘汰、可进可出的基本格局，根本目的在于筛选合格的研究生导师，提升研究生培养质量。其建议建立研究生导师岗位动态管理机制关键在于制度变革、过程控制与方式选择。具

① 刘进，沈红．教学评议：从“以学生为中心”到“以同行为中心”［J］．高等教育研究，2016（06）：59—67.

② 左岚．论卓越教师评价标准体系的建构——来自我国香港行政长官卓越教学奖的经验［J］．教育理论与实践，2016（08）：28—30.

体来说，要实现从身份管理到岗位管理的实质转变，变革研究生导师动态管理制度；建立能进能出的动态管理过程控制机制，促进资源合理流动、改变管理质量不佳的低效局面；将刚性制度与柔性管理有机结合，优化导师管理方式。[①] 北京大学吕宏伟、施晓光对专业学位研究生校外兼职导师的管理策略进行了研究。通过对S大学部分专业学位研究生校外兼职导师进行访谈，其发现校外兼职导师与大学间并非契约化的权利义务关系，学校相关管理制度的“宣称性”意义大于“规制性”的意义，校外兼职导师从事工作的动力更多地来源于多元化的文化价值目标追求，兼职导师群体内部有较强的连带产品属性。为此，其建议，国家应当出台相关政策法律，有效保障校企、校府间密切的人员流动，建立健全对教育公益事业的合理补偿机制，实现校内学术职称与行业资质的科学对接，将专业学位导师队伍目前“双元双师”的形态逐步过渡为将来的“一元双师”形态，从而改变目前组织间交易成本过高的现状。学校在制定相关管理规定时，一方面在最低要求层面应适当设定一些刚性指标，如一学期需要承担的最低工作任务和最少指导学生数等，以确保兼职导师能够明确最低标准；另一方面，应充分考虑制度适用的多样性和灵活性，如对校外兼职导师的年龄、职称、指导方式、指导时间等提出一定的原则性要求即可。[②]

华中师范大学刘清堂、吴林静等还对智能导师系统的研究现状与发展趋势进行了研究。刘清堂等将“智能导师系统”定义为利用人工智能技术模仿人类教师在教学中所承担的角色，为学习者提供个性化学习指导，帮助不同需求和特征的学习者获得知识和技能的一种智能化的计算机辅助教学系统。其指出，根据智能导师系统的成熟程度，智能导师系统的发展可以分为萌芽阶段、形成阶段与发展阶段。智能导师系统是一个多种学科、多种技术的融合体，它的发展与计算机技术的发展有着最直接、最紧密的联系。随着人工智能技术的进一步发展，智能导师系统的研究将不仅仅聚焦于帮助学习者理解和掌握知识，而会以促进学习者的个性化发展、为学习者提供环境、感情等全方位的支持为发展目标，不断提高智能化程度，为学习者带来更好的学习体验。围绕上述目标，智能导师系统的未来发展趋势主要体现在以下五个方面：自适应开放式学习环境、情感感知与服务、协作学习环境、元认知导师与计算知识引擎。[③]

---

① 田贤鹏．研究生导师的动态管理机制研究［J］．学位与研究生教育，2016（05）：33—37.

② 吕宏伟，施晓光．专业学位研究生校外兼职导师权利义务观及管理策略研究［J］．教育理论与实践，2016（27）：18—20.

③ 刘清堂，吴林静，刘嫚，范桂林，毛刚．智能导师系统研究现状与发展趋势［J］．中国电化教育，2016（10）：39—44.

第四节　导师角色与身份

2016 年度，导师角色与身份研究文献 6 篇。从本年度学者对导师角色与身份的研究情况来看，本议题研究内容的焦点集中于导师职业角色的变化与身份认同、导师的专业身份；本议题研究方法多采用文献研究方法，少量文献还采用了实证调查方法；本议题文献分布较为集中，其中期刊论文 5 篇，专著 1 部。

一、导师角色变化研究

在研究生教育改革不断深化过程中，研究生教育的环境已发生微妙而深刻的变化，新形势下的新情况对研究生导师这一职业角色提出了新的挑战和要求。本年度不少学者专门针对导师角色及其变化进行了研究。华南师范大学陈晓梅研究了新情况下研究生导师的角色变化。其指出研究生教育新形势下，我国研究生导师面临着“导师责任制”的责任内涵不断深化和清晰，研究生培养类型分化并且培养特色逐步鲜明，研究生所处年龄阶段决定其“独立性”发展诉求强烈，规模化培养所造就的“师生科研共同体”亟待加强团队管理等新情况。新情况下研究生导师面临新的角色呼应与角色承担。具体来说，研究生导师要扮演研究生思想政治教育首要责任人的角色、学术指导和技能指导的专业导师角色、与辅导员协同扮演研究生人生导师的角色、师生“科研共同体”的团队管理者角色。①

西南大学张立还对教师教育者的身份认同进行了研究。其指出，教师教育者是教师的教师，作为教师教育中的关键环节，教师教育者对自我的身份认同直接影响教师教育的质量。然而，我国许多教师教育者缺少自我认同的合理建构、缺失社会角色期望的价值共识、缺乏职业归属视角的准确定位。为此，其建议应强化教师教育者对于自身专业身份的认同感，并从推动教师教育者自我研究并构建稳固的自我专业身份认同、促使在求同存异的基础上努力构建“教师教育专业共同体”以及建立健全完善的教师教育政策体系三方面综合着力。②陕西师范大学李铁绳、袁芳等也对教师教育者的专业发展进行了社会学分析。

---

① 陈晓梅．角色期待与呼应：新情况下研究生导师的角色变化［J］．研究生教育研究，2016（01）：70—74.

② 张立．教师教育者身份认同的困境与出路［J］．教育理论与实践，2016（29）：36—38.

其指出，教师教育者的专业化是教师专业化和教师教育专业化的基础和前提。目前高校教师教育者的构成比较复杂，专业角色多元。高校教师教育者的专业发展面临着学科制度不完善、专业组织不健全、学术评价体制不科学等诸多困境。突破教师教育者专业发展的困境，促进教师教育者专业的持续发展，应该建设教师教育学科制度，建立教师教育者的专业组织，制定教师教育者的专业标准，规范教师教育者的评价体制，完善教师教育者协同机制。①

二、导师专业身份研究

在导师的专业身份研究方面，主要集中于学术身份研究。学术身份具有本体意义上的根本性，被高教研究者视为一个有力的概念工具，有助于动态地分析变革脉络中大学教师的个体际遇及意义阐释。福建师范大学张银霞认为学术身份是过程性概念，建构于个人与社会这两个层面的互动中，是贯穿学术职业生涯持续不断的过程，所形成的是个体对“作为一名大学教师”的一种跨越时空、连续、一贯的自我体认。其指出，高教领域的变革不断地重塑大学教师的学术工作环境，也为大学教师提供重新审视、定位和塑造自我的契机。在这种环境下，应从组织制度、学科文化、人际互动和个体反思四个方面对大学教师的学术身份进行建构，并充分发挥个体能动性，从而促进个体与变革情境之间的良性互动和学术身份的丰富性和多样性。②

西华师范大学侯小兵还专门对学科教师论教师的专业身份进行了研究。其在文献研究和实证调查的基础上，提炼出学科教学论教师专业身份认同的五个维度：专业责任、专业知识、专业发展、专业组织和专业实践。并按照五个维度构成的理论框架，设计出面向学科教学论教师、学科专业教师、职前教师和中小学教师四类主体的四份等值调查问卷。通过对四个调查样本的统计分析，论证五因素理论模型的恰当性。然后，从五个维度进一步探寻学科教学论教师专业身份认同困境的影响因素，以及建构学科教学论教师专业身份的基本路径。③

---

① 李铁绳，袁芳，郝文武．教师教育者专业发展的社会学分析［J］．高教探索，2016（05）：102—107.

② 张银霞．高等教育变革脉络中大学教师学术身份的内涵及其建构［J］．黑龙江高教研究，2016（06）：1—4.

③ 侯小兵．学科教学论教师的专业身份研究［M］．北京：科学出版社，2016.

第五节　导师责任与权力

2016年度，导师责任与权力研究文献4篇。从本年度学者对导师责任与权力的研究情况来看，本议题研究内容的焦点集中于导师的指导限度、导师的责任与权力；本议题研究方法多采用文献研究方法；本议题文献分布较为集中，其中期刊论文3篇，学位论文1篇。

一、导师指导限度研究

导师的指导限度是一个在实践中十分重要且迫切，但在理论上却一直受到忽视的问题。人们关注更多的是如何加强导师的指导，如何提高师生之间的关系密度，但对于导师的指导限度究竟在哪却鲜见相关研究成果。本年度开始有部分学者关注这个问题并且做出了一些卓有成效的探索。例如，北京师范大学毛金德等提出，导师与研究生之间是一种职业关系，导师的指导应该限制在一定的限度内。一般而言，导师对研究生的指导主要包括学术指导和人生指导。在学术指导方面，导师应该充分尊重学生的学习自由和学术自由；在人生指导方面，导师应该充分尊重学生的价值选择自由，给予学生充分的自主发展空间。其还强调，导师的指导是一门艺术。导师指导并不是事无巨细的告诉，而是要善于发现研究生在学习和研究过程中的困惑和困难，既不能放任自流，也不能包办代替。导师的指导最终目的在于引导和帮助学生成为卓越的自己，而非任何优秀的“他人”。①

二、导师责权研究

随着我国高等教育事业的快速发展，教育法制建设的步伐也在不断加快，依法治校、依法治教的制度体系建设正在逐步健全和完善，随之而来的是高校教育管理和教师合法权益之间也出现了许多新的问题和矛盾，教师合法权益的保障和救济越来越受到社会的关注。高等教育和管理走向法制现代化的重要标志之一就是法治精神要求高校在教育管理过程中应充分尊重教师的合法权益。

---

① 毛金德，刘国芬，马凤岐．论导师的指导限度［J］．研究生教育研究，2016（02）：59—63.

本年度部分学者针对导师的责任与权力进行了研究。云南大学王启梁对导师的责任与研究生的自主性进行了详细阐释。其指出，导师指导研究生是一个共同学习、共同成长的过程。研究生在读期间对导师可以有合理的期待，但不能完全依赖导师。导师在其职责中应做到帮助研究生成长成才；指导好毕业论文，帮助学生提升论文水平；培养研究生的专业兴趣，引导他们进行科学研究；在能力范围内帮助研究生获得研究资助和研究条件；给学生足够的自由；尊重研究生的独立人格；不断学习，永远进步。研究生应突出学习、教育的自主性，和导师及时沟通、有效阅读、培养问题意识、把握好写作与理论学习的关系，不断进行自我教育，发展自主学习的能力，最终达到全面成才。①

随着专业学位的发展和研究生教育分类培养模式的日臻完善，如何在分类培养的背景下探索不同类型导师的责权制度也成为本年度学者关注的焦点。例如，重庆医科大学冯俊研究了分类培养模式下的研究生导师责权制度。其指出，近年来随着我国研究生教育在导师责权方面存在若干问题：我国现阶段对导师责权的研究多是从学术学位角度出发，专业学位导师责权设定出现空缺现象；导师责权设定一味强调导师岗位职责，岗位权利缺失，权责不对等；我国对导师岗位职责和岗位权利概念界定模糊，没有形成导师行为规范的清晰边界；我国导师遴选制度不完善，导师遴选中行政干预和“近亲繁殖”现象严重；导师岗前、岗中培训流于形式；导师考核评价体系相对单一，只注重导师自身学术水平和科研量化指标考核，缺乏对研究生导师的具体评价标准；研究生导师责任意识不足；研究生导师责权设置过于笼统和宽泛。为此，其在充分调研国内重点大学医学院和主要独立设置医科大学导师制度的基础上，针对当前研究生教育发展对导师制提出的新要求，通过责权理论探索和国外学业指导制度的借鉴，探索了不同类型导师制的责权构成及完善制度保障体系。②

扬州大学凌云志还专门对高校青年研究生导师的指导评价权进行了研究。其指出，青年导师是履行教育教学职责的专业人员，他们除了享有普通公民的一般性权利以外还享有作为教育者特定的职业性权利。然而由于青年导师自身主体意识的制约、高校管理体制的制约、传统文化的制约等因素，高校青年导师在行使自己的职业性权利（含指导评价权）时往往会受到多方面的限制。针对当前青年导师的指导评价权现状，其提出了六点建议：进一步培养青年导师的权利意识、进一步提高青年导师的指导评价能力、进一步完善校内各项管理体制、进一步建立和谐的新型师生关系、进一步给予青年导师更多的人文关怀、

① 王启梁．导师的责任与研究生的自主性——与研究生同学的交流［J］．学位与研究生教育，2016（09）：9—13.

② 冯俊．分类培养模式下研究生导师责权制研究［D］．重庆：重庆医科大学，2016.

进一步拓宽青年导师权利救济渠道。①

第六节　文献分布及其特点分析

2016年，导师队伍建设研究专题主要涉及五个议题：导师指导与师生关系、导师素质与结构、导师评价与管理、导师角色与身份、导师责任与权力。在文献分布、研究方法及研究热点等方面呈现出如下特点。

一、文献分布

2016年度被中国知网收录有关导师队伍建设研究方面的文献共70篇，其中期刊论文53篇，学位论文13篇，报纸3篇，专著1部。在期刊论文中，CSSCI核心期刊49篇，核心期刊（非CSSCI）3篇，核心期刊占据较大比例。在学位论文中，13篇全部为硕士学位论文。

从文献分布的总量来看，相较2014年，2015年度导师队伍建设研究文献数量呈现显著增长，见表4－1。自2011年至2016年，导师队伍建设研究文献呈现先增长后下降再增长的趋势，见图4－1。

表4－1　导师队伍建设研究文献的总量统计

年度	2016	2015	2014	2013	2012	2011
文献总量	70	40	41	62	74	20

从文献分布的结构来看，2016年度的研究学术期刊论文仍占据绝大多数，值得注意的是，导师队伍建设研究的学位论文全部为硕士学位论文，反映出该专题在博士论文选题中仍具有很大空白。关于导师队伍建设研究的70篇文献中，学术期刊论文53篇，占76%，学位论文13篇，占19%，专著1篇，占1%。文献类型、数量及百分比的具体分布情况见图4－2。

① 凌云志．高校青年研究生导师指导评价权受限与保障研究［J］．学位与研究生教育，2016(09)：46—49.

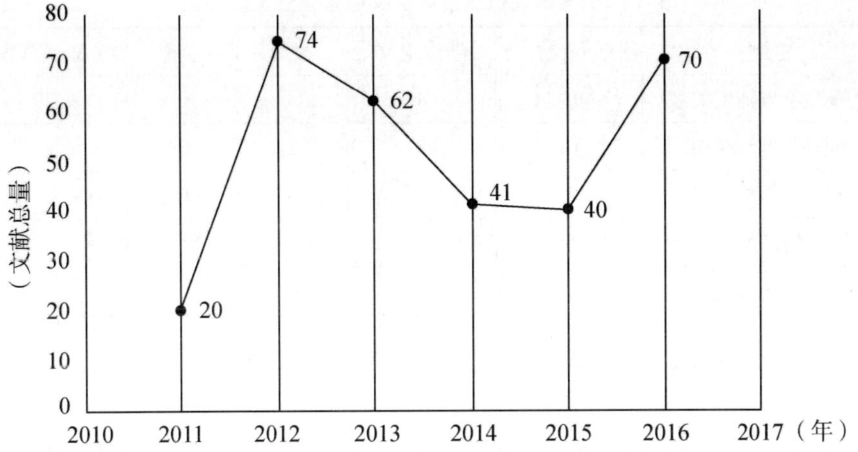

图 4-1　导师队伍建设研究文献总量增减趋势

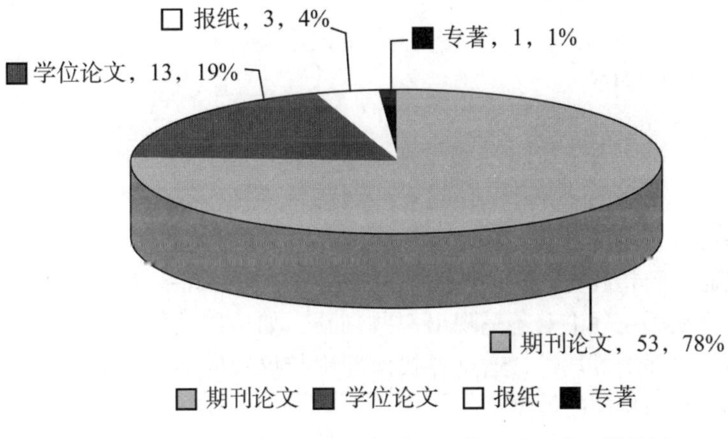

图 4-2　导师队伍建设研究文献类型、数量及百分比饼状图

从文献分布的内容来看，本年度本专题主要集中于五个议题：导师指导与师生关系、导师素质与结构、导师评价与管理、导师角色与身份、导师责任与权力。各议题文献数量及文献结构情况见表 4-2。

表4-2　导师队伍建设研究文献各议题文献情况

主题	期刊论文	学位论文	报纸	专著	文献总量
导师指导与师生关系	19	8	3	0	29
导师素质与结构	18	3	1	0	22
导师评价与管理	8	1	0	0	9
导师角色与身份	5	0	0	1	6
导师责任与权力	3	1	0	0	4

从被纳入本年度关于导师队伍建设的研究文献来看，通过精读所有收录文章，本年度共纳入35篇。这主要是基于以下考虑：①本年度增加了对纳入文献的质量要求。在纳入方面尽量选取了有代表性的观点意见，同时为避免重复，对观点相近或一致的文献进行了选择性介绍。②本年度增加了对代表性文章的重点介绍。鉴于以往被纳入文献数量多但介绍不深入的情况，本文着重选取和介绍代表性文章，并对其增加了篇幅介绍。③整体布局及版面限制，尽量保证本专题与其他专题协调、平衡。

二、研究方法

从研究方法上看，2016年度本专题在研究方法上均为均衡，定性与定量研究方法均有涉及。由于导师队伍建设专题的特殊性，案例研究与问卷调查是本专题的主要研究方法。研究者往往倾向于从具体案例入手，分析并总结其经验做法，或通过问卷调查和实地调研获取数据，进而在此基础上开展研究。

本年度在研究理论上还呈现出一些创新：如运用胜任力模型、角色期望理论、空间隐喻理论等理论，通过寻找该理论与议题的契合性对研究议题进行深入的剖析并建构相应的模型。

三、研究热点

从研究侧重点来看，相比往年，本专题具有较大变化。本年度既延续关注了导师队伍建设的焦点与核心问题，如导师指导与师生关系、导师责任与权力、师资队伍结构；又开始拓宽了导师队伍建设的研究范畴，如导师的素质、导师的评价与管理、导师的角色与身份，表现出研究主题日趋细致的特点。2011—2016年导师队伍建设研究的侧重点见表4-3。

表 4－3　2011—2015 年度导师队伍建设研究侧重点对比

2011 年	2012 年	2013 年	2014 年	2015 年	2016 年
1. 导师遴选 2. 导师责任与权力 3. 导师指导 4. 导师培训与评价机制	1. 导师指导制度 2. 导师指导方式 3. 专业硕士双导师制	1. 导师团队建设 2. 导师责任与师生关系 3. 导师指导 4. 导师评价机制	1. 导师责任与权力 2. 导师遴选 3. 导师指导与师生关系研究 4. 导师队伍建设与评价	1. 研究生导师制度与责任 2. 研究生导师遴选 3. 导师指导与师生关系研究 4. 研究生导师团队建设	1. 导师指导与师生关系 2. 导师素质与结构 3. 导师评价与管理 4. 导师角色与身份 5. 导师责任与权力

从研究热点来看，导师指导与师生关系研究在近 5 年仍保持居高不下的关注度，同时值得注意的是，导师素质与结构研究开始呈现出研究上升态势，成为本年度本专题的新热点。在导师素质与结构方面，除了延续关注师资队伍结构与建设的议题外，导师总体的能力与素质与不同科类导师的能力与素质成为学者关注的重要议题。2016 年导师队伍建设研究主题下的研究热点见表 4－4。

表 4－4　2016 年导师队伍建设研究主题下的研究热点

研究主题	研究热点
导师指导与师生关系	导师指导效果、导师在研究生思想政治教育的指导作用、导师风格
导师素质与结构	导师总体能力与素质、不同科类导师的能力与素质、师资队伍结构与建设
导师评价与管理	教学评议与教师评价、导师动态管理机制、智能导师系统
导师角色与身份	导师职业角色的变化、导师的身份认同、导师的专业身份
导师责任与权力	导师的指导限度、导师的责任与权力

四、未来研究展望

通过对本年度关于导师队伍建设的文献进入深入分析，本报告认为，导师队伍建设研究的范畴将越来越丰富，研究的议题将越来越细致化。未来研究将倾向于就某个细小的议题进行深入式探索研究，如本年度导师素质的议题研究。

同时，结合最新的国家政策背景及导师队伍专题近年来的研究实际来看，未来研究在以下几个主题将会出现增长。

在立德树人的政策导向背景下，导师与研究生思想政治教育将成为近几年的研究热点。导师的指导作用对研究生思想政治教育的影响、如何更好发挥导师在立德树人中的作用等议题将成为学者关注的重要方面。

随着“统筹推荐世界双一流大学建设和一流学科建设”的全面实施，导师建设与“双一流”的关系研究也将成为未来一个时期学者研究的重点。如何通过发挥导师在“双一流”建设中的作用，助力“双一流”建设、导师角色与身份在新形势下如何做出相应调整等议题将成为未来一段时间内导师队伍建设研究的新趋势。

专题五

研究生招生与就业研究

2016年度以研究生招生与就业为主题的研究文献包括学术专著3部、CSS-CI（含扩展版）与中文核心期刊论文43篇、学位论文29篇，报纸文章11篇，共计86篇（部）。通过对相关文献的梳理和分析，文献聚焦的主题主要有研究生招生考试制度与改革、研究生招生质量管理、研究生就业状况、研究生就业能力与核心竞争力、研究生国际比较研究、女性研究生就业、研究生创新创业几个方面。

第一节 研究生招生

研究生招生研究的相关文献共14篇（部），研究者主要是高校学者和教育管理部门工作人员。研究内容主要聚焦于研究生招生考试制度与改革、研究生招生质量管理两个方面，研究者主要关注研究生招生考试过程中存在的问题、研究生招生考试制度的改革理念和举措。

一、硕士研究生招生

硕士研究生招生考试制度的运行机制是研究者们普遍关注的问题，一些文献通过对硕士研究生招生考试制度运行状况的探究，从而提出解决相应的对策和改革路径。中南大学刘光连等对全国硕士研究生招生考试制度及其负面效应进行了分析，认为应建立一套公平、科学、高效的研究生招生考试制度，一是宏观层面要改革招生方式，研究生入学考试应分为国家统考和招生学校自主组织的考试两个相对独立而又互相衔接的阶段；二是营造公平公正的考试环境；

三是建立信息公开制度。① 教育部考试中心陈睿从硕士研究生入学考试学校自命题与全国统一命题现状的比较出发，对初试内容与形式进行了再思考，指出应继续推进专业基础综合全国统一命题考试，以解决初试形式繁杂、考务管理任务繁重、入学选拔标准不统一等问题。提出应在所有学科门类设置一般能力测试，考察考生进入研究生阶段学习必备的基本能力要求；认为思想政治理论是否考试应建立在科学调研和实证研究基础之上，不应该与教学相混淆。②

2016 年教育部对全日制研究生和非全日制研究生进行了明确、清晰地界定，将原来的在职人员攻读硕士专业学位全国联考以非全日制研究生的形式并入全国硕士生入学考试，一些文献针对这一重大改革进行了思考和探索。教育部全国高等学校学生信息咨询与就业指导中心白丽新等认为全日制与非全日制招生并轨在推进依法办学、确保质量提升、优化结构调整、完善培养机制、精确数据统计、强化精准选择等方面有着重要的创新意义。同时，计划编制的科学性、收费管理的公正性问题也提出了挑战，培养单位应在协同创新、优化结构、规范管理、提升质量方面真抓实干、精益求精。③

一些学者认为研究生招生工作与研究生质量之间存在着密不可分的关联。吉林大学杨东认为，研究生招生工作直接关系着研究生培养质量的成败，高校只有坚持质量观与发展观并重的指导思想，才能准确把握研究生招生工作的战略定位，使高校人才教育走上一条可持续发展之路。④ 沈阳工业大学逄红梅等通过对我国硕士生推荐免试制度的演进及特征进行分析，认为现行推免制度是集研究生生源质量保障、优秀拔尖人才选拔、学生学习主动性、多元化招生体系构筑、教育公平性为一身的制度。文章以 A 校为例剖析了现行推免制度对“双非”院校推免生和学校本身的影响、从政府和学校自身两个层面提出相应的对策建议，认为“双非”院校除了依靠国家政策支持之外，更应该注重自身实力提升，发展形式多样的研究生与培养和培养体系，以提升生源质量。⑤

一些研究者用通过国内外、港澳台与大陆之间的制度比较来探寻我国硕士研究生招生制度改革的可行性方案。浙江大学朱原等认为，目前我国正处于学

① 刘光连，李劼，陈立章．全国硕士研究生招生考试现状和改革建议［J］．现代大学教育，2016（04）：85—93.

② 陈睿．硕士研究生招生初试内容与形式的再思考［J］．学位与研究生教育，2016（01）：47—51.

③ 白丽新，江莹，赵仁玲．深入领悟顶层设计　切实做好基层实践——基于全日制与非全日制研究生招生并轨的思考［J］．学位与研究生教育，2016（12）：10—14.

④ 杨冬．质量关与发展观并重：高校研究生招生工作的战略定位［J］．黑龙江高教研究，2016（06）：110—112.

⑤ 逄红梅，刘宝哲，黄宏军．现行推免制度下“双非”院校招生困境与应对策略［J］．研究生教育研究，2016（02）：29—35.

位与研究生教育转型的关键时期，我国学术性研究生僵化的招生管理和考试制度无一例外走入路径锁定的困境。当前美、德、日三国研究生招生呈现出一些共同趋势：实行申请制，弱化考试制度，教授掌握招生权力，招生标准多样化。我国学术性研究生招生制度应该首先明细科研—创新的培养目标，建立分层灵活的招考制度，下放招生权力，在高校中引入竞争，建立研究生培养和学科点的淘汰制度。① 厦门大学博士生刘亮对大陆与台湾高校面向境外的研究生招生考试方式进行了考察比较，发现两岸差异和共性并存。共同点是两方均有为境外人专门设置的招生渠道、都实行高校联合招生。不同点较为显著，大陆招生多采用函报的方式、招生渠道较为多元、录取标准以入学考试成绩为主；台湾地区则普遍实行网上报名、普遍采用材料申请的方式、录取结果取决于对多样化申请材料的综合衡量，台湾地区的做法具有一定的借鉴意义。北京大学庄怀玢认为造成学科之间国际化招生差异的原因主要包括学科对国际化招生与人才培养的重视程度等三个方面，文章以北京大学物理学院为例，详述了北京大学物理学院在国际化拔尖人才选拔与培养方面的探索，这些经验对大学国际化招生有系统关联和实际意义。②

部分研究文献关注研究生教育中民族招生制度，认为应从少数民族研究生招生政策制定和施行层面全面考量研究生民族招生问题。长江师范学院杨玉兰等从政策运行制度的原则与方略出发，探究了我国研究生教育中民族招生的制度构建问题。文章认为制度构建是一个组织或政策运行的必要保障，研究生教育民族招生政策的有效实施离不开运行制度的完善与创新。公正性是政策运行制度的基本原则，保障公正性原则需要健全政策的法律制度、规范政策的组织制度、创建研究生培养单位政策执行的监评制度以及完善民族政策研究生的导师指导制度。③ 中国石油大学（华东）汝绪华运用整体性治理理论，在梳理国外少数族裔高等教育优惠政策实践的基础上，全面系统地剖析了我国少数民族骨干计划在研究生招生等环节以及环节内部政策与制度的碎片化问题，并据此提出整体性治理对策。指出必须实现招生、培养与就业环节的整合和协调、实现各环节内部责任主体“逐渐紧密与相互涉入”问题的整合和协调。生源地区要根据当地国民经济和社会发展需要，加大紧缺高层次人才调研力度，采取科学方法分析当前紧缺人才并预测未来紧缺人才的需求走向，特别是紧缺人才岗

① 朱原，王旭燕．学术型研究生招生制度比较研究［J］．研究生教育研究，2016（03）：85—90．

② 庄怀玢．从学科特点看大学国际化招生与人才培养改革［J］．中国高校科技，2016（04）：46—48．

③ 杨玉兰，李泽彧．论建构我国研究生教育民族招生政策运行制度的原则与方略［J］．学位与研究生教育，2016（08）：33—38．

位的需求，制订本期五年计划少数民族高层次骨干人才需求远景规划和年度培养计划并大力宣传，制订方案细则引导学生报考。①

二、博士研究生招生

博士研究生招生制度与改革方面，近年来随着“申请—审核制”被越来越多的高校采纳实施，引起了研究者们的广泛关注。博士生招生研究内容主要着眼于对我国博士生招生“申请—审核制”的辨析与思考。

北京理工大学张宇迪等针对我国博士生招生“申请—审核制”在实施过程中面临的公平性困境进行了探索和思考，指出应从制度层面设计出一套促进博士生招生公平制度，即准入制度：给予院系所得博士生招生积分制；匹配制度：同行专家外审、导师审核、招生委员会面试三级考核制；保障制度：博士生质量的检测评估制和导师负责制。认为招生单位应以基于院系所的积分制为准入前提、以三级考核分配制为重点、以博士生质量检测评估和导师负责制为保障，促进博士生招生工作的健康发展。②

南京农业大学罗英姿等依据奥斯特罗姆制度分析与发展框架出发，构建了相应的理论分析模型，探讨了导师、学生及研究生院在博士生招生“申请—考核”制实施过程中可能采取的行为选择及潜在的行为结果，提出完善博士生招生过程中的制度安排，提出建立相应的边界机制、监督机制与过程机制，进而优化相关利益主体的行为选择、提升博士生招生“申请—考核”制度的运行效果。③

河南大学硕士研究生张凯的学位论文通过对中美博士研究生招生制度发展比较出发，讨论了中美两国博士研究生招生制度产生差异的原因，提出了关于中国现行博士研究生招生的思考：招生的公平性问题、招生名额的问题、招考制度改革问题，从而给出了改革建议，认为博士生申请制应当谨慎推行、招生信息发布机制亟待完善。④

---

① 汝绪华．少数民族骨干计划研究生招生、培养与就业整体性治理研究［J］．学位与研究生教育，2016（03）：52—57.

② 张宇迪，贾晓明，王战军．我国博士招生“申请—考核制”的公平性制度设计［J］．学位与研究生教育，2016（03）：48—51.

③ 罗英姿，刘泽文，张佳乐，吴小林．博士生招生“申请—考核”制下的行为选择与制度安排［J］．教育发展研究，2016（05）：58—64.

④ 张凯．中美博士研究生招生制度发展比较研究［D］．开封：河南大学，2016.

第二节 研究生就业

研究生就业研究相关文献数量为24篇（部），从研究人员构成来看，主要是高校硕士研究生、学者；从文献来源来看，硕士学位论文占据了较大比重；从研究内容来看，研究主要聚焦在研究生就业现状、研究生就业能力和核心竞争力、研究生就业国际比较研究、女性研究生就业研究、研究生创新创业研究五个方面。

一、研究生就业现状

部分学者采用实证研究的方法对我国研究生就业状况进行了量化分析研究。北京大学高耀等基于2014届75所教育部直属高校的量化分析，研究了我国硕士毕业生的总体就业率、就业去向分布、就业单位分布、就业地域分布及就业行业分布情况。研究发现代表性高校硕士平均就业率在95%以上；不同地区、不同类型高校硕士生在毕业去向和就业率方面存在显著差异；企业是吸纳硕士毕业生就业的主渠道，平均有六成以上的硕士生选择到企业工作；硕士生就业行业与所在院校及专业类型之间呈现显著相关性，且在就业地域上呈现出明显的“属地就业”特征。①

北京大学高耀等还对我国博士生就业情况进行了量化分析，研究显示我国博士毕业生的总体就业率普遍很高，艺术类和师范类高校灵活就业率普遍高于工科类高校；在就业去向上呈现东部研究型大学升学和出国“双高”态势；在就业单位上呈现向高校、科研院所和企业集聚态势；在就业地域上具有明显的“属地就业”和东部就业特征等“溢出”效应；在就业行业选择上逐渐呈现多元化趋势等综合特征。②

天津大学邹志强等基于对天津市地方高校调查的实证研究，探讨了导师的行政职务对就业的影响。数据分析显示具有行政职务的导师能为其研究生提供更为优越的科研条件和良好的团队指导，进而提高研究生的论文质量，同时在

---

① 高耀，沈文钦．中国博士毕业生就业状况——基于2014届75所教育部直属高校的分析［J］．学位与研究生教育，2016（02）：49—56.

② 高耀，刘晓，易艳霞．中国硕士毕业生就业状况——基于2014届75所教育部直属高校的量化分析［J］．研究生教育研究，2016（03）：11—19.

为研究生推荐就业方面也有一定的优势，并建议将研究生就业状况纳入导师的招生和考核体系。①

研究生就业难依旧是研究者们关注的社会特点问题。湖北工业大学万昕的硕士学位论文认为造成硕士研究生就业难这一问题的关键是追求高水平就业的心理，认为解决硕士研究生就业难要优化硕士研究生就业价值取向，高校要采取加强硕士研究生就业价值观教育等措施；政府要积极引导面向基层就业、加强自主创业宣传力度，营造公平公正的就业环境、完善就业保障制度；家庭要改变观念、减少干涉，培养硕士研究生的吃苦耐劳精神，营造和谐包容的家庭氛围；个体要明确定位，制订合理规划，树立正确的价值取向，提升就业能力。②

南通大学吴洁认为我国高校务必要主动按照研用双型人才培养模式的要求，以研用双型人才培养为目标，注重就业导师的选拔与素质提升，拓展就业导师工作的内容，整合就业导师工作的方式与平台，营造好就业导师工作的环境和氛围，注重就业导师工作绩效的考核与督导，不断完善研用双型人才培养模式下就业导师制度，以此提高大学生就业求职的理论水平与实际水平。③

此外，部分硕士研究生学位论文通过调查研究探究某一专业、学校或区域研究生就业现状，因其研究内容、方法和结论区分度不高，不再一一列举（表5－1）。

表5－1　2016年与研究生就业现状研究相关的研究生学位论文

作者	导师	论文题目	毕业学校	学位层次	年份
张恒杰	刘占捷	北京市各等级网球专业硕士研究生就业情况的调查与分析	首都体育学院	硕士	2016
田兰	杨菊仙	湖南高校旅游类硕士研究生就业意愿影响因素研究	湘潭大学	硕士	2016
唐姝	常思亮	湖南省毕业研究生就业的专业结构性矛盾研究	湖南师范大学	硕士	2016
孔佩	徐亮、蒋晨阳	基于2015年江苏省研究生就业情况调查的统计分析	东南大学	硕士	2016

① 邹志强，毛文娟．导师的行政职务对研究生论文和就业的影响——基于对天津市地方高校调查的实证研究［J］．黑龙江高教研究，2016（08）：11—14.

② 万昕．新时期硕士研究生就业价值取向研究［D］．武汉：湖北工业大学，2016.

③ 吴洁．“研用双型”人才培养模式下就业导师制完善途径探究［J］．黑龙江高教研究，2016（04）：133—135.

续表

作者	导师	论文题目	毕业学校	学位层次	年份
王军	杨彬	山东省内翻译硕士（MIT）学生学习和就业情况的调查报告	山东师范大学	硕士	2016
王轩	杨光飞	社会工作的专业认同对就业选择的影响——以南京市五所高校136名MSW为例	南京师范大学	硕士	2016
郭丽萍	徐祥运	社会学硕士研究生就业中的问题及对策研究	东北财经大学	硕士	2016

上述诸多研究普遍认为，在当前社会经济发展新形势下，研究生面临着较为严峻的就业压力，研究生就业现状不容乐观，研究生就业存在着多方面的问题。研究者们从政府、市场、社会、高校、个人等不同维度针对研究生就业问题进行了较为全面、系统地探索，认为解决研究生就业问题应从国家政策保障、社会就业服务、高校培养指导与创新创业教育、研究生个人层面进行多方位地改革，各方应形成合力改善研究生就业状况。

二、研究生就业能力和就核心业竞争力

一些文献认为提升研究生就业能力和就业核心竞争力对促进研究生就业具有十分重要的作用，也是培养单位在研究生培养方面亟须加强的关键环节。北京理工大学李振键等着眼于研究生就业核心竞争力提升策略研究，认为研究生就业核心竞争力存在着职业生涯规划意识淡薄、个人就业期望值偏高、求职与职前知识技能较为缺乏、创新创业思维有待加强、学习实践能力不足的问题。文章针对这些问题提出了研究生就业核心竞争力的提升策略，一是着力开展职业生涯规划指导；二是积极引导合理就业期望值；三是继续加强求职与职前知识技能培训；四是深入推进大学生自主创业工作；五是高度重视学习实践能力培育。①

中国科学技术大学古继宝等以275名全日制工程硕士研究生为研究对象，用实证方法研究了工程硕士研究生职业目标对实习效果和就业能力的影响。研

① 李振键，管帅华．研究生就业核心竞争力提升策略研究［J］．学位与研究生教育，2016（10）：47—50.

究结果表明：全日制工程硕士研究生的职业目标对其实习效果和就业能力提升均有显著正向影响，且内部职业目标的作用更为显著；实习效果对内部职业目标与就业能力间的正向关系起部分中介作用，对外部职业目标与就业能力间的正向关系起完全中介作用。①

此外，一些研究生学位论文以某专业研究生就业竞争力为研究内容，如重庆大学倪念念以重庆市高校为例进行了公共管理硕士研究生就业竞争力研究；江西师范大学范岸华进行了心理健康类专业学位硕士生就业核心竞争力研究，篇幅所限，在此不再举要。

三、研究生就业国际比较

一些学者从比较研究的角度对研究生就业问题进行分析，主张在充分了解和把握其他国家研究生就业状况的基础上，充分吸收和借鉴有益经验，形成解决我国研究生就业问题的有利对策。西北师范大学刘丽萍等对澳大利亚研究生就业现状及就业促进政策进行了梳理和分析，认为澳大利亚在研究生就业能力的培养、机构设置和服务、市场与社会沟通、专业设置等方面的经验有借鉴意义。建议我国从成立专门机构、形成就业监控机制；加强市场联系、保证就业信息对称；掌握市场与企业需求、合理规划招生规模、灵活设置专业方向；培养研究生社会实践能力、提高研究生就业竞争力四个方面加强研究生就业工作。②

安徽大学夏焰等探析了美国研究生就业市场变化及对应策略，认为近年来美国研究生就业市场发生了教育收益增加、就业岗位多样、雇主期待日趋复杂等一系列变化，美国高校为此在研究生培养过程中采取了一些积极的应对策略，我国应着力于构建多元利益主体通力合作的研究生就业路径，从高校、单位、政府和个人四个不同角度提出了明确就业导向、健全服务体系、承担社会责任、加强宏观调控和政策扶持工作、合理规划职业生涯等对策。③

---

① 古继宝，吴蔚，彭莉君．职业目标对工程硕士研究生实习效果及就业能力的影响［J］．学位与研究生教育，2016（07）：57—61.

② 刘丽萍，靳慧敏．澳大利亚研究生就业现状及就业促进策略研究［J］．学位与研究生教育，2016（05）：69—73.

③ 夏焰，汤建．从研究生院到职场——美国研究生就业市场变化及应对策略探析［J］．研究生教育研究，2016（04）：87—91.

四、女性研究生就业

综合文献来看，部分研究者认为女性研究生在就业当中因社会传统分工观念、自身性别特点、用人单位要求等因素的影响较大，导致女性研究生背负着相对较大的就业压力，需要从观念革新、自身努力、政策保障等方面予以女性研究生更多的关注和支持。江西财经大学季俊杰等基于五所高校的调查，用实证研究的方法对女硕士研究生初次就业质量进行测度，研究表明男生就业总体上优于女生，而女生的主观就业质量明显低于男生，因为女生更多地照顾家庭，导致女生就业要求高、工作投入少，因而对就业现状和前景评价低所致。对此，女生应主动打破传统观念的桎梏；学校和用人单位也应进一步加强对女研究生就业的专项指导，消除在隐性上的性别歧视。①

北京工业大学王一哲使用定量分析方法发现女硕士生就业仍存在较为普遍的性别不公平等现象。家庭条件越好的女硕士生越容易找到工作、就业预期越高、越容易选择去大城市工作。后致性社会资本中，社会兼职经验丰富的女硕士生更容易找到工作，政治面貌为中共党员的女硕士生的预期就业起薪较高，学生干部更愿意去大城市工作。建议女硕士生应该完善自身素质、积累社会资本，以弥补就业中的性别不平等。②

五、研究生创新创业

在“大众创业、万众创新”的时代背景下，研究生创新创业问题引发了一些学者的关注。中国科学技术大学张淑林等基于资本的视角，探讨不同类别资本在提升我国专业学位研究生创业意愿中的作用及交互作用。文章通过数据分析证明专业学位研究生的社会资本显著地正向影响创业意愿，人力资本、家庭资本和社会资本的协同效应对专业学位研究生创业意愿有正向影响。研究认为通过创业教育提升创业意愿的过程是一个复杂的交互过程，各类主体共同参与、形成研究生进行创业所需的各种资本并发挥协同作用是关键所在。建议从加强社会参与、开展创业教育、进行金融扶持三个方面予以改进。③

---

① 季俊杰，高雅．高校女硕士研究生的初次就业质量测度与性别比较——基于五所高校的调查［J］．研究生教育研究，2016（02）：51—58.

② 王一哲．社会性别视角下社会资本对女硕士生就业影响研究［D］．北京：北京工业大学，2016.

③ 张淑林，黄颖，古继宝．资本视角下的创业教育主题协同与创业意愿研究［J］．研究生教育研究，2016（04）：5—10.

重庆师范大学范文翔的硕士学位论文基于 AHP 对研究生创新创业教育进行了评价研究，认为研究生创新创业能力已经成为衡量和评价研究生培养质量的一个重要指标。文章在对重庆四所高校调查的基础上，利用 Amos 软件分析各评价指标对研究生创新创业教育的影响权重，构建了基于 AHP 的研究生创新创业教育的评价体系框架和判断矩阵，最后分析研究生创新创业教育的评价结果并提出建议。①

由于我国高校的创新创业教育体系尚处于发展阶段，创新创业方面的研究内容主要聚焦于创新创业教育研究，学者们对研究生群体的创新创业状况、政策、效度等方面的研究关注度还有待提高。

第三节　文献分布及特点分析

2016 年度以研究生招生与就业为主题的研究文献包括学术专著 3 部、CSSCI（含扩展版）与中文核心期刊论文 43 篇、学位论文 29 篇，报纸文章 11 篇，共计 86 篇（部）。

从文献类型分析，2016 年 CSSCI（含扩展版）与中文核心期刊论文在全年以“研究生招生与就业”为关键词的研究文献中占比约 50%，低于 2015 年的 67.5%，高于 2014 年的 33.8%、2013 年的 35.1%和 2012 年的 24.7%。说明近两年“研究生招生与就业”专题的研究质量相较于之前有明显提升，也在一定程度上反映了研究者身份的变化。不同类型研究文献分布比例见图 5－1。

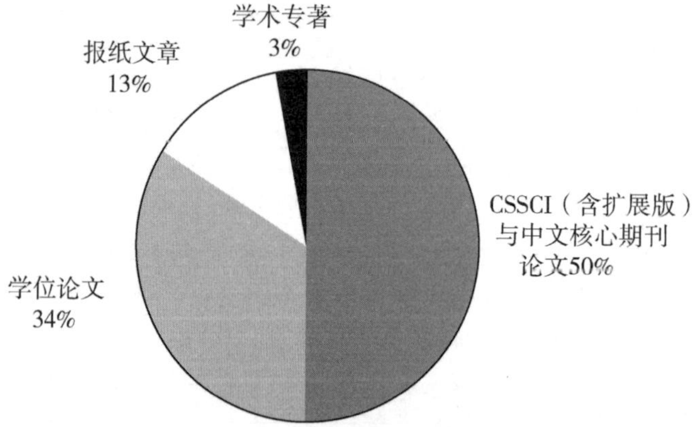

图 5－1　不同类型研究文献分布比例

① 范文翔．基于 AHP 的研究生创新创业教育的评价研究［D］．重庆：重庆师范大学，2016.

从文献数量分析，近三年的文献数量相对稳定，保持稳重上升的趋势。2013年的文献数量最多，但主要是由于当年报纸文章的数量显著增多（表5-2）。研究生就业研究的文献数量总体多于研究生招生研究，这是因为研究生就业与研究生个人息息相关，因此成为研究生群体关注的焦点问题，从而使学位论文的数量在研究生就业研究的文献数量中占据了相当比例，而目前专业研究者、学者对研究生就业的研究偏少。

表5-2　2012—2015年文献数量与类型比较（单位：篇/部）

年份	著作	CSSCI（含扩展版）与中文核心期刊论文	学位论文	报纸文章	合计
2012	2	24	64	7	97
2013	7	38	25	38	108
2014	3	24	23	21	71
2015	3	50	18	3	74
2016	3	43	29	11	86

文献作者分析，2016年度北京大学高耀以第一作者的身份发表了两篇文献：《中国博士毕业生就业状况——基于2014届75所教育部直属高校的分析》和《中国硕士毕业生就业状况——基于2014届75所教育部直属高校的量化分析》；中国科学技术大学古继宝分别以第一作者和第三作者的身份发表了两篇文献：《职业目标对工程硕士研究生实习效果及就业能力的影响》和《资本视角下的创业教育主题协同与创业意愿研究》。纵观2011—2015年度，累计在CSSCI（含扩展版）和中文核心期刊上发表两篇文献以上的作者有中国地质大学余桂红、华中科技大学罗敏、北京大学蒋承、清华大学李锋亮、河南大学李申申。一定程度上反映了专业研究者、学者对该领域的研究缺少持续、集中的关注。

从文献内容分析，2016年度研究生招生和就业的研究内容分布相对集中。研究生招生研究主要包括研究生招生考试制度与改革、研究生招生质量管理两个方面；研究生就业主要包括研究生就业状况、研究生就业能力及核心竞争力、研究生就业国际比较、女性研究生就业、研究生创新创业五个方面。将2016年度的文献研究内容与往年的研究热点对比发现，研究生招生考试制度与改革、研究生就业现状、研究生就业能力和核心竞争力是近年来研究者们持续关注的焦点。值得注意的是，关于大学生创新创业教育的研究为数不少，但针对研究生创新创业的研究数量较少。

研究生招生与就业是研究生教育的“入口关”和“出口关”，是研究生培养过程的“起点”和“终点”，是研究生教育质量的保障和体现，具有十分重要的战略价值和现实意义。因此，研究生招生与就业研究兼具学术价值和实践意义，在研究生教育飞速发展的时代背景下，凸显出日渐迫切的学术研究需求。在硕士研究生招生方面，全日制与非全日制招生并轨向教育主管部门和研究生培养单位带来了艰巨的挑战和重要的机遇，如何秉承发展与质量并重的理念、科学编制招生计划、进而积极推动研究生教育的健康发展成了当前学界亟待探讨的重要命题；在博士研究生招生方面，一些高校已经率先在博士生招生机制上进行了有益探索，随着博士生招生“申请—审核制”在全国范围的普遍施行，如何立足国情校情、制定并完善以人才选拔为首要目标的博士生招生考试制度，还需要学者们的持续跟进和深入探索；在研究生创新创业方面，“大众创业、万众创新”是历久弥新的时代号召，作为国民教育序列中最高层次的研究生教育，如何研究研究生创新创业现状、挖掘问题根源、梳理发展思路、拓宽实现路径，是学界亟须关注和讨论的课题。总之，随着我国“双一流”战略全面推进和研究生教育改革逐步深化，我国研究生教育将拥抱新的发展机遇，也将迎来更加严峻的挑战，以问题研究为主要导向的研究生招生和就业研究面临着更迫切的学术需求，值得学者们保持高度的关注。

专题六

研究生德育研究

2016 年度研究生德育研究主要包括研究生学术道德、研究生思想政治教育、研究生心理、研究生日常行为及生活四大主题。通过检索关键词，并根据研究内容进行再次筛选，2016 年度有关研究生德育研究的研究成果包括著作 5 部，期刊论文 31 篇，学位论文 65 篇，新闻报道 5 篇，共计 106 篇（部）。

第一节　研究生学术道德

建立和完善学术规范，端正学术风气，营造良好学术氛围，是促进研究生学术进步和科技创新的前提条件。研究生学术失范、学术规范教育、学术伦理、学风建设都是学界关注的热点领域。

一、研究生学术诚信

学术失范的相关研究包括研究生学术不端行为、学术不端态度、产生原因及影响因素研究。天津大学孙颖等设计了科研压力影响学术不端行为态度的作用机制模型（图 6 - 1）。通过对博士生的调查研究发现，科研压力与博士生学术不端行为态度成正比，而周围学术不端行为和博士生自身挫折应对能力能够调节科研压力与博士生学术不端行为态度之间的关系。为此建议高校设置更为合理的博士生考核标准和制度调整科研压力；营造积极向上的学术氛围，净化学术环境；提高博士生的挫折应对能力，打造抵制学术不端行为的坚实壁垒。[①]

---

① 孙颖，杨楠，怀丽. 博士生学术不端行为态度的影响因素研究［J］. 研究生教育研究，2016 (05)：17—22.

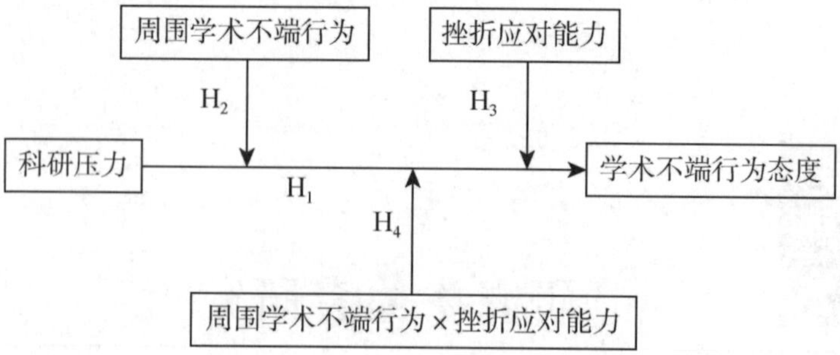

图 6－1　科研压力影响学术不端行为态度的作用机制模型

同济大学贾青青等以同济大学研究生学术行为网上测试系统运行的测试数据为样本，通过对不同培养层次、不同学科类型、不同学生类别的研究生答题通过率和各大类型试题的错误情况进行统计与分析，发现研究生学术行为规范存在的问题。认为需不断完善系统功能的开发，逐步构建研究生诚信教育信息平台，并对如何运用研究生学术行为规范网上测试系统开展研究生诚信教育提出意见建议。①

华中师范大学姚宗艳认为引起部分研究生产生学术道德失范行为的主要原因有：研究生教育管理机制不完善，社会不良风气的推波助澜，网络为研究生学术道德失范提供方便，部分研究生学术道德素质欠佳，传统文化中消极因素的影响。提出遏制研究生学术道德失范，提高研究生学术道德素养的对策：完善研究生培养管理制度，加强研究生学术道德教育，引导研究生努力提升学术道德素质，营造良好的学术道德环境。②

重庆医科大学曹强认为造成医学研究生科研伦理道德规范问题的主观因素包括科学道德素质低下、学术观错位、伦理道德自律缺乏等。客观因素包括社会环境、导师的影响，学术评价标准的片面性，网络信息的便利降低越轨成本，监督管理措施不到位。为此应立足实际构建层次性科研伦理道德规范目标；分门别类有效融合科研伦理道德规范内容；突出科研伦理道德规范教育者的主导性；将科研伦理道德规范灌注于医学研究生培养的全过程。③

华中师范大学唐苏采用文本分析方法对 10 篇英语专业硕士论文的文献综述部分进行研究，发现学术抄袭在研究样本中普遍存在。学生倾向于复制国外专著和期刊文献，并对国内专著和期刊文献进行直接翻译，没有对

① 贾青青，鞠明晖，蔡永洁，等．研究生学术行为规范网络测试数据的分析与启示［J］．学位与研究生教育，2016（03）：42—47.

② 姚宗艳．目前研究生学术道德失范的表现及对策［D］．武汉：华中师范大学，2016.

③ 曹强．医学研究生的科研伦理道德规范问题研究［D］．重庆：重庆医科大学，2016.

原文深加工。对各种引用方式的理解不足，并且不能识别所有的不当引用方式。抄袭原因包括缺乏对抄袭概念的透彻理解、网络资源开放、时间管理能力差、文化差异等。此外导师并没有对研究生学术抄袭予以重视。①

南方医科大学肖健在阐述康德教育思想的基础上，认为研究生学术道德教育理念必须实现从规训到自律的转变，需要对灌输方式的坚守与超越，对榜样示范合理定位，慎用惩罚与奖赏效应。但规训方法在研究生学术道德教育中的作用又并非是全否定性的，只是其合理性及其限制必须被严格界定，以确保在运用中始终服务于研究生学术道德自律的培育。②

西华师范大学杜永红等认为毕生发展观所主张的肯定个体全程与全面发展，强调个体发展受多种因素综合影响，突出个体发展多维性，关注个体发展主动性等观点，为研究生学术诚信教育创新提供理论支撑，有利于研究生学术诚信教育关注个体全程与全面发展，有利于多种因素对个体发展的综合影响，有利于个体发展多维性，有利于个体发展主动性。通过更新教育理念、完善教育制度、丰富教育内容、改进教育方式、创设良好教育环境、加大研究生学术诚信教育科研力度等策略，开设研究生学术诚信教育新局面。③

研究生学术道德教育研究遵循一定范式，研究者先通过对研究生学术道德教育实然现状的反映，指出研究生学术道德教育存在的问题，再提出构建多方合力的研究生学术道德教育的路径④⑤⑥（表6－1）。

---

① 唐苏．英语专业硕士研究生毕业论文学术抄袭行为研究［D］．武汉：华中师范大学，2016.

② 肖健．研究生学术道德：从规训到自律——来自康德的启示［J］．学位与研究生教育，2016（06）：40—44.

③ 杜永红，王彩丽．论研究生学术诚信教育的创新——基于毕生发展观的思考［J］．黑龙江高教研究．2016（06）：102—106.

④ 王锡范，石共文．高校研究生德育工作的“四化”路径探析［J］．湖南师范大学教育科学学报，2016（03）：109—113，120.

⑤ 柳礼泉，陈方芳．构建研究生学术诚信教育长效机制的“五化”［J］．研究生教育研究，2016（02）：24—28.

⑥ 张艳萍，卢婧．高校全面强化研究生科学道德与学术规范教育研究［J］．黑龙江高教研究，2016（09）：29—31.

表 6－1　2016 年研究生学术道德教育研究概览

作者	题目	研究生学术道德教育实然	研究生学术道德教育应然
王锡范；石共文	高校研究生德育工作的“四化”路径探析	①研究生德育工作基础相对薄弱，载体不多、途径不广、方法不新 ②研究生德育工作面临研究生教育国际化、网络时代、现存问题等挑战 ③研究生德育工作主体性不强、针对性不强、创新性不强导致实效不足	①“基地化”有效整合校内外各种教育资源，形成相对稳固的德育基地 ②“项目化”将研究生德育工作的各项相关活动如理论研究项目、主题教育项目、工作特色项目等有效整合 ③“网络化”充分利用网络新技术、新平台开展研究生德育工作 ④“制度化”将已经成熟、成型的研究生德育工作 要求、理念、方法以及运行模式等以成文的形式固定下来
柳礼泉；陈方芳	构建研究生学术诚信教育长效机制的“五化”	①缺乏学术诚信教育宣传 ②导师对研究生学术诚信教育缺位 ③部分高校学术评判标准合理化和监督机制的缺失	①从课堂教育、环境营造、利用全媒体三个维度，加大学术诚信教育宣传力度，解决“内化于心”的问题 ②强化导师正面引导，解决“强化于身”的问题 ③创新学术诚信实践活动平台，解决“外化于行”的问题 ④完善高校学术评价管理制度，解决“固化于制”的问题 ⑤加强学术诚信自我教育，以社会主义核心价值观为指导，树立研究生正确学习观，解决“孵化于魂”的问题
张艳萍；卢婧	高校全面强化研究生科学道德与学术规范教育研究	①没有切实纳入学校重要工作日程 ②主管部门单打独斗 ③导师未能尽职尽责 ④研究生对学术道德规范缺乏全面掌握	①加强认识，摆上重要工作日程 ②研究生主管部门、纪检监察、共青团委、学术团体等齐抓共管，形成合力 ③强化导师队伍建设 ④健全细化管理制度，坚持采取“双盲”评审方式 ⑤强化科学道德与学术规范教育 ⑥建立激励机制做到奖惩严明

上海对外经贸大学朱炎军借助于社会学新制度主义的解释，对研究生学术伦理建设的制度基础进行探究，认为研究生学术伦理作为一种新生的理论超越了学术规范等术语的概念范畴，同时为管理研究生的“学术之道”提出了更加宏观、系统的操作性要求。研究生学术伦理的制度建设能否获得合法地位，需要从法律政策、规范以及文化认知三方面入手。认为研究生学术伦理制度的建设与运行是制度要素相互作用的结果，而非单一制度要素发挥作用。为此需完善科学的学术法律体系，加强伦理意识与共同体规范的双重效应，构筑以伦理为核心的学术文化。①

二、研究生学风建设

学风建设是研究生培养质量的生命线，也是新时期深化研究生教育改革的关键环节。有学者关注到了导师作为研究生培养第一责任人，在研究生学风建设中发挥重要的作用。东南大学奚社新等运用自编问卷在 S 大学调研研究生学风建设中导师的权、责、利问题。调查结果显示，导师普遍认识到学风建设的重要性及紧迫性，但对自身应在学风建设中肩负着主体责任认识不到位，同时认为在研究生学风建设中做出贡献的导师应给予物质和精神奖励。需构建学校规范、学生遵循、导师把关、毕业全方位审核的学风监管体系；构建导师全程把关的权责利相统一的日常工作规范和工作条件；引导导师抓住研究生培养的关键环节，落实学风建设规章制度；进一步优化研究生教育质量评价标准和工作机制。②

对研究生进行廉洁教育是对研究生正确人生观、价值观的培育，有助于研究生正确对待学术研究的名和利。浙江大学郑爱平等指出当前研究生廉政教育仍更多地停留在传统的灌输模式，普遍存在观念陈旧、内容单一、形式呆板、方法简单等问题。从廉政教育的出发点和归宿点，借鉴教育领域的范式研究方法，将廉政教育范式分为社会哲学范式和人学范式两种。认为要实现廉洁教育从灌输式转换到融入式，不仅要实现由社会哲学范式到人学范式的转换，而且要以马克思主义人学为基础，重新建构廉政教育的理论体系。据此，研究生廉政教育范式转化主要包括理念转换、内容转换、形式转换、方法转换四方面。③

---

① 朱炎军．研究生学术伦理的制度框架——基于社会学的新制度主义分析［J］．研究生教育研究，2016（06）：18—21，26.

② 奚社新，金保昇．研究生学风建设中导师作用的调查研究——基于 S 大学的案例分析［J］．学位与研究生教育，2016（09）：50—55.

③ 郑爱平，张栋梁，吕森华．论研究省廉政教育的范式转换［J］．学位与研究生教育 . 2016（05）：28—32.

山西财经大学赵晓蓉在马克思主义思想政治教育理论为指导的基础上，从廉洁教育的相关概念及内容出发，认为研究生廉洁教育的内容包括理想信念和宗旨教育、廉洁理论教育、诚信和法制教育、美德教育。我国目前研究生廉洁教育存在的主要问题包括介体单一落后，内容陈旧，意识淡薄，环境建设不足。存在问题的原因包括社会大环境影响，高校廉洁教育自身的缺陷，市场经济发展的消极影响，个别政府官员腐败影响以及研究生身心发展的特殊性。加强研究生廉洁教育的途径包括：①提升校园文化育人功能。②营造家庭助廉环境。③牢牢占领网络教育阵地。④发挥研究生的主体作用。⑤营造全社会崇廉尚廉的环境氛围。[①]

第二节　研究生思想政治教育

信息化、国际化的冲击对研究生思想政治教育带来了挑战。研究者在分析研究生思想政治教育存在的各类问题的基础上，提出了优化研究生思想政治教育的途径。

一、研究生思想政治教育的现状

哈尔滨工程大学门志国等分析了研究生教育规模急剧扩大、研究生教育国际化趋势加快、研究生教育信息化日益普及和研究生教育呈现多元化对研究生思想政治带来的挑战。认为研究生思想政治教育存在的问题包括管理体制未能理顺，教育主体认识未能达成共识，缺乏必要的考评机制。提出构建研究生思想政治教育“三位一体”管理模式，第一，系统梳理影响院校两级协同管理的掣肘因素，规划好研究生思想政治教育工作的顶层设计。第二，建立辅导员、导师、基层学术组织协同管理模式的制度体系。第三，建立研究生思想政治教育监督反馈机制。[②]

为深入贯彻落实党的十八大精神，学者对如何积极培育和践行研究生社会主义核心价值观进行了探讨。北京大学王天兵等通过对北京市高校问卷调查发现，社会主义核心价值观在研究生群体中的认同度良好。研究生接受和认识社

① 赵晓蓉．对研究生进行廉洁教育的思考［D］．太原：山西财经大学，2016.

② 门志国，王蕾，王兴梅．研究生思想政治教育协同管理模式研究［J］．黑龙江高教研究，2016(10)：145—147.

会主义核心价值观的方式和途径主要包括课堂、家庭、传统媒体、新媒体等。认为研究生社会主义核心价值观培育的侧重点包括培育研究生的爱国情怀、创新能力、诚信意识、国际视野。最后介绍了北京大学研究生社会主义核心价值观培育的实践路径，包括重视入学教育，把社会主义核心价值观深入课堂和实践环节，强化导师责任，落实学术规范宣传教育等。①

西南科技大学蒋道平等对研究生社会主义核心价值观的现状进行了分析，第一，研究生的价值观随着体制的变迁而变化，并且存在着性别、人文社科与理工科思维差异上的区别。第二，从实践状况来看，研究生对社会主义核心价值观的系统认识有所欠缺，研究生对社会主义核心价值观缺少情感认同，研究生培养过程中学校设置的相关实践活动较少。培育研究生社会主义核心价值观的有效路径包括社会主义核心价值观课程化的认知教育、社会主义核心价值观新信仰化的认同教育、社会主义核心价值观行动化的实践教育。②

二、研究生思想政治教育的途径

研究生思想政治课堂是研究生思想政治教育的主阵地，学者一直着力于找寻优化研究生思想政治教育的教学方式、方法。东北林业大学王越芬等认为研究生思想政治理论课教学话语体系创新，是培育研究生将马克思主义理论学习与研究转化为内在需要和自觉意识的重要途径。创新研究生思想政治理论课教学话语体系既要完成与传统思想政治理论课教学话语体系的深度剥离，又要实现对本科生思想政治理论课教学话语体系的提升。通过整合话语内容、创新话语方式和关注话语语境，创新研究生思想政治理论课的话语体系，以提升研究生思想政治理论课教学的实效性。③

北京科技大学张颖等从大数据对研究生思想政治教育的影响及应用进行分析，认为大数据可帮助研究生思想政治教育扫除盲区，重新构建研究生综合评价体系，革新研究生思想政治教育工作者的思维和教育模式。大数据在研究生思想政治教育工作中的应用包括：①建立统一、高效的学生信息系统，降低调研成本，提高数据真实性。②建立强适用性的研究生综合评价体系及诚信体系。③心理干预及危机预警。④提高办公效率及部门间沟通。但也应认识到大数据

---

① 王天兵，韩蒙，何峰．研究生社会主义核心价值观培育的现状、内容与路径［J］．学位与研究生教育，2016（10）：34—37.

② 蒋道平，陈文，张丁杰．研究生社会主义核心价值观现状及培育路径探究［J］．研究生教育研究，2016（06）49—53.

③ 王越芬，季宇．研究生思想政治理论课教学话语体系构建路径［J］．黑龙江高教研究，2016（07）：80—82.

技术在情感分析中的弱势，技术伦理障碍使在研究生思想政治教育应用中有短板，还需研究生思想政治就工作者不断探索。①

高校研究生党支部作为研究生思想政治教育工作的重要载体，引起了学界的重视。南京大学陈卉等通过对南京大学、东南大学、南京理工大学、南京师范大学、南京工业大学五所高校研究生党员的调查研究发现当前研究生党支部组织生活总体较为有序规范，但也存在一定问题：①组织生活制度欠规范，缺乏执行力。②组织生活模式呈两极化趋势，缺乏针对性。③党员参与度偏低，缺乏吸引力。认为影响高校研究生党支部组织生活质量的因素包括：①政治多极化、经济全球化、教育国际化及新媒体技术的冲击。②研究生党支部书记选拔、培养、考核机制不健全。③研究生党员竞争压力大，价值取向日趋务实。提出高校应从加强研究生党支部组织生活的工作研究、目标保障、组织保障、队伍保障、媒介保障五个方面，全面构建研究生党支部组织生活质量保障体系。②

北京理工大学钟芳芳等为深入了解研究生党员教育和培训效果，对北京理工大学1990名在校研究生展开网络问卷调查，发现当前研究生党员教育缺乏系统性和规范性，教育内容缺乏连贯性和现实性，教育形式缺乏多样性和层次性，党员教育实践缺乏特色性和实效性。介绍了北京理工大学研究生党员“金字塔”分层教育的实践，针对入党积极分子、研究生党员、党支部委员、书记四类不同培养对象，在培养目标、培养方式、考评激励方面进行分层培养，力求在研究生党员教育培训的实效性和长效性上进行探索和改进，适应新时期研究生永葆先进性的要求。③

黑龙江大学朱毅以微时代为研究背景，对高校研究生党建工作的影响因素进行了系统的梳理和分析。认为在微时代背景下，研究生党建工作有主体价值观草根性、阅读和传播渐习性、形式和内容多元化、信息选择自由性、行为方式娱乐性的特点。微时代对研究生党建工作提供新的平台、方法、思路产生了积极影响。但微时代的巨大信息量极易造成价值观的多元化，便捷性对研究生之间的交流产生一定的阻碍，快餐性和虚拟性等对高校研究生党建工作产生了负面影响。加强研究生党建工作途径包括利用微时代提高研究生党务工作者的业务能力，建立网络党支部，构建新媒体平台，创建新媒体

① 张颖，刘兴国．大数据时代给研究生思想政治教育带来的启示［J］．学位与研究生教育，2016（03）：39—42.

② 陈卉，朱翰墨，李浩．高校研究生党支部组织生活质量保障体系初探——基于南京五所高校的调研数据［J］．教育理论与实践，2016，36（18）：36—38.

③ 钟芳芳，李欣．研究生党员“金字塔”分层教育模式的探索［J］．学位与研究生教育，2016（09）：18—22.

联盟等。①

第三节 研究生心理研究

近年来研究生心理研究主题更加细化。研究多以调查研究为主，在发现研究生心理存在的问题后，提出研究生心理健康教育的意见建议。

一、研究生心理健康

研究生心理健康研究主要聚焦于两方面，一是研究生心理健康状况及各类心理健康问题。二是研究生心理健康教育模式的构建与探索。

浙江大学梁社红等基于 EAP 服务理念，结合管理学的系统原理及 5W1H 分析法，构建以研究生的心理健康分类需求为中心，由心理健康教师和咨询师等服务团队设计服务平台，提供分类服务内容的研究生心理健康服务系统。根据标准化操作流程构建研究生心理健康服务路径，以夯实当前心理健康教育中普遍存在的薄弱环节，为形成以发展积极心理品质为主、矫治心理问题为辅的研究生心理健康服务系统提供理论与实践依据。②

南京师范大学杨彩艳探究研究生生涯阻碍知觉、生涯焦虑与生涯定向三者之间的相互关系。自行编制生涯焦虑问卷，对 406 名研究生进行问卷调查，发现生涯阻碍知觉与生涯焦虑呈显著正相关，与生涯定向呈显著负相关，生涯焦虑与生涯定向呈显著负相关。此外，高生涯焦虑者的生涯定向受到生涯阻碍知觉的影响更大，而低生涯焦虑者的生涯定向受生涯阻碍知觉影响较小。③

山西师范大学闫俐对师范类大学硕士研究生的幸福感进行了探究。从社会支持的来源及其各方面内容特征研究分析对幸福感的影响，从生活客观事件探讨与幸福感的关系，从个体人格特质来反映个人主观幸福感的自我实现和呈现方式。发现硕士研究生的整体幸福感偏低，特别是三年级研究生，焦虑感明显。认为硕士研究生的幸福感需要引导、支持和提升。④

① 朱毅．微时代背景下高校研究生党建工作探究［J］．黑龙江高教研究，2016（05）：98—100.

② 梁社红，朱婉儿，祝一虹，等．研究生心理健康服务系统的构建研究［J］．学位与研究生教育，2016（08）：62—65.

③ 杨彩艳．研究生生涯阻碍知觉、生涯焦虑与生涯定向的关系研究［D］．南京：南京师范大学，2016.

④ 闫俐．影响硕士研究生幸福感的相关因素研究［D］．太原：山西师范大学，2016.

广西大学崔鑫选取广西大学34名口译硕士作为研究对象，发现性别对口译焦虑存在影响，表现为男性受试的焦虑值低于女性受试。相较之下，入学时间并不影响受试的口译焦虑。其次在口译硕士中，口译焦虑广泛存在，且级度相对较高。最后口译实践量与口译焦虑呈现切实负相关，课外练习量和课上练习量与口译焦虑的关系较为复杂，无法得出一致结论。①

二、研究生自我认知

河南大学万淼等提出全日制硕士学位研究生社会认同的概念：全日制硕士专业学位研究生对其群体身份争取的了解与认知、从而形成稳定的情感倾向和积极价值的综合体。以23所高校在读全日制硕士专业学位研究生为调查对象，自编量表分析社会认同的基本特征及其差异。研究发现全日制硕士专业学位研究生社会认同整体上处于中等略偏上的水平，不同年龄、不同家庭的全日制专业学位硕士研究生社会认同存在显著差异；不同性别、年级、报考身份、学校类型不存在显著差异。据此提出深化对专业学位本质认识，创建良好的软硬件培养环境，完善外部质量保障体系，实现培养过程中的专业与行业有机融合。②

学者关注到了研究生专业认同问题。江南大学许慧等采用师徒功能量表和专业认同感量表，以江苏省三所高校720名硕士研究生为调查对象，发现当前研究生感知到的导师社会心理功能普遍偏低，研究生专业学习投入度不高；导师的社会心理功能和角色模范功能在导师性别配对上存在显著差异，导师的社会心理功能、人际网络功能和角色模范功能在不同年级上存在显著差异；研究生专业目标与计划在硕士类型和是否有就业经历上存在显著差异；师徒功能与研究生专业认同感呈显著正相关，导师的工具性功能、社会心理功能和人际网络功能对研究生专业认同感具有预测作用。③

2016年，有不少硕士研究生选择研究生专业认同问题作为学位论文进行研究。研究多以调查研究为主，展示研究生专业认同现状，提出意见建议（表6－2）。

---

① 崔鑫．口译硕士口译焦虑实证研究［D］．南宁：广西大学，2016.

② 万淼，赵国祥．全日制硕士专业学位研究生社会认同实证研究［J］．研究生教育研究，2016（05）：66—73.

③ 许慧，韦雪艳，戚亚慧．师徒功能与研究生专业认同感的关系研究［J］．研究生教育研究，2016（01）：65—69，85.

表 6-2　以研究生专业认同为选题的硕士学位论文列表

题目	作者	导师	作者单位	调查对象
云南大学硕士生专业认同情况研究	李元波	马桑	云南大学	云南大学硕士研究生 306 人
社会工作专业硕士研究生专业认同研究	吴硕	吴莹	吉林农业大学	长春地区 91 名社会工作专业硕士研究生
全日制教育硕士与教育学硕士专业认同及影响因素研究——以 S 大学为例	周扣娟	黄海涛	上海师范大学	S 大学 247 名全日制教育硕士与 268 名教育学硕士研究生
教育学硕士研究生专业认同研究	张丹	姜丽华	辽宁师范大学	哈尔滨师范大学、沈阳师范大学、辽宁师范大学 271 名教育学硕士研究生
动态视角下全日制英语教育硕士专业认同研究	张聪敏	韦理	陕西师范大学	某师范大学学科教学（英语）专业研究生一年级和研究生二年级全体英语教育硕士
教育学硕士研究生专业认同影响因素研究——以山西省为例	岳婷婷	白娴棠	山西师范大学	山西大学和山西师范大学教育学研究生 182 人
跨专业心理学硕士研究生专业认同与自我探索过程研究	吴旭	李凌	华东师范大学	H 高校心理学院硕士研究生 136 名
硕士研究生专业认同与学习投入的关系研究——以 ×× 大学为例	全凤	张意忠	江西师范大学	江西某大学 260 名硕士研究生

三、研究生学习动机

学习动机是影响学业成就的重要因素。对研究生学习动机的研究，对发挥研究生质量保障主体性作用，提高研究生教育质量具有启示性作用。研究者注重对研究生学习动机现状的反映，并分析影响研究生学习动机的各类因素，对激发和增强研究生学习动机提出意见建议。

清华大学李雪采用质性方法对某“985”高校的博士生学习动机进行实证研究。结果表明博士生学习动机是学术兴趣、自我提升的意愿等内部动机和规定的毕业要求、个性化目标等外部动机的某种组合。博士生学习动机的影响因素包括任务特性、教学水平、指导水平、学习氛围、个人因素及经济压力。据此形成了博士生学习动机的产生因素和影响因素框架图（图6－2）。提出只有学生、导师、院系和学校共同努力，激发学生的学术志趣和自我提升完善的意愿，才能从根本上使学生保持较高水平的学习动机，提高博士生的培养质量。①

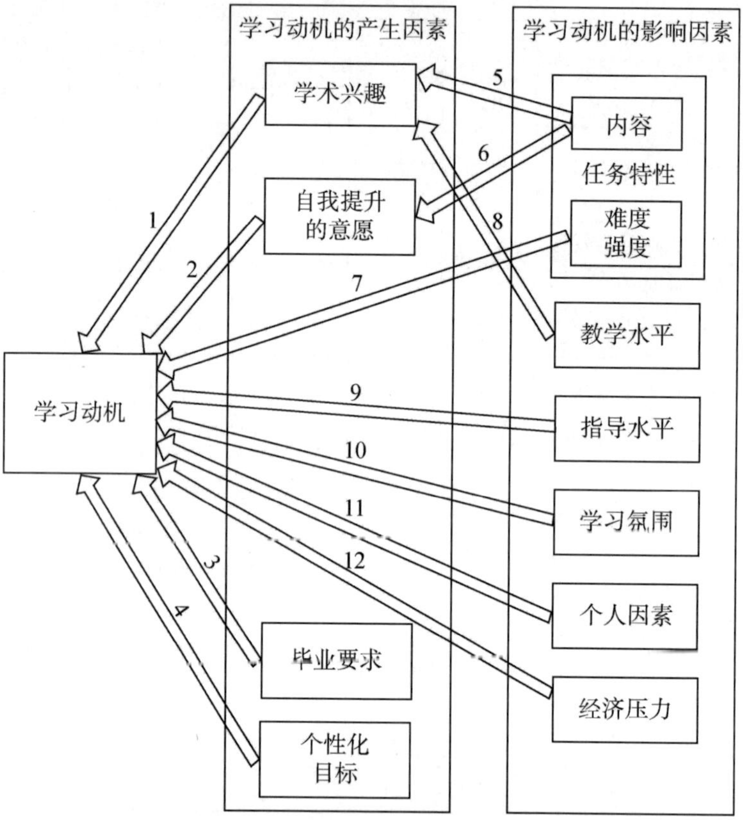

图6－2　博士生学习动机的产生因素和影响因素框架

① 李雪．博士生学习动机的实证研究［J］．研究生教育研究，2016（02）：47—52.

华中师范大学周媛对华中师范大学98名非英语专业研究生进行问卷调查，发现华中师范大学非英语专业研究生的英语学习动机整体较好，学习动机和积极情感因素呈显著正相关，学习动机和消极情感因素呈显著负相关。对激发学生学习动机提出建议，第一，教师和学生都应该对学生在英语学习过程中的动机和情感状态有所了解。第二，教师应该培养学生的积极归因倾向，把成功归因于可控的内部的因素。第三，教师要提高学生的自我效能感，建立多元评价体系。第四，教师要利用学生对外国文化的兴趣来提升学生对英语的学习兴趣。①

第四节　研究生日常行为及生活

按照研究内容的不同，分为研究生运动休闲行为、研究生婚恋行为、研究生自我管理三类。

一、研究生运动休闲行为

浙江师范大学王文化关注了研究生篮球运动，以浙江师范大学为例，发现影响坚持性的主要因素包括篮球运动健身的兴趣爱好、余暇时间、篮球运动氛围、同学影响、篮球场地设施、参加篮球运动的动机、天气、锻炼效果、对篮球运动价值的认识、身体条件、有无固定的锻炼群体。研究生参与篮球运动的动机由大到小依次是健康动机、社交动机、乐趣动机、外貌动机、能力动机。与同学或朋友一起参加、自发形成群体、篮球俱乐部或社团的形式是主要组织形式。中小学阶段与本科、研究生阶段没有形成很好的衔接。缺少时间、无人指导或组织、惰性原因、周围锻炼氛围不浓、兴趣转移和缺乏相关设施是对研究生退出或中断影响较大的因素。②

上海师范大学盛瑞国以上海市部分高校在读女硕士研究生为调查对象，探究了体育锻炼对女硕士研究生主观幸福感的作用和影响。发现上海市女硕士研究生一次锻炼持续时间在21—30分钟，每周锻炼频率在3—5次，参与中等运动量主观幸福感水平最高。其中，体育锻炼的时间对主观幸福感的影响较为突

① 周媛．非英语专业研究生英语情感因素与英语学习动机的相关性研究［D］．武汉：华中师范大学，2016.

② 王文化．普通高校硕士研究生篮球运动的锻炼坚持性研究［D］．金华：浙江师范大学，2016.

出，锻炼时间与主观幸福感、生活满意度、积极情感三者之间均存在显著正相关。①

二、研究生婚恋行为

女性在研究生这一段时期，生理和心理均处于适婚阶段，家庭和社会对女研究生婚恋和人生的期望，使高学历女性的婚恋问题逐渐引起了社会和学界的关注。

内蒙古师范大学常宝以内蒙古师范大学和内蒙古工业大学的全日制在读女硕士研究生为研究对象。将女硕士研究生的婚恋观分为择偶观、恋爱观、家庭事业观、性观念四个维度进行考察。总结影响女研究生婚恋观的主要因素包括个体社会性别角色观，高等教育下的理性化与限制，家庭教养方式与父母的婚姻状况。②

华东师范大学黄萱从个人学业状况、个人婚恋状况、个人婚恋观、个人基本情况四个方面对上海市两所研究型大学的女硕士研究生进行了问卷调查，探讨良好的婚恋状态是否能够促进她们的学业。研究结果表明，研究型大学的女硕士研究生的婚恋行为和态度都较为理性，整体的学术综合素质较高，婚恋现状、恋爱择偶观和婚姻家庭价值观在一定程度上会影响学术科研能力、课余时间安排、读博意愿和学业生活评价。最后建议通过女硕士研究生个人、高校、政府及社会的多方联动，完善女硕士研究生的婚恋观，提高她们的学术综合素养，促进学业身心的发展。③

南京大学胡菡菡在前人研究基础上描绘在校女研究生的生育观现状，同时通过传播的各个维度，考察在校女研究生的生育观是如何在传播中被建构的，以及有何种现实因素。发现女研究生的生育观具有更加注重自我实现，更加包容的特点。影响女研究生生育观的主要因素有原生家庭、师生群体、大众媒介和一些现实条件。结合调查结果，建议应增强在传统教育中对女生的女性主义教育，使女研究生更加自觉地追求个体自由和性别平等，更具有自我意识和权利意识。④

---

① 盛瑞国．上海市女硕士研究生体育锻炼与主观幸福感关系研究［D］．上海：上海师范大学，2016.

② 赵文琪．性别与知识：当代女硕士研究生婚恋观研究［D］．呼和浩特：内蒙古师范大学，2016.

③ 黄萱．研究型大学女硕士研究生的婚恋及其学习影响研究［D］．上海：华东师范大学，2016.

④ 赵盼賫．传播学视角下在校女研究生生育观调查［D］．南京：南京大学，2016

三、研究生自我管理

学者对影响学习投入的因素进行了研究，云南大学王熠琦分别分析了学习动机、学习态度、学习环境、学习满意度与学习投入度之间的相关性。① 西安外国语大学赵媛通过对西安市五所高校429名全日制硕士生的调查研究，探讨了新调整的资助政策对全日制硕士生的学习投入的影响。②

浙江理工大学王月明自编硕士研究生学业拖延问卷，考察研究生学业拖延的水平与特征，从刺激寻求、不良认知、任务性质、自我管理、缺乏自信、外界支持、角色冲突7个维度探究造成学业拖延的原因。研究发现研究生群体学业拖延现象异常普遍，主要是因个体不善抵制诱惑和管理时间，缺乏目标和信心等主观因素造成的，但任务特征、角色冲突及外界支持等外界因素的影响也不容小觑。基于以上研究结果，提出有效减少拖延行为应以改变个体自身因素为主，改善外界因素为辅。③

不少学者关注到了研究生时间管理问题，一是对影响研究生时间管理因素的研究，如扬州大学周静用《青少年时间管理倾向量表》《成就动机量表》及《学业拖延量表》为工具，对扬州大学373名全日制硕士研究生进行问卷调查，探讨硕士研究生的时间管理倾向、成就动机与学业拖延的现状及二者之间的关系。④ 二是对课余时间管理的研究，如上海师范大学张怡改编了《硕士研究生课余时间管理问卷》，用课余时间管理意识、课余时间管理控制、课余时间管理行为、课余时间管理规划反映硕士研究生课余时间管理。发现硕士研究生总体上呈中等偏上水平，课余时间比较充裕。⑤ 首都体育学院吴方方对首都体育学院215名全日制专业硕士研究生进行问卷调查，从课余时间学习及研究情况、课余时间兼职情况、体育锻炼状况、娱乐生活情况、其他活动等反映了研究生课余时间总体情况，从课余时间安排的计划性、课余时间安排的执行力度、课余时间安排的满意度反映了研究生对自身课余时间安排计划执行情况的评价。发现研究生课余时间安排主要受到内在和外在因素的影响，其中内在因素包括心理因素、身体因素、学业和就业压力因素等；外在因素包括兼职、导师安排、参加体育运动、

---

① 王熠琦．云南大学硕士研究生学习投入度影响因素研究［D］．昆明：云南大学，2016.

② 赵媛．研究生资助政策对全日制硕士生学习投入的影响研究［D］．西安：西安外国语大学，2016.

③ 王月明．研究生学业拖延相关问题［D］．杭州：浙江理工大学，2016.

④ 周静．硕士研究生时间管理倾向、成就动机与学业拖延的相关研究［D］．扬州：扬州大学，2016.

⑤ 张怡．硕士研究生课余时间管理行为研究［D］．上海：上海师范大学，2016.

外出应酬等因素。导师的意见对于研究生自我时间安排有重要影响。①

第五节　文献分布及其特点分析

一、文献数量

通过检索关键词，并根据研究内容进行再次筛选，2016 年度以研究生德育为研究主题的研究文献分布如下：著作 5 部，期刊论文 31 篇，学位论文 65 篇，报刊文章 5 篇，共计 106 篇（部）（图 6－3）。

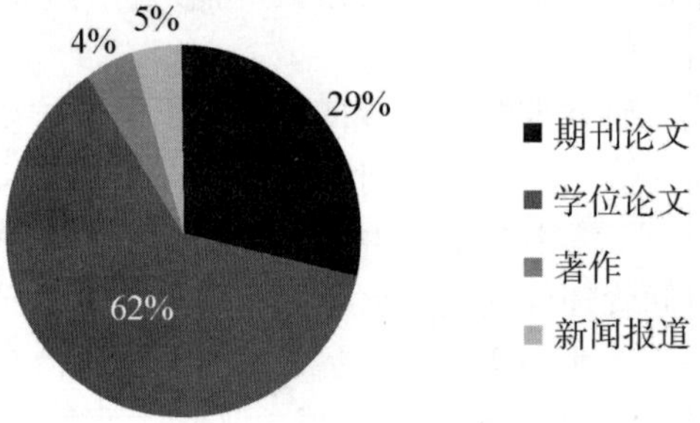

图 6－3　2016 年度研究生德育文献类型与比例

与往年比较，研究生德育研究文献总体数量增加，期刊论文略有下降，学位论文、新闻报道出现显著增长。文献情况见表 6－3。

表 6－3　2012—2016 年研究生德育文献情况

文献类型	2012 年	2013 年	2014 年	2015 年	2016 年
期刊论文	17	12	28	36	31
学位论文	62	45	53	57	65
著作	0	3	6	4	5
新闻报道	0	1	5	1	5
总计	79	61	92	98	106

① 吴方方．首都体育学院全日制专业硕士课余时间安排的调查与分析［D］．北京：首都体育学院，2016.

在期刊来源方面，31 篇期刊论文中有 13 篇来源于《学位与研究生教育》，7 篇来源于《研究生教育研究》，6 篇来源于《黑龙江高教研究》。

二、专题结构

2016 年研究生德育四个主题文献数量分布不均，研究生学术道德主题文献最多，研究生日常行为及生活主题文献最少。如图 6－4 所示，各个主题内部情况也存在差异。

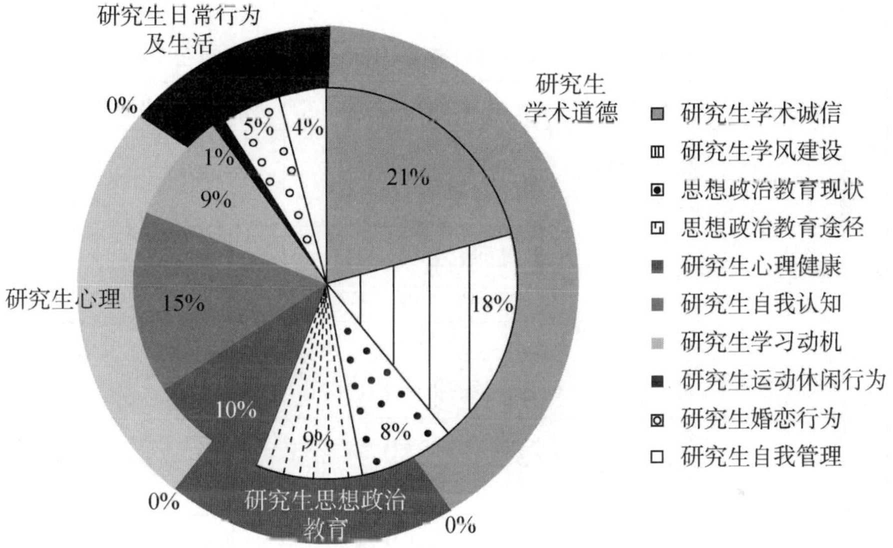

图 6－4　2016 年研究生德育研究主题分布

三、研究方法

从研究方法上看，研究者往往运用问卷调查、访谈等方法来反映研究生德育的现状及问题。也有学者使用了模型构建方法（表 6－4）。

表 6－4　研究生德育研究使用的研究方法统计

研究方法	理论研究	实证研究	实证思辨结合	经验研究	模型构建
文献数量（篇、部）	12	40	46	5	3
比例/%	11.3	37.7	43.4	4.7	2.8

四、研究者

基于研究者的角度，纵观2012—2016年的5个年度，不统计学位论文，2016年湖南大学马克思主义学院柳礼泉以第一作者身份发表3篇核心期刊论文，湘潭大学公共管理学院唐检云以第一作者身份发表两篇核心期刊论文，出版1部专著。此外5年间天津大学教育学院孙颖以第一作者身份发表3篇核心期刊论文，北京科技大学研究生工作部张颖以第一作者身份发表两篇核心期刊论文（表6－5）。

表6－5　2012—2016年研究生德育领域第一作者署名两篇及以上文献详情表

篇数	作者	作者单位	论文（著作）名称	期刊来源/出版社	刊期
3	柳礼泉	湖南大学	论研究生学术能力与思想道德的共轭培育	学位与研究生教育	2016.5
			构建研究生学术诚信教育长效机制的“五化”	研究生教育研究	2016.4
			立德树人视域下研究生导师德育自觉的提升路径探析	思想教育研究	2016.2
3	唐检云	湘潭大学	以社会主义核心价值观引领研究生自由全面发展	中国高等教育	2016.10
			研究生社会主义核心价值观培育研究	湘潭大学出版社	2016.10
			研究生成才的内在要素及其培育	学位与研究生教育	2016.9
3	孙颖	天津大学	博士生学术不端行为态度的影响因素研究	研究生教育研究	2016.10
			研究生对学术不端行为进行道德判断的心理分析	学位与研究生教育	2015.4
			博士生学术道德意识建构及学术道德教育的启示	教育科学	2015.2

续表

篇数	作者	作者单位	论文（著作）名称	期刊来源\出版社	刊期
2	张颖	北京科技大学	大数据时代给研究生思想政治教育带来的启示	学位与研究生教育	2016.3
			研究生党建工作的原则及任务—以北京科技大学为例	思想教育研究	2013.1

五、研究热点及未来研究展望

从研究内容上看，在研究生学术道德主题中，研究生学术失范问题及学术道德教育仍然是研究生学术道德主题中的热点研究领域。探讨学术失范问题以硕士论文形式为主，研究遵循一定范式，即先分析研究生产生学术不端行为的原因，再从社会、家庭、高校、研究生个人等方面提出防治研究生学术不端行为的方法路径。研究者更倾向于关注某一特定群体研究生学术道德问题，本年度出现的研究对象包括博士研究生、医学专业研究生、英语专业研究生等。在研究生学术道德教育研究中，有学者以康德的哲学视角、心理学领域的毕生发展观视角对当前研究生学术道德教育进行了审视。

研究生思想政治教育主题具有较强的时代特性。十八大以来，党中央对加强和改进新形势下高校思想政治工作提出了系列意见，要求强化研究生思想政治教育和价值引领，加强理想信念教育，培育和践行社会主义核心价值观。因而本年度本领域研究中：第一，研究生社会主义核心价值观成为研究的热点，学者对研究生社会主义核心价值观现状、内容、方式方法进行了研究，并介绍了院校经验。第二，在思想政治教育途径中，如何有效发挥党支部的作用是研究的焦点。此外，值得注意的是有学者关注到了大数据对研究生思想政治教育的影响及应用。

在研究生心理健康主题中，值得注意的是有研究者使用质性方法对研究生学习动机进行实证研究，并构建了博士生学习动机的产生因素和影响因素框架图。此外也有不少研究者，特别是硕士研究生关注到了研究生专业认同问题。研究对象不再局限于教育学相关专业研究生，并对研究生专业认同的影响因素进行了分析，如师徒功能等。

在研究生日常行为及生活主题中，在研究生婚恋研究中，延伸到了对女研究生生育观的关注。研究生的自我管理，特别是对时间的管理是研究热点所在（表6-6）。

表 6－6　2012—2016 年研究生德育研究热点

研究主题	2012	2013	2014	2015	2016
研究生学术道德	学术失范	学术失范、学风建设	学术失范	学术失范、学术道德教育	学术失范、学术道德教育
研究生思想政治教育	思想政治教育现状、新型德育途径	思想政治教育现状、研究生德育途径优化	思想政治教育现状、创新思想政治教育途径	导师育人	社会主义核心价值观、研究生党支部建设
研究生心理	研究生心理健康问题、研究生幸福感	研究生心理健康问题、研究生英语学习动机	研究生心理健康问题、研究生专业认同	研究生心理健康问题、研究生专业认同	研究生专业认同
研究生日常行为及生活	研究生运动休闲行为、研究生婚恋行为	研究生运动休闲行为、研究生婚恋行为	研究生运动休闲行为	研究生自我管理	研究生自我管理

通过对本年度研究生德育领域文献的深入研究，认为未来研究生德育领域研究的热点将会继续集中于研究生学术道德和研究生思想政治教育领域。其中，未来研究生学术不端的研究方法不会再局限于通过调查、访谈等对研究生学术不端行为的简单展现，而是会通过因素分析、模型构建等方法，深入挖掘研究生学术不端的产生原因及影响因素。随着国家、社会对加强研究生学术道德重视程度的不断加强，高校在营造良好的学术氛围和制度环境方面已取得了一定成果，因而未来会出现介绍高校具体经验、措施的研究。

办好中国的世界一流大学，必须有中国特色，必须坚持正确的政治方向，可以预见，未来对研究生思想政治教育的研究会持续升温。特别是如何通过立德树人、社会主义核心价值观的培育来带动研究生培养的其他环节，会成为学者研究的热点。

专题七

学科建设研究

2016学科建设研究文献共有62篇，较2015年40篇，2014年45篇文献相比，涨幅明显。从研究内容看，本年度除了延续学科评估、具体学科建设发展、学科建设问题与政策措施等主题外，增加了一流学科建设的研究内容，紧随国家战略需要，丰富了本专题的内容。根据本年度文献呈现出来的特点，本专题主要分为五个议题。一流学科建设、学科评估、具体学科发展、学科建设存在问题与政策举措等方面。

第一节　一流学科建设相关问题

2016年，一流学科建设相关问题文献12篇，成为本年度学科建设领域中比较受到关注的专题，本议题研究内容的焦点主要集中于一流学科建设中面临的问题、一流学科建设模式及措施、一流学科建设作用及现状。本议题研究方法多采用定性研究方法，同时多位行政负责人进行本议题的研究。

一、一流学科建设中面临的问题

中国高等教育学会副会长张德祥提出一流学科是一流大学的基础，也是一流大学建设的重要内容。学科建设是一个复杂的系统工程，涉及学校内部和外部多方面的关系。需要处理好院系谋划与学校顶层设计的关系，学科高峰、学科高原和学科生态的关系，学科、专业与课程的关系，学科、人才与体制机制的关系，学科规划、实施与评价的关系①。

① 张德祥．高校一流学科建设的关系审视［J］．教育研究，2016（08）：33—39.

北京信息科技大学杨兴林提出统筹推进“世界一流学科”建设是“世界一流大学”建设的重要基础。总结以往的经验和教训，扎实打好这样的基础特别需要预防四个方面的认识误区：“世界一流学科”建设就是要大力提高科学研究的水平；“世界一流学科”建设就是要全面提升履行大学基本功能的水平；“世界一流学科”建设就是要大量增加各类学术头衔的人才；“世界一流学科”建设就是要全力达到有关一流建设指标的要求①。

武汉科技大学李蓉等人提出高校大部制改革试点10余年，始终未能在高校中得到全面推广，其重要原因之一就是高等教育系统环境固化致使高校大部制改革内生动力不足。“双一流”建设方案颁布，为高校大部制改革提供了方向指引和现实支持，其学科绩效评估、资源动态支持打破高校之间凭固化身份获取资源模式，促进高校积极开展大部制改革②。

二、一流学科建设模式及措施

陕西师范大学校长程光旭提出师范类高水平大学一流学科建设应该具有世界眼光；师范类高水平大学一流学科建设应该致力于中国特色；师范类高水平大学一流学科建设应该坚守教师教育属性③。

对外经济贸易大学学科建设办公室常文磊提出“双一流”建设方案的发布标志着我国进入了建设高等教育强国的历史新征程。我国进行世界一流大学和一流学科建设，应深入研究世界一流大学建设模式的共性和个性，秉持多元卓越的发展理念，采取理性务实的学科建设路径，通过制度创新切实保障大学自治④。

中南财经政法大学社会科学研究院副院长汪锋提出我国高校一流学科与新型智库建设呈现出“各自为政”“一实一虚”现象，严重制约了高校学科创新能力与社会服务能力的提升。针对这一问题，应当从强化外部约束与实施综合改革着手，加快建设高校一流学科与新型智库建设的战略协同机制、制度联动机制、综合发展机制，并通过二者的强关联互动、协同式发展⑤。

---

① 杨兴林.“世界一流学科”建设须预防四大误区［J］. 现代教育管理，2016（08）：14—19.

② 李蓉，陈志刚. 双一流”创建背景下的高校大部制改革建设研究［J］. 江苏高教，2016（06）：43—46.

③ 程光旭，姚若侠，孔祥利. 推进师范类高水平大学一流学科建设［J］. 中国高等教育，2016（03）：41—44.

④ 常文磊，仇鸿伟. 世界一流大学及一流学科建设：核心论域与路径突破［J］. 教育探索，2016（02）：47—50.

⑤ 汪锋. 高校一流学科与新型智库建设的互动机制研究［J］. 中国高教研究，2016（09）：35—41.

北京大学党委办公室校长办公室副主任郭丛斌以世界公认的ESI、QS和US News学科评价体系为基本框架，分析以北大、清华为代表的中国高水平大学学科发展现状，发现中国高水平大学在学科建设过程中存在有“高原”，缺“高峰”，数量领先、质量落后，人文社科国际影响力不足的问题。建设世界一流学科，中国高校还需要建立更加完善的学术体制，营造良好的学术风气，不断优化学科布局，加强人文社科领域的学科建设①。

浙江工业大学现代大学制度研究中心主任宣勇认为目前我国学科建设主要问题表现为重点建设学科布局上的结构不够合理；遴选取向上的“择需”不足，缺少顶层设计；学科建设投入上的“见物不见人”等问题。要避免这些问题需要在未来的学科建设上实现三个转变：一是遴选重点学科从单一的“竞争选优”到与“择需布局”相结合转变；二是实现从经费投入的“要素驱动”向制度供给的“创新驱动”转变；三是学科组建从“被动组合”向“自觉组织”转变②。

中国人民大学教育学院副院长周光礼提出建设世界一流大学和一流学科核心是处理教学与科研的关系，关键是推进学科专业课程一体化建设。应坚持以改革为动力，确定优先发展学科领域，重构专业教育理念，创新人才培养模式，重视课程建设，建立系统化的学术评价国际标准制度，加快中国特色现代大学制度建设③。

三、一流学科建设作用及现状

天津科技大学张伟以ESI最新学科评价数据为基础，从学科、高校和区域三个角度分析我国建设世界一流学科的基础与潜力，结果显示：化学、工程、材料等学科已达到或接近世界一流水平，清华大学、北京大学、浙江大学等高校有较多学科已进入或即将进入世界一流学科行列，东部地区大部分省市都有达到或接近世界一流的学科④。

东北大学范芙蓉等人提出一流学科集高校人才培养、科学研究、社会服务和文化传承创新四大职能为一体，不仅是大学学术地位、核心竞争力的重要体

---

① 郭丛斌．中国高水平大学学科发展现状与建设路径分析——从ESI、QS和US News排名的视角［J］．教育研究，2016（12）：62—73.

② 宣勇．建设世界一流学科要实现“三个转变”［J］．中国高教研究，2016（05）：1—6.

③ 周光礼．“双一流”建设中的学术突破——论大学学科、专业、课程一体化建设［J］．教育研究，2016（05）：72—76.

④ 张伟，徐广宇．世界一流学科建设的内涵、潜力与对策——基于ESI学科评价数据的分析［J］．现代教育管理，2016（06）：32—36.

现，还是建设一流大学的基础和前提，更是推动高等教育供给侧改革的生力军和原动力①。

兰州大学张敏提出世界一流大学与一流学科是大学以实力、贡献和声誉等为核心指标在历史竞争中形成的比较优势，它具有区域性与类型性的双重特征，它的形成离不开“追求卓越、个性发展”的大学发展理念。以一流学科建设为重点，突出优势学科与特色学科在发展中的优先地位②。

第二节　学科评估

2016 年，学科评估相关问题文献 10 篇，其中包括 1 篇硕士毕业论文。本议题研究内容的焦点主要集中于一流学科评估、学科评估存在问题及完善措施和学科评估方法及评估指标等方面的问题。本议题研究方法采用多种定量评估研究方法。

一、一流学科评估

清华大学教育研究院袁本涛调查发现，学科评估不仅受到了普遍关注，而且获得了利益相关方的高度认可。各方普遍关切的问题包括如何更好地实现以评促建、更有效地评估科学研究、更好地体现国际化办学及国际化评估、更好地评估专家团队，以及如何确定合理的评估周期、设置合理的材料报送规则等；并希望在下一轮学科评估中能够进一步提高评估透明度，扩大评估主体，推进特色化分类评估③。

北京理工大学刘瑞儒通过梳理目前国际上影响力较大的五个学科评价机构采用的考核评价指标，采用 ISM（解释结构模型）法对评价指标进行矩阵运算，得到指标所处的递阶层级表。通过对该层级表进行分析，获得世界一流学科评价指标多级递阶层级结构模型；进而依据该模型构建出我国高校建设世界一流学科实施路线图④。

---

① 范芙蓉，贾东风，张靖慧．供给侧视域下政企校共建一流学科的机制研究［J］．黑龙江高教研究，2016（12）：112—115.

② 张敏．“双一流”建设的国际经验与中国方略［J］．江苏高教，2016（06）：60—63.

③ 袁本涛，李锋亮．对我国学科评估发展的调查与分析［J］．高等教育研究，2016，37（3）：28—33.

④ 刘瑞儒，何海燕，李勇，翟昊．统筹推进世界一流学科实施路线图—基于世界一流学科评价指标［J］．教育发展研究，2016（21）：1—7.

二、学科评估存在问题及完善措施

教育部学位与研究生教育发展中心主任王立生提出我国学科评估的发展历程；我国学科评估面临新形势应对新需求；第四轮学科评估的改革创新；“培养过程质量”“在校生质量”“毕业生质量”三维评价模式，将评价扩展到教育系统之外。“质量与数量、客观与主观、国内与国外”三结合，树立论文评价的中国标准。采用门类“绑定参评”规则，抑制了学科间材料不合理整合①。

教育部学位与研究生教育发展中心任超深入分析了 REF 的评估对象、指标体系、专家组成、数据采集以及结果使用等环节的内涵和特征。借鉴其经验，结合我国国情，从评价指标构建、评价方法改进、大数据信息获取、专家评议质量提升以及结果使用等方面，为改进我国学科类水平评估提出了五点建议②。

中国人民大学教育学院武建鑫等人提出作为学科建设的基本原则，“以评促建”在实践过程中却出现了较大的偏差：其一，评估主体秉承“构成论”思维方式，掩盖了一流学科的整体状态和潜在内涵；其二，办学者坚持“还原论”的建设方式，忽视了学科发展机理和现代学术制度；其三，“以评促建”有其自身的效用边界，“竞争选优”不利于国家意志的有效体现③。

中国政法大学曹昱晨提出当前我国的学科评估存在着评价对象和内容界定不明确、层次不分明，对学科自身属性、功能、特征等的理性认识不足等问题。因此，亟待完善“一流学科”的评价体系，学科评估标准的设立应兼顾国际化与本土化，学科群的划分及评估标准要相适应，人才培养质量的指标要主客观相结合，学术声誉的评价应该量化，并要考虑学科文化的建设与发扬①

南京理工大学朱明针对现代大学学科评价存在的问题予以审视，强调应从学科的知识本源出发，立足客观现实，夯实科学基石，创新发展理念，进行多维角度分析，继而追求方法创新，不断扩展评价研究空间，在此基础上，从均衡、协同和持续等视角提出进一步完善学科评价的几点思考，指出这是学科评价的职责，更是学科的使命⑤。

---

① 王立生，林梦泉，任超，陈燕．我国学科评估的发展历程和改革探究［J］．中国高等教育，2016（21）：38—41.

② 任超，陈燕，周媛莎，林梦泉．英国 REF 评价对我国学科水平评估的启示［J］．高等教育研究，2016，37（11）：104—109.

③ 武建鑫，周光礼．世界一流学科：“以评促建”何以可能—基于系统科学的分析［J］．国家教育行政学院学报，2016（11）：53—61.

④ 曹昱晨“一流学科”的评价体系初探［J］．中国高校科技，2016（07）：40—42.

⑤ 朱明．现代大学学科评价的审视与审思［J］．高教探索，2016（11）：27—33.

浙江工业大学郑莉提出当前学科评价主要借鉴国外学科排名，关注学科产出水平，又更偏重于对科研产出水平的评价。其中对学科“用”的评价指的是对学科的人才培养、科学研究、社会服务、文化传承与创新等学科组织产出水平的评价；对学科“体”的评价则包括对学科的使命、组织结构与制度安排、学者队伍、组织资源支撑以及组织传统与文化等学科组织发展水平的评价，并对一流学科的“体用”标准进行了探讨①。

三、学科评估方法及评估指标

哈尔滨工业大学硕士研究生艾美银选取了三种方法，分别为主成分分析法、加权平均综合法以及聚类分析法，来对学科竞争力进行衡量。通过三种学科竞争力评价方法依次对 10 所工科类大学的学科竞争力进行测算，分别得到大学学科竞争力的排名和分类，并对排名与分类的结果进行分析说明。最后，本文就如何提升大学学科竞争力给出一些建议②。

燕山大学王晓军等提出立足评价指标未来效果性等新要求，不断创新学科发展前景可行性指标构建的原则性，以此促使学科未来发展的评价对象、评价范围及评价依据能够保持相应的科学性及系统性。总之，高校学科发展可行性研究与探索，核心在于具体化完善评价指标构建的具体性及发展性双层原则，使评价标准以及指标体系构建的原则性不断创新，满足时代高等教育发展的基本要求③。

第三节　具体学科的建设发展

2016 年具体学科建设发展相关问题文献 18 篇，仍然是学科建设领域中比较受到关注的专题。本议题研究内容的焦点主要集中于高等教育学科建设、教育学学科建设、教育学相关学科建设及其他学科建设等方面的问题。本议题研究方法多采用质性研究方法。

---

① 郑莉．建构“体用”结合的学科评价体系［J］．中国高教研究，2016（05）：25—27.

② 艾美银．大学学科竞争力评价研究［D］．哈尔滨：哈尔滨工业大学，2016.

③ 王晓军．冯新元论高等教育学科发展评价标准的创新原则［J］．黑龙江高教研究，2016（05）：33—35.

一、高等教育学科建设

华南师范大学教育科学学院院长卢晓中提出高等教育学运用多学科观点和方法开展研究，但并不意味着该学科就拥有了多学科属性。过分强调多学科性，会使高等教育学失去作为一门独立学科而存在的基础。在学科建设中，高等教育研究方法借鉴移植另一学科方法不可避免，但要体现出自身的独特性。高等教育学科的表达方式需要拥有原创于本学科且具有学理性、专业性的适切的新术语①。

山西大学教育科学学院院长侯怀银提出中国高等教育学要进一步由独立走向成熟，必须处理好学科、学术、学派、学院和学生彼此之间的关系。要强化高等教育学学科的独特地位，强化高等教育学学科建设的中国立场，强化高等教育学学科的学术品质，强化中国高等教育学学派的建设②。

山西大学教育科学学院院长侯怀银等提出高等教育学的发展和成熟需要有坚实的学科基础。基于两个学科的跨学科交流与对话，美学为高等教育学奠定了本体论基础、价值论基础、知识论基础、方法论基础，在研究对象、学科性质、学科体系、研究方法四个方面为高等教育学提供学科层面的理论依据，对高等教育学的精神追求、学科文化的形成以及知识体系的完善具有重要意义。③。

深圳大学高教所所长李均提出在建设“教育学一级学科”的背景下，高等教育学的未来发展面临三种策略的选择：上策是争取自己建成一级学科，这是化解学科危机、推动学科持续发展的理想路径；中策是在教育学一级学科框架下，保持相对的独立性；下策是维持现状，逐渐被教育学兼并、同化，彻底失去学科的独立性④。

厦门大学解德渤等人提出高等教育学的学科地位问题始终是高等教育研究最基础和最前沿的议题。从“认识论”到“价值论”的学科建设逻辑转向，可以实现高等教育学学科地位的逆转。未来的高等教育学需要以独特的学科价值论为前提，以学科对话的方法论为手段，实现高等教育学的认识使命，从而形成价值论—方法论—认识论的学科建设新思维⑤。

---

① 卢晓中．高等教育学的学科性质及相关问题［J］．中国高教研究，2016（11）：4—7.

② 侯怀银．高等教育学学科未来发展亟待解决的几个问题［J］．中国高教研究，2016（10）：17—19.

③ 侯怀银，王京．论高等教育学的美学基础［J］．国家教育行政学院学报，2016（09）：26—31.

④ 李均，李鸿．建设“教育学一级学科”背景下高等教育学科的困境与出路［J］．大学教育科学，2016（02）：99—104.

⑤ 解德渤，王洪才．高等教育学的学科建设新思维——从“认识论”到“价值论”的逻辑转向［J］．现代大学教育，2016（01）：1—8.

浙江大学杨凯良从知识生成的价值取向和方法选择来看，高等教育学学科知识生成路径有两条：基于逻辑推演的理论建构型和基于事实论证的问题研究型。两条知识生成路径之间：外在体现“平行但不对等”关系，内在蕴含“交叉且共生”关系。两条知识生成路径存在各自的特点和不足，实践中须将之融合运用①。

江西师范大学刘志忠提出在研究方法的视角下，可以将我国高等教育学学科建设的历程分为经验总结期、逻辑演绎期、实证期和反思期四个阶段，其中质性研究方法在高等教育理论研究中是缺位的。在人文社科方法论演进趋向的关照下，质性研究方法运用于高等教育学学科建设具有逻辑必然性，其所得到的理论是微观高等教育学，它具有开放性、实践性和情景性的特点②。

二、教育学学科建设

江苏大学王佳佳认为教育学不能给从业者带来丰厚的社会回报，也不能有效地为教育实践和教育决策服务，还被认为是一门“无趣”的学科。教育学要想摆脱这种困境，应该加强调研，以需求为导向，促进学科发展。教育学研究者应建立一个较为完善的教育学知识市场，通过相关政策的引导和教育学从业者的自觉转向，推动教育学迈向市场③。

首都师范大学胡扬洋提出教育学学科存在历史的迷惘与现实的挑战。教育学被作为一门“平台学科”，运作特征包括广泛的包容性、要素的平等性以及协同的便捷性。教师教育的发展也应建设平台，并通过学科建设促进要素间的协同。教育学作为平台学科的发展策略包括教育学人员背景的多元化、教育学学科文化的开放化、教育学学科建制的扁平化④。

温州医科大学刘燕楠提出中国教育学学科在引进与创生的百年发展历程中，面对传统与现实、外来与本土、学科内部与外部异常繁杂的关系碰撞，经历了一个“西化—中国化—中国教育学”的曲折演进过程。中国教育学的发展需要避免急功近利的心态，重新找寻以中国传统文化为本土之源的中国教育学发展的内部根基，在文化传承与时代创新中进行知识改造，建立立足本土教育实践

---

① 杨凯良．高等教育学学科知识生成路径分析［J］．江苏高教，2016（03）：53—57．

② 刘志忠，张琼．我国高等教育学学科建设的历程与逻辑走向—基于研究方法的视角［J］．高教探索，2016（08）：12—17．

③ 王佳佳．教育学学科发展的市场取向［J］．教育理论与实践，2016，36（13）：7—10．

④ 胡扬洋，邢红军．平台学科：教育学的学科隐喻与教师教育的突围［J］．现代大学教育，2016（04）：7—11．

的“中国教育学”①。

三、教育学相关学科建设

西南政法大学蒋后强提出面对教育法学在法学一级学科和教育学一级学科中的不同境遇，教育法学学科建设一方面要强化法律的基础理论和司法实践，另一方面必须借助教育学学科关注人才培养过程中法学知识的普及，以及培养教育法治管理人才的特点。在法治国家建设的理论框架下，谋求教育法学在两大学科间的错位发展、优势互补、交叉互动，共同推动中国特色教育法学学科走向成熟②。

北京师范大学张斌贤提出学科重建一直是教育史学界普遍关注的重大问题。近几十年来，几代学人殚精竭虑，不断探索，形成了可观的研究成果，推动了教育史研究的不断发展。尽管如此，教育史学科发展仍然面临着重重困难和挑战，仍需同仁付出艰苦的努力③。

北京师范大学张斌贤通过梳理部分教育史教材和专题研究成果发现，受正统教育理论和线性历史观的双重影响，教育史学科将视野局限于正规学校教育的变迁，导致研究领域狭窄和对教育史本质的曲解，从而使教育史学科陷于困境；主张更新对教育史本质的认识，强调作为教育史学科研究对象的教育史是过去一切时代人类所开展的社会化活动及其共时性和历时性的关系④。

中国石油大学张璐提出高校理论学科建设中社会性要素主要体现在三个方面。社会责任的引导与传播能够将人才与社会之间的发展关系有效确立。而社会价值观念的具体引导能够为人才社会价值取向与实现自我社会价值形成直接推动。社会意识形态认知心理的有效优化过程可以将人才社会宏观发展方向进行微观视角的具体转变，进而使理论学科教学能够突破常态化发展束缚⑤。

---

① 刘燕楠，涂艳国．中国教育学学科的历史演进与价值选择［J］．教育理论与实践，2016，36（7）：3—7.

② 蒋后强，余兴凤．教育法学学科建设及人才培养的路径探索［J］．学位与研究生教育，2016（09）：23—27.

③ 张斌贤，杜成宪，肖朗，周洪宇，陈露茜，周采．教育史学科建设六人谈［J］．华东师范大学学报，2016（04）：1—3.

④ 张斌贤．探寻教育史学科重建的出发点［J］．北京大学教育评论，2016，14（4）：78—88.

⑤ 张璐．试论高校理论学科建设中社会性要素的补充［J］．黑龙江高教研究，2016（12）：116—118.

四、其他学科建设

北京师范大学党委书记刘川生提出以马克思主义为指导，构建具有中国特色的哲学社会科学；以立德树人为使命，培养素质过硬的哲学社会科学人才；以“双一流”为目标，掌握哲学社会科学国际话语权①。

河海大学杜栋提出创新是一项复杂的系统工程，创新需要科学方法论的支持。结合创新发展理念的需要，对“创新系统工程”学科的研究对象和内容、与相关学科的关系、重要问题的研究进行分析，进而构建“创新系统工程”学科体系，有利于进一步加强创新驱动发展战略的实施②。

重庆交通大学彭秀芳提出交通行业高校学科专业主要问题是：学科专业布局覆盖面过广，院系设置缺乏针对性交通类专业特色不断弱化；学科专业布局缺乏特色，盲目增设与交通行业联系不紧密的学科、院系，分散学校资源，原有的特色学科和新建学科都难以发展。因此，交通行业高校应以“质量提升”为主题，合理布局学科专业；突出交通行业特色，分层建设学科专业；注重内涵式发展，强化学科专业内涵建设；结合交通行业发展实际，适时增减学科专业③。

吉林警察学院李冬提出法庭科学是科学证据的基础学科，是由多项基础学科交叉组成的边缘学科。由于学科的特殊性，在对学科的发展以及专业性人才的培养上有一定的难度。文章从广义和狭义两个方面描述法庭科学的定义，并根据发达国家法庭科学的发展之路，为我国的法庭科学发展提出几点建议④。

第四节　跨（交叉）学科建设

2016 年，跨（交叉）学科建设研究相关问题文献 10 篇，其中包括 1 篇博士毕业论文，两篇硕士毕业论文。本议题研究内容的焦点主要集中于跨学科建设的影响因素研究、跨学科建设存在的问题及改革措施等方面的问题。本议题

---

① 刘川生．立足“双一流”推进中国特色哲学社会科学建设［J］．中国高等教育，2016（11）：4—7.

② 杜栋．建构“创新系统工程”学科［J］．中国高校科技，2016（04）：49—51.

③ 彭秀芳，曾令斌．交通行业高校学科专业布局分析与建议［J］．高教发展与评估，2016，32（03）：91—97.

④ 李冬．法庭科学的学科建设和人才培养的新路径［J］．黑龙江高教研究，2016（08）：141—143.

研究方法多采用质性研究方法。

一、跨学科建设的影响因素研究

湖南农业大学教育学院副院长郭丽君提出教育生态学主要发源于教育学和生态学这两大基础性学科，其研究对象是由教育主体系统、教育客体系统和生态环境系统共同构成的教育生态系统，学科功能主要体现在借用生态学理论进行教育生态健康评价、教育生态危机预警和教育生态实践指导三个方面。教育生态学的独特医疗学科性质使教育生态系统缺陷分析成为教育生态学的专门研究方法之一①。

南京邮电大学章宁等人提出跨学科学术组织是大学学术组织发展的必然趋势，它是一个聚合了不同学科的生态环境。要减少或消解学科之间的冲突，使大学跨学科学术组织达到生态和谐，就需要做到以下几个方面：求同存异，形成统一的内生性的组织目标；多元参与，建立组织内部的利益分享机制；协同治理，建立组织内部的权力制衡机制；开放边界，建立学科之间的文化交融机制②。

北京工业大学王丽梅构建影响高校间跨学科协同创新网络形成的内生和外生因素，结合专家调研建立因素间影响的邻接矩阵，基于解释结构模型利用 Matlab 工具求解可达矩阵得到影响因素间的作用关系，并通过因素间作用链条分析研究高校间跨学科协同创新网络形成机理。③

北京工业大学硕士研究生李文杰在其硕士论文中通过绩效管理理论对跨学科学术组织运行过程的各个阶段中影响绩效的因素进行分析，系统地对每一阶段可能会出现的问题进行分析总结，从而提出相应的解决问题的对策。④

二、跨学科建设存在的问题及改革措施

华中科技大学张洋磊在“外生性政策规制”的总体环境下，提出以“国家导向”为主要特征的政治逻辑、以“学术资本主义”为主要特征的市场逻辑等外部逻辑交互作用，严重侵蚀了中国研究型大学跨学科研究的自主性。多重制

---

① 郭丽君，陈中．试析教育生态学的学科定位［J］．现代大学教育，2016（02）：1—5.

② 章宁，俞青．冲突与和谐：大学跨学科学术组织的生态学治理［J］．江苏高教，2016（06）：31—34.

③ 王丽梅．高校间跨学科协同创新网络形成机理研究［J］．黑龙江高教研究，2016（05）：52—54.

④ 李文杰．高校跨学科学术组织激励问题与对策研究［D］．北京：北京工业大学，2016.

度逻辑中的跨学科研究面临内外部力量交互作用的特殊挑战，亟须向“内生性制度创新”变革①。

中山大学发展规划办公室副处长李一希通过阐述以跨学科研究推动学科交叉，进而形成交叉学科的过程，研究交叉学科形成的一般规律，分析提出交叉学科的形成与建设世界一流学科之间的相辅相成关系。在此基础上，对国内交叉学科建设存在的主要问题进行分析，并提出了相应对策建议。推动学科交叉建设一流学科的若干思考②。

伊继东等人提出高校学科的建设应力求优势和高起点，在交叉学科中寻求突破，在学科融合中彰显特色。其中探讨了深化交叉学科学位点建设的认识；交叉学科学位点建设面临的困境；高校交叉学科学位点建设的探索；交叉学科学位点建设的发展策略③。

华东师范大学博士研究生于汝霜在其博士论文中采用对高校教师跨学科交往事例进行分析及理论上进行深度诠释的研究策略，深刻、全面地把握高校教师跨学科交往的现实，在此基础上建构高校教师跨学科交往的中层理论；其次，对建构的高校教师跨学科交往中层理论进行实证分析。最后，在以上研究基础上，对高校教师跨学科交往中层理论进行了完善，同时提出了本研究对促进高校教师跨学科交往改革学理上的启发建议及进一步研究展望。④

宁波大学张勇提出学科交叉是工程伦理教育整体化发展与进步的重要推动力量。学科交叉融合背景下的工程伦理教育是工程创新、工程活动生命周期发展和工程伦理宏观转向的需要，具有多元性、开放性等特征。其自主性的确立主要通过完善学科基础、传播工程职业理念、强化制度建设三种途径来达成。学科交叉融合背景下的工程伦理教育需要强化问题意识、培育意识和需求意识⑤。

广西民族大学硕士研究生曹东豪综合运用多学科研究，“典例与整体”相结合，文献研究法、调查问卷法、深入访谈法、“滚雪球”抽样法的研究方法，获得大量翔实的一手资料，对于像民族学科这样的以跨学科研究为主的

---

① 张洋磊．多重制度逻辑中的大学跨学科研究——从“外生性政策规制”到“内生性制度创新”［J］．江苏高教，2016（01）：23—26.

② 李一希，方颖，刘宏伟，杨光富．推动学科交叉建设一流学科的若干思考［J］．国家教育行政学院学报，2016（12）：25—31.

③ 伊继东，刘六生，段从宇．探索交叉学科学位点建设的特点和规律［J］．中国高等教育，2016（11）：57—59.

④ 于汝霜．高校教师跨学科交往研究［D］．上海：华东师范大学，2016.

⑤ 张勇，吕慈仙．学科交叉融合背景下工程伦理教育的创新发展［J］．高等工程教育研究，2016（03）：121—126.

“特质”学科，可以尝试通过跨学科研究生及培养主体的向内定标与向外商榷，厘清跨学科研究生的学科使命，以期尽可能地挖掘出其科研潜力与实践能力。①

第五节　学科建设存在问题及政策举措

2016年一流学科建设相关问题文献12篇，其中包括两篇硕士毕业论文，依然是学科建设领域中比较受到关注的专题，本议题研究内容的焦点主要集中于学科建设中面临的问题、区域性学科建设的策略、学科建设政策措施。本议题研究方法多采用定性研究方法。

一、学科建设存在的问题

南京大学教育研究院龚放提出学科建设的根本目的在于切实解决我国高等教育实践遇到的矛盾和问题，在于影响宏观教育决策，为一线的教授、学生及高校治理者提供新视野、新思路和新举措。而恰恰在这一方面，我们并未形成共识，也尚无良策，多学科研究方法的引进，为高等教育学科发展注入了新的活力②。

沈阳师范大学硕士研究生张旭在其硕士论文中提出立足于高校学科专业发展现状，以促进教学研究型高校学科专业一体化建设为着眼点，通过问卷调查法，探寻学科专业一体化建设中存在的问题并探寻引起问题的原因，提出学科专业一体化建设的政策依据、理论依据和现实依据，探寻教学研究型高校学科专业一体化建设路径。③

南京农业大学刘路提出我国大学普遍采取校、院两级学科管理模式，但院际层面的学科管理模式存在的问题较为突出。英、美、澳三国的经验表明，在学院中采取“学科负责人团队管理”模式、“专业研究生院管理”模式和“专业学院管理”模式对学科管理具有重要的促进作用。我国大学的学科管理应确

---

① 曹东豪．地方性大学跨学科研究生的学科适应与认同研究——以广西民族大学民族学科为例［D］．南宁：广西民族大学，2016.

② 龚放．把握学科特性　选准研究方法—高等教育学科建设必须解决的两个问题［J］．中国高教研究，2016（09）：1—5.

③ 张旭．教学研究型大学学科专业一体化建设路径研究［D］．沈阳：沈阳师范大学，2016.

立学科专人负责的管理责任机制，改革院际学科建设的责任主体；改革集权制管理体制与机制，科学分配学科管理的权、责、利①。

二、区域性学科建设的策略

中国传媒大学王保华对参加2012年学科评估的14所北京市属高校80个学科点的评估结果进行分析。针对北京市属高等学校学科评估和发展的现状，建议在以下方面进行改进：遵循教育规律，实行分类分层发展；注重内涵提升，强化特色发展；突破学科壁垒，实现统筹发展；强化政策导向，引领特色发展②。

温州医科大学党校办主任李军红提出地方高校通过特色学科建设形成了优势学科，提高了学校核心竞争力。在进一步推进学校发展过程中，应总结凝练特色优势学科形成的经验，辐射和反哺于学校其他学科建设，提升学校整体办学实力③。

宁波大学龚虹波以某大学城乡规划“学科—专业—产业链”发展演化为例，运用政策网络定量、定性研究的方法，比较分析了1998年、2012年、2015年三个时期政策网络的各类参数，以考察其治理机制的演化及发展趋势④。

河南大学硕士研究生李旋在其硕士论文中立足于京豫政府关于两地合作的相关政策，以促进河南学科建设水平提高为主要目的，基于战略合作框架协议涉及的合作领域，考虑河南地方高校的优势学科及社会战略发展需求，筛选出两地可实现协同发展的主体、学科及内容维度，探究京豫地方高校学科建设协同发展路径，对于两地地方高校学科建设工作都将大有裨益⑤。

三、学科建设政策措施

南京师范大学范冬清提出在建设“211”“985”工程之后，推进世界一流

---

① 刘路，刘志民．我国大学学科管理模式变革探索：英、美、澳一流学科的建设经验与启示［J］．教育发展研究，2016（17）：58—64.

② 王保华．北京市属高校学科发展的现状与对策研究——基于全国学科评估结果分析［J］．国家教育行政学院学报，2016（10）：78—84.

③ 李军红．地方高校以特色优势学科引领学校整体提升的实践与思考［J］．高等工程教育研究，2016（03）：152—156.

④ 龚虹波，胡赤弟．高校“学科—专业—产业链”治理机制研究——政策网络比较分析的视角［J］．教育发展研究，2016（21）：71—78.

⑤ 李旋．京豫地方高校学科建设协同发展路径探究［D］．开封：河南大学，2016.

大学（学科）建设以国家战略的形式发布。高层次人才引进计划与高等教育领域的重大工程配套叠加，助力大学（学科）向一流迈进。国家战略、一流大学（学科）与精英人才三者处于共同话语体系。运用系统思考可促成战略、大学（学科）及科学精英的良性循环，缩短与高等教育强国的差距①。

浙江工业大学凌健提出大学学科建设必须转向“组织化”建设的基本立场，形成基于学科组织的认知取向、行动取向和规范取向。面向世界一流的大学学科建设应明确其建设指向，择选“组织化”为基本路径实现学科组织发展。从学科组织建设的个体角度上，达成学科的自组织状态；从学科组织建设的整体角度，实现学校对学科组织建设和管理的高度有序化②。

南京农业大学傅雷鸣等人提出高校学科建设是高等教育发展的保障，创建“品牌特色”的学科建设机制有助于加快学科建设的步伐，提升学科建设的有效性。秉承科学发展的建设理念，设计品牌化的学科建设纲要是高校学科建设走“品牌特色”的思想基础。创建品牌化的学科建设机制，丰富学科建设模式，凸显学科建设的可持续效能，能够最大限度地保障高校学科建设“品牌特色”的发展③。

浙江工业大学钟伟军提出政府的善治是一流学科建设的重要前提，但是，目前我国政府在学科建设中依然遵循一种简单主义的行政逻辑，表现为形式化的指标导向、离散式的要素投入和一刀切的目标定位，这显然不符合学科发展内在的逻辑。因此，积极转变政府职能、全面提升治理能力、实现政府善治是一流学科建设的必须④。

广东海洋大学罗贵榕以知识的生产和传播为基点，从学科建设的内在驱动力、基本范式和评价体系三个方面分析了学术共同体与学科建设的互动关系。最后，以马克思主义理论学科为例，进一步探讨了如何通过加强学术共同体建设来促进马克思主义理论学科的健康发展⑤。

---

① 范冬清．国家战略、一流大学（学科）与科学精英的契合—基于对我国高等教育两大战略实施的理解［J］．国家教育行政学院学报，2016（04）：71—77.

② 凌健．学科“组织化”：介入世界一流学科建设的路径选择［J］．中国高教研究，2016（05）：10—13.

③ 傅雷鸣，陈一飞．学科“品牌特色”的构建与形成路径［J］．黑龙江高教研究，2016（08）：87—89.

④ 钟伟军．一流学科建设中的政府职能转型［J］．中国高教研究，2016（05）：7—9.

⑤ 罗贵榕．学术共同体视野下的高校学科建设研究——兼谈马克思主义理论学科建设［J］．黑龙江高教研究，2016，262（2）：10—14.

第六节 文献分布及特点分析

一、2016 年学科建设文献总体分布

2016 学科建设研究文献共有 62 篇，其中期刊论文有 56 篇，研究生学位论文 6 篇，其中博士学位论文 1 篇，硕士学位论文 5 篇。研究内容主要集中在一流学科建设、学科评估、具体学科发展、学科建设存在问题与政策举措等方面。具体分析见图 7－1。

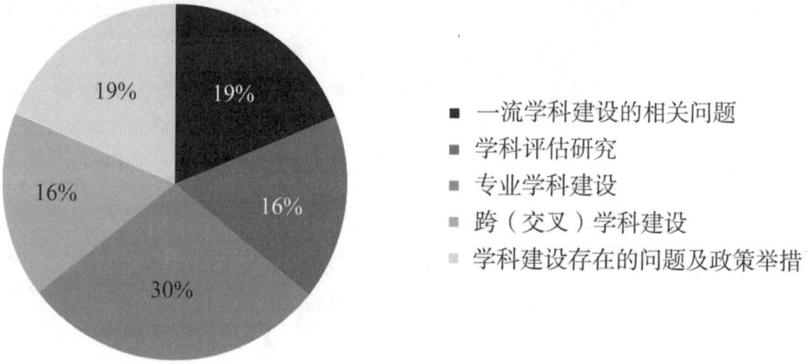

图 7－1 文献内容分布情况

二、2012—2016 年学科建设文献来源情况

与往年比较，从学科建设文献总体数量看，2013 年达到较高数量，2014 年、2015 年逐年减少，2016 年增加到 62 篇。学位论文数量 2014 年有两篇，2016 年增加到 6 篇（表 7－1）。

表 7－1 2012—2016 年学科建设文献来源情况

类型	2012 年	2013 年	2014 年	2015 年	2016 年
期刊论文	45	92	47	42	56
学位论文	15	19	2	5	6
著作	1	1	0	1	0
总计	61	112	49	48	62

三、2011—2016 年学科建设领域作者特点分析

2011—2016 年学科建设领域第一作者署名两篇及两篇以上作者有 9 名，其中发表著作 3 篇论文的作者有 1 名，发表两篇论文的作者有 8 名，见表 7－2。

表 7－2 2011—2016 年第一作者署名发表两篇及两篇以上文献详情表

篇数	作者	论文名称	期刊	年份
3	肖楠	大学学科文化规约：方式、逻辑与两面性	学位与研究生教育	2011
		大学学科文化的知识生产功能及其表现与障碍	学位与研究生教育	2012
		大学学科文化的育人功能研究	大连理工大学	2012
2	王战军	深刻剖析大学学科建设——读翟亚军《大学学科建设模式研究》有感	学位与研究生教育	2012
		加强研究生教育科学研究　促进研究生教育改革与发展	学位与研究生教育	2014
2	钱佩忠	基于学科生命周期的高校学科带头人工作重点与策略	中国高教研究	2013
		高校学科群建构机理与路径	学位与研究生教育	2012
2	李力	重塑大学学术共同体：基于大学学科发展的研究	国家教育行政学院学报	2012
		从学科构建到卓越学术共同体的形成：哈佛大学学科发展的内涵与经验	中国高教研究	2012
2	梁传杰	对学科建设几个基本问题的思考	研究生教育研究	2012
		高校学科建设项目碎片化：困境与出路	研究生教育研究	2015
2	侯怀银	高等教育学学科未来发展亟待解决的几个问题	中国高教研究	2016
		论高等教育学的美学基础	国家教育行政学院学报	2016

续表

篇数	作者	论文名称	期刊	年份
2	张斌贤	探寻教育史学科重建的出发点	北京大学教育评论	2016
		教育史学科建设六人谈	华东师范大学学报	2016
2	周朝成	大学跨学科研究组织的内涵、特征与管理模式探析	复旦教育论坛	2013
		大学跨学科研究组织冲突与治理对策：新制度主义的视角	教育发展研究	2014
2	刘国瑜	科教融合—大学学科建设服务本科教育的切入点	国家行政学院学报	2011
		高校优势学科：内涵、意义与建设	研究生教育研究	2015

四、学科建设研究特点分析

研究生学科建设已有了一批具有较高学术价值的研究成果，我国学界对我国研究生学科建设的研究领域主要分布在一流学科建设、“双一流”建设策略、学科评估、具体学科发展、学科建设存在问题与政策举措等方面。2016 年学科建设研究特点如下。

1. 2016 年一流学科建设及一流学科评估的文章增多

2016 年增加一流学科建设及一流学科评估的文章，这些文章约 14 篇，占整体文献的 1/4，可见自 2015 年国家提出“双一流”建设国家战略，“一流”学科建设成为国内热点问题。在一流学科建设中，主要针对一流学科建设中面临的问题、一流学科建设模式等方面进行分析。

2. 学科评估研究方法从数据挖掘到社会网络分析法再到解释结构模型法逐步发展

2012—2015 年关于学科建设质量评价研究更多开展了专业化的分析，很多研究通过多角度对国内，国际高校学科建设的成果进行客观性评价。2012—2015 年很多研究通过尝试利用数据挖掘、新学科目录、经典的决策树分类算法的相关知识进行大样本的数据分析，一些研究基于 Scopus 数据库，从引文分析的角度，对国内外著名大学各学科高水平论文产出进行分析比较。2015 年不仅对学科评估方法及手段进行深入探讨，同时一些研究运用社会网络分析方法对我国高校一级学科分布网络进行可视化展示。

2016年学科评估方向出现新的研究方法和研究视角，一些研究针对一流学科进行评估指标设计，采用ISM（解释结构模型）法对这国际评价指标进行矩阵运算，获得世界一流学科评价指标多级递阶层级结构模型；进而依据该模型构建出我国高校建设世界一流学科实施路线图。

3. 学科建设政策举措从制度建设到学科整合不断跃进

2012—2015年学科建设研究领域中学科建设改革与发展一直是热点问题。2012—2015年学科建设改革集中在制度层面，从管理学、组织行为学、公共政策等多个角度系统研究。2016年学科建设改革措施更多在国家战略、区域发展和一流大学自身发展的背景下，改革内容主要针对学科建设对区域发展以及专业—产业链融合的作用，对人才培养的全面推进等内容，学科建设改革措施的更加细化和深入。一些研究的学科建设改革是面向国家战略、一流大学（学科）与精英人才三者处于共同话语体系，在绩效取向与公共性诉求上达成一致。一些研究针对创建“品牌特色”的学科建设机制，提升学科建设的有效性；一些研究则对考虑地方高校的优势学科及社会战略发展需求，探究地方高校学科建设协同发展路径。

五、研究热点与未来展望

从研究内容上看，近五年学科评估、跨学科建设、具体学科建设仍然是学科建设主题中的热点研究领域。从2011年到2016年学科建设研究发展趋势看，不同年度有其不同的侧重点。见表7－3。

表7－3　2011—2016年学科建设研究热点比较

2011年	2012年	2013年	2014年	2015年	2016年
学科建设作用	学科建设内涵及其定义	学科建设基本问题	省域学科建设	学科建设现状	一流学科建设相关问题
学科建设评价	学科建设质量评价研究	学位授权制度	大学学科建设	学科建设改革与发展	学科评估研究
学科建设问题	学科建设的制度发展研究	各类学科建设	跨（交叉）学科、新学科建设	学科评估研究	具体学科建设
重点学科建设	重点学科建设研究	学科建设与大学建设	学科建设影响	学科建设改革与发展	跨（交叉）学科建设

续表

2011 年	2012 年	2013 年	2014 年	2015 年	2016 年
学科群建设	德育及其他学科建设	学科建设路径	学科评价研究	具体学科建设研究	学科建设存在问题及政策举措
学位授权制度	学科文化建设	交叉（跨）学科建设			
	学科建设现状分析	学科建设评价			
		学科建设职能			

2011—2012 年很多学者探讨了学科建设的内涵和基本问题，2011—2013 年重点学科和交叉学科受到关注，2014—2015 年一些学者对于新学科建设比较关注。但学科建设问题现状、学科建设改革路径、学科评估、学位授权、学科发展一直都是学科建设研究领域的热点问题。2016 年增加了一流学科建设的相关内容。在一流学科建设中，一些高校校长或政府部门负责人主要针对一流学科建设中面临的问题、一流学科建设模式、一流学科建设的措施和建议等方面进行分析。

通过对本年度学科建设领域文献深入研究，本专题认为未来学科建设领域研究的热点将会继续集中于学科评估和一流学科建设领域。其中，未来对学科评估的研究内容不会再局限于评估体系的构建，还会通过模型构建等研究方法，深入研究学科评估的方法。随着国家对“双一流”建设重视程度的不断加强，一流学科评估的方法和评估体系也将成为未来研究的热点。同时，高校在一流学科建设模式也将取得一定的成果，因而未来会出现高校一流学科建设的具体经验、措施的研究。

专题八

研究生教育管理

2016年，研究生教育管理研究除了依旧在研究生教育发展和改革、学位制度、研究生收费与奖助制度等持续关注问题上，还增添了区域协同发展、专业学位研究生教育、智库研究、互联网+时代下研究生教育方面的研究。通过检索关键词，并根据内容进行筛选，2016年度有关研究生教育管理的研究成果包括期刊论文46篇，学位论文12篇，共计58篇。主要包括国家管理层面的研究生教育发展策略、研究生教育改革，区域管理层面的省级研究生教育发展问题、研究生教育协同，研究生培养单位层面的专业学位研究生教育、学位授权制度、智库建设、研究生教育分类发展策略、互联网+时代下的研究生教育、研究生教育收费与奖学金制度研究五个主题。

第一节　国家管理体制

2016年度，国家管理体制研究文献16篇，其中期刊论文13篇，学位论文3篇。从本年度学者对国家管理体制的研究情况来看，本节研究内容主要聚焦在研究生教育发展策略、研究生教育改革；本节多采用文献研究、比较研究和数量研究等研究方法。

一、研究生教育管理策略

我国目前已成为研究生教育大国，但与研究生教育强国的差距还很大，因此研究生教育发展过程中，要不断深化教育改革，做好科学合理地分类分层培养，完善整体结构，坚持走内涵发展道路，促进研究生教育持续健康发展。

厦门大学别敦荣等主要分析了“十三五”时期，来自我国研究生教育发展需求包含科技创新的需求、社会基础领域的需求、教育区域平衡发展的需求、高等教育自身发展的需求、产业创新驱动的继续教育发展需求。建议“十三五”时期，应当建立健全研究生教育治理体系，我国研究生教育既要满足经济社会发展的刚性需求，还要在保障质量的前提下实现总体规模稳步增长，全面推动研究生教育内涵式发展，不断优化整体结构，创新研究生教育人才培养模式，提高研究生教育国际竞争力，为国家创新驱动发展，建设创新型国家，发挥重要促进作用。① 我国研究生教育已正式进入了内涵发展时期，内涵发展道路是实现科教兴国的必经之路。哈尔滨工业大学英爽等分析了我国研究生教育内涵发展的当前需要，并指出回归教育本原，以“人才辈出”为标准提升研究生教育质量，切实调动学位授予单位的主观能动性来构建创新教育导向下的内涵发展。②

自从国务院印发了《统筹推进世界一流大学和一流学科建设总体方案》，有关“211 工程”和“985 工程”等重点建设工程是否废止之争就开始引起社会热议。重点建设工程成为研究生教育发展在培养高层次人才、解决国家或区域经济建设和社会发展重大问题的基地。华东师范大学刘佳等认为重点建设工程能够提升我国的综合实力和国际竞争力，但政府主导的考核与评价带来了一系列问题，制约了工程更有效的发展。当前，应该将重视总体建设调整为集中力量专注学科建设，淡化建设中行政主导的力量，并建立起绩效拨款和动态调整机制。③

中共十八届四中全会提出，全面推进依法治国这一基本治国方略，总目标是建设有中国特色的社会主义法治体系，建设社会主义法治国家。实行依法治教，实行依法治教，把教育管理和办学活动纳入法治轨道，是深化教育改革，推动教育发展的重要内容，也是完成新时期教育工作历史使命的重要保障。中南大学蒋清华提出高校积极运用法治思维和法治方式处理好研究生教育工作中的问题，有利于为提高研究生教育质量、促进高等教育内涵式发展提供坚实保障。研究生教育内部规章制度，应该要重视它比本科生教育更加强调学术权力的作用。在研究生教育领域，高校不少工作属于法律法规授权的行政行为。针对研究生教育依法行政的主要问题，给出研究生教育学术权力法治化的解决途径。④

---

① 别敦荣，易梦春，李家新．“十三五”时期研究生教育发展思路［J］．中国高教研究，2016（01）：83—90.

② 英爽，梁大鹏，臧红雨．研究生教育内涵发展：当前需求和实践主题［J］．研究生教育研究，2016（10）：6—7 +37.

③ 刘佳，方兴．“211 工程”和“985 工程”存废争论究竟争什么——对高校重点建设以及高校身份符号的透析［J］．现代教育管理，2016（06）：20—25.

④ 蒋清华．研究生教育中的依法治校问题［J］．研究生教育研究，2016（10）：6—7 +37.

大学战略联盟通过协作来实现资源共享与互补，推动联盟各成员的水平提升达到共赢的效果。江苏理工学院孙健阐释了研究生教育战略联盟是建立在长期、平等、互利基础上的，通过动态互动有效协作，达到资源共享共同发展的目的。构建研究生教育战略联盟有利于解决我国研究生教育快速发展进程中资源不足的问题，有利于培养出创新体系建设过程中高层次人才，有利于加快我国研究生教育进入世界一流行列的步伐，能够为建设国家创新体系提供强大的人才和科技支撑。当前，我国研究生教育战略联盟建设还处于初级阶段，有必要从加大政府支持力度、设立联盟管理机构、协调联盟各方利益、优化健全保障制度等方面构建研究生教育战略联盟。①

随着我国社会经济发展的步伐，科技创新的需求也随之增强，单一学科在解决国家重大需求的能力逐渐减弱，学科交叉融合可以产生新的学科增长点，大大提高了解决问题的能力。但我国大学中跨学科组织的发展也遇到了现有体制下的种种困境。天津大学申超分别从规制、规范和文化—认知制度要素层面，结合跨学科组织的制度供给，分析我国政府和大学大力推动的跨学科建设为何没有摆脱发展困境的缘由。要走出学科组织的发展困境，管理主体就必须提供与之配套的制度，同时还要考虑不同层面的制度要素间的协调性。②

二、研究生教育管理改革

我国研究生教育发展速度迅猛，规模稳步增长，培养出了一大批高端人才，产出了大量高水平的成果，在国家社会经济发展中发挥了重要作用。但随着外部和内在需求的转变，研究生教育改革迫在眉睫，我国将力争使研究生教育规模结构更加合理，培养质量整体提高，形成拔尖创新人才培养高地，国际影响力显著增强。

武汉理工大学梁传杰认为进一步深化研究生培养机制改革、创新研究生培养模式和构建研究生教育质量保障体系，是推进研究生教育综合改革的关键所在。③ 华东师范大学姜勇指出在当前研究生教育不断改革的潮流中，尤其要注重"守成"之精神的力量，"守成"并非指复古，而是指教育改革中需要坚持的一种保守、回归的倾向，在文化、伦理、道德、人文层面将中国优良传统教

---

① 孙健．论研究生教育战略联盟及其构建［J］．学位与研究生教育，2016（06）：4—8.

② 申超．供给不足与制度冲突——我国大学中跨学科组织发展的新制度主义解析［J］．高等教育研究，2016（10）：31—36.

③ 梁传杰．论研究生教育改革三大关键问题之关系［J］．学位与研究生教育，2016（03）：21—27.

育中所主张的且可以与时俱进的精神渗透于研究生教育改革之中。① 湖南师范大学李晨星对如何完善我国研究生教育改革政策提出政策建议，一是要健全研究生教育改革政策体系，包括提高政策制定的科学性、提高政策内容的合理性、健全研究生教育质量评估政策；二是要提高研究生教育改革政策的执行能力，包括夯实改革政策的社会基础、强化政策落实的监控督查力度、适时合理调整政策；三是要探索制定研究生教育法律规范。②

供给侧结构性改革是我国未来经济改革的总体思路，教育发展与我国经济社会发展关系极为紧密，如何运用供给侧改革理论助推研究生教育改革的发展？我国研究生教育已逐步走向内涵发展道路，提高教育质量是当前的重要任务。北京理工大学何海燕等提出可以借鉴供给侧结构性改革的特征：转变发展方式、优化资源配置、激发自身动力和提高效率，运用在研究生教育改革中来解决以下问题："提高质量"与"优化组合"的问题；"产能过剩"与"需求对接"的问题；"制度供给"与"高效治理"的问题。③

第二节　区域管理体制

2016 年度，区域管理体制研究文献 8 篇，其中期刊论文 6 篇，学位论文两篇。从本年度学者对区域管理体制的研究情况来看，本节研究内容主要聚焦在省级研究生教育发展问题和研究生教育协同问题；本节多采用文献研究、比较研究和定性、定量分析研究等研究方法。

一、省级研究生教育管理问题

省级研究生教育管理部门的工作职能一直在不断调整与拓展，随着国务院学位委员会印发《博士硕士授权审核办法》的通知，省级研究生教育管理部门职能得到了进一步扩张和强化。但各省市研究生教育发展并不均衡，这就需要各省级管理部门精准分析本省的具体情况，有针对性地开展相关工作，才能更

① 姜勇，刘静，姜萌，冯鲸丹．论研究生教育改革中的"守成"精神［J］．学位与研究生教育，2016（03）：11—15.

② 李晨星．改革开放以来我国研究生教育的政策研究［D］．长沙：湖南师范大学，2016.

③ 何海燕，单捷飞．供给侧结构性改革思考与研究生教育改革的策略选择［J］．学位与研究生教育，2016（05）：43—46.

好地服务区域经济社会发展需求。

湖南师范大学常思亮等通过分析研究“十二五”时期湖南省研究生教育发展的情况，结合“十三五”时期本省研究生教育发展需求，提出“十三五”时期，湖南省研究生教育不仅要为区域经济社会发展提供智力支持及人力支撑，而且应当实现内涵式发展，在适度扩大发展规模的基础上，优化教育结构，更新培养模式，提高研究生教育质量，培养大批产业经济发展所需人才，构建符合湖南特色的研究生教育体系。① 湖南师范大学刘思婷运用 SWOT 分析法对湖南省研究生教育提出了调整培养规模与目标，优化教育结构，改革培养模式，强化过程质量，保障结果质量的改革任务及实施投入、组织、制度、人力、平台保障的战略选择。②

兰州大学熊妮认为甘肃省应以政策为导向，以制度为保障发展学位与研究生教育，科学处理高校、政府、企业三者之间的关系，合理培养和调整不同类型的研究生，优化学位与研究生教育的学科结构，实现学位与研究生教育的内涵式发展，提高学科水平。③

福建师范大学张文东，通过对福建省内高校调研的基础上，与全国先进省份作对比，分析出本省研究生教育发展现状和特点。立足本区域经济社会发展需求，预测了福建省研究生教育发展趋势，并提出了进一步改革思路：加大政策支撑保障，推动研究生教育发展方式转变；建设优势特色学科，夯实研究生教育发展基础；加强学位点建设，优化研究生教育布局结构；改革人才培养模式，增强研究生综合创新能力；落实开放发展理念，提升国际化办学水平；重构教育治理体系，完善研究生教育质量保障。④

上海市教育委员会袁雯指出上海市以上海市建设具有全球影响力的科技创新中心和实施上海市教育综合改革方案为契机，将按照“系统设计、问题导向、重点突破、逐步实施”的改革思路，深化专业学位研究生教育综合改革。努力构建具有上海特点、高校特色、专业学位类别特征的专业学位研究生教育体系。⑤

江苏省教育厅洪流指出江苏省在推进专业学位研究生教育改革中，应转变

---

① 常思亮，凡文吉，刘思婷．“十三五”时期湖南省研究生教育发展研究［J］．现代大学教育，2016（06）：96—102.

② 刘思婷．湖南省研究生教育发展战略研究［D］．长沙：湖南大学，2016.

③ 熊妮．甘肃省高等学校学位与研究生教育发展现状、问题与对策研究［D］．兰州：兰州大学，2016.

④ 张文东．福建省研究生教育发展现状、趋势及改革思路探析［J］．教育评论，2016（05）：3—6.

⑤ 袁雯．上海市深化专业学位研究生教育综合改革的思考与探索［J］．学位与研究生教育，2016（01）：11—13.

政府职能按照“管、办、评”分离原则，政府应该加强研究生教育的宏观管理，做到有所为有所不为，把属于自己应尽的责任落实到位，在提供改革的政策保障和财力支持上应该积极作为。同时，要进一步调动高校依法自主办学的积极性，鼓励其根据实际进行重点突破。①

二、研究生教育协同问题

京津冀协同发展是以习近平同志为总书记的党中央做出的一项重大战略决策。他强调，实现京津冀地区协同发展要坚持优势互补、互利共赢、扎实推进，加快走出一条科学持续的协同发展路子。

北京邮电大学王亚杰认为，京津冀研究生教育的非均衡发展严重阻碍三地社会经济走向一体化，成为深化教育领域综合改革的深水区。如何有效整合京津冀三地间现有研究生教育资源，打破三地研究生教育资源的集聚不经济和三地研究生教育协同共享困局成为亟待解决的问题。他从京津冀研究生教育协同领导机制、综合改革试点、“适用性”学科共建基地、工学博士团培养体系、学分认证和科研资源共享机制六个方面提出了具有针对性的政策及建议。②

华北电力大学郭炜煜指出，在京津冀协同发展系列利好政策之下，三地研究生教育协同发展第一要加强顶层设计，构建统筹协调机制，从制度上予以保障；第二要转换思维范式，打破省域意识，树立区域一体化意识；第三是明确三地的功能地位，走差异化发展战略；第四在举措上创新合作方式，丰富多元管道。③

第三节　研究生培养单位管理体制

2016 年度，研究生培养单位管理体制研究文献 33 篇，其中期刊论文 27 篇，学位论文 6 篇。从本年度学者对研究生培养单位管理体制的研究情况来看，本节研究内容主要聚焦在专业学位研究生教育、智库建设、研究生教育分类发展、

① 洪流．转变政府职能推进江苏省专业学位研究生教育改革［J］．学位与研究生教育，2016（01）：13—14.

② 王亚杰，陈岩．京津冀教育协同与资源共享——以研究生教育为例［J］．国家教育行政学院学报，2016（04）：17—22.

③ 郭炜煜．京津冀研究生教育协同发展的现状与构想［J］．学位与研究生教育，2016（03）：28—32.

互联网+时代下的研究生教育和研究生教育收费与奖学金。本节多采用文献研究、模型分析、比较研究和定性、定量分析研究、问卷调查等研究方法。

一、专业学位研究生教育

目前，我国已基本形成了以硕士学位为主，博士、硕士、学士三个学位层次并存的专业学位教育体系，对专业学位研究生教育改革已走向深化和推进落实的阶段。教育部副部长杜占元指出建立和完善具有中国特色的专业学位研究生教育制度，已成为研究生教育改革发展的重要任务，我们必须从战略和全局的高度，围绕服务需求、提高质量这一核心，集中力量，集成资源，做好深化专业学位研究生教育综合改革试点工作，把研究生教育提高到新水平![①]

北京大学龚旗煌指出在深化专业学位研究生教育综合改革中，北京大学还要着力做好以下几个方面的工作：①加强顶层设计。坚持需求导向，调整结构，总体布局；②理顺机制体制。为专业学位研究生教育提供必要的组织保障和良好的政策环境；③进一步改革人才选拔机制、培养模式和教学体系；④建立和完善适合专业学位的质量评价和保障体系。[②]

西南大学陈静提出我国要实现专业学位研究生教育的长远发展目标，必须构建出合理的专业学位研究生教育的发展路径。具体而言要从定位、立法保障、权力平衡、模式创新、结构重组五个方面入手，探索我国专业学位研究生教育发展的路径。[③]

自2009年至今，我国不断扩招全日制专业硕士。北京大学吴华杰提出为了达到全日制专业硕士扩招政策的预期的政策目标，对政策制定者而言，教育主管部门要有针对性地根据学术型和专业型两种培养模式的培养成本，划拨相应的培养经费。对政策执行者而言，研究生培养单位需要真正将专业硕士的培养建立在实践学习上，加强高校与企业等知识生产单位建立紧密的合作关系，使人才培养契合社会需求。对专业学位学生而言，应该按照预定的培养目标积极努力学习，培养和提高自身的专业实践技能。[④]

---

① 杜占元．探索创新　深化改革　推动专业学位研究生教育再上新水平［J］．学位与研究生教育，2016（01）：1—6.

② 龚旗煌．深化改革适应需求　办好有特色的专业学位研究生教育［J］．学位与研究生教育，2016（01）：17—18.

③ 陈静．我国专业学位研究生教育发展问题研究［J］．中国近现代教育家办学的文化审视，2016（01）：90.

④ 吴华杰．全日制专业学位硕士研究生扩招政策执行效果分析［J］．研究生教育研究，2016（01）：59—64.

二、学位授权制度

截至2016年，我国学位制度已建立36年，学位与研究生教育发展取得了长足的进步，学界也始终给予了极大的关注。学位点的建设对高校的发展是至关重要的，它标志着学科的建设水平，是提高学校办学水平的动力。山西大学丁皓等以2011年颁布的新学科目录为标准，选择东中西部和一区二区两种划分，考察了研究生学位授权点的区域分布和差异，揭示了高等教育资源的不平衡程度以及学科优劣势。①

建立健全研究生学位授权模式，不断充实和调整研究生学位授权结构，深化改革研究生学位授权审核机制，成为我国研究生教育治理的关键路径。北京大学陈洪捷指出改革学位授权审核制度，采用既关注学术资质也关注区域和高校自身发展的两套标准进行学位授权审核对于我国研究生教育的深入改革和长远发展具有重要战略意义，对于宏观的国家层面、中观的区域层面和微观的高校层面都会产生积极的促进作用，而且有助于提升我国研究生教育的整体质量和效益，缩小研究生教育的区域、校际及学科差距。②

清华大学袁本涛建议对我国研究生学位类型应该进行重新划分，至少增加一个“应用型”，对研究生教育类型结构要做出重大调整，即极大地缩小目前所谓“学术型”学位的培养规模，大量招收应用型、专业型学位的学生，以优化人才培养结构和质量，回应社会对高层次人才类型的多元需求。③

中山大学孙耀斌等提出学位授权点合格评估和动态调整是保障学位授权点建设质量的重要举措，通过合格评估和动态调整，做好学科布局结构的优化，也是学校新增学位授权点的重要途径。学校将在这方面继续探索，积极做好学科合格评估与动态调整工作，完善学科建设机制，优化学科布局，提高学科水平和人才培养质量。④

上海交通大学张国栋等提出应加强学位点生命周期理论的实证研究，为实践提供科学指导。在实践中应科学判断学位点所处周期，采用合适的发展策略，有针对性地开展评估，充分发挥评估的奖优惩劣作用，从而建立良好的学位点

---

① 丁皓，牛奉高．新学科目录下我国高校研究生教育学位点区域分布与差异分析［J］．教育理论与实践，2016（06）：3—6.

② 陈洪捷，沈文钦，高耀，赵世奎．学位授权审核机制改革与我国研究生教育治理路径的调整［J］．教育研究，2016（01）：17—25.

③ 袁本涛．关于我国研究生学位类型划分的思考［J］．大学教育科学，2016（06）：24—28.

④ 孙耀斌．围绕学科规划做好学位授权点合格评估与动态调整［J］．学位与研究生教育，2016（04）：27—30.

生态系统，促进学科整体水平的提升。[①]

北京工业大学张忠占等认为学位授权点的合格评估是当前研究生教育的一项重要工作，也是面向国家战略需求全面提高研究生培养质量的基础工作。在学位点自我评估工作实践基础上，探讨了评估方案的设计、实施、困难及对策，以及合格评估对于促进地方高校研究生教育内涵发展的作用。[②]

三、智库建设

随着社会经济发展和国际竞争的加速，智库建设显得尤为重要，高校智库作为我国实现全局战略的重要组成部分，成为我国智库建设不可或缺的元素，在服务国家决策上提供高水平智力支持。江南大学朱文达等认为高校智库具有较强的系统性、稳定性、完整性、灵活性和多样性的优势。但也存在跨行业协同不足、地方高校间的协同效率低、地区间和国际的协同有待加强等问题。要解决好这些问题可以从加强人才资源协同、完善协同制度和建设区域间的协同机制等方面来做。[③] 苏州科技大学周刚不仅分析了我国高校智库建设发展中的问题，还对高校智库的价值体现和功能定位做了阐释。他提出完善高校智库运行机制势在必行，推动智库建设必须着力解决好渠道和平台的问题，网络化的建设是其功能发挥的基本保障。加强高校交流，建设以高校特色资源为基础、人才和资源共享的大智库，做到“共建、共知、共享”、共同为社会服务的大智库。[④]

厦门大学陈丽认为高校智库要摒弃那种依赖行政指令的强制而实施强权管理的治理方式，需要搭建一个能有效采集公众真实民意和社会民情，汇集政治、经济、教育、法律等多学科治理知识的学术研究平台。我国高校智库若想在国内外竞争激烈的环境中产出智慧思想，获得比较优势，实现可持续发展，探寻“超学科”知识统合的范式和路径，遵循知识逻辑是必然选择。[⑤]

河南大学赵慧臣等提出教育信息化智库的研究方式应该以教育现实问题为导向，构建跨学科团队，形成交叉综合的研究，应用多元研究方法，借鉴国际经验形成本土特色的创新研究。教育信息化智库研究的运行方向是将分析教育

---

① 张国栋，郁苗苗，张松，王锦．生命周期视角下的学位点评估体系及动态调整［J］．学位与研究生教育，2016（07）：1—5．

② 张忠占，杨庆，初旭新．以评估推进地方高校研究生教育内涵发展——北京工业大学学位点自我评估的实践［J］．学位与研究生教育，2016（07）：6—9．

③ 朱文达，倪佳瑜．高校智库的发展现状及路径选择［J］．中国高校科技，2016（11）：12—14．

④ 周刚．我国高校智库影响力提升路径探析［J］．黑龙江高教研究，2016（11）：43—45．

⑤ 陈丽．论我国高校智库建设的三重逻辑［J］．高教探索，2016（03）：12—16．

信息化研究机构如何向智库转型，探讨不同类型智库如何开展协作研究，不断提高研究成果的应用效果，更好地服务教育综合改革。①

首都经济贸易大学肖福军建立了“高校智库影响力评价指标体系”，分析了各一级影响力指标的比重和地位，只有将高校智库内的制度、运行机制完善，提高成长和营销能力、校园影响力为高校智库的发展提供人才队伍和学科协同研究的内在动力，才能促进其他影响力指标的提升。最后结合指标体系提出了提升高校智库影响力的对策建议。②

四、研究生教育分类发展策略

当前，我国研究生教育进入了深入改革时期，应该把分类改革、机制创新作为主要驱动，因校制宜实施分类管理和指导。建立研究生教育主动适应经济社会发展需求的自主调节机制、以质量为导向的评价机制和资源配置机制。根据不同层次、不同类型研究生培养要求，分类改革选拔方式和培养模式，形成主动创新、特色发展的办学机制。

辽宁教育研究院王少媛等通过选取和分析国内 9 所高水平大学研究生院网站信息反映出，其研究生教育管理具有适切性、规范性、有效性和高效性的共性特征，并呈现出人才培养国际化、注重多学科交叉融合、突出分类培养、管理重心下移、重视学生参与管理、注重发挥奖助体系的资源调节作用等发展趋势。③

河南大学宋伟分析了省部共建高校的特点：隶属关系上全部是地方大学；办学定位上大多是当地省（区、市）政府重点建设的高水平大学，具有办学历史悠久、办学水平高、人才培养质量好的优势；办学类别上有地方综合性大学，有特色明显的行业大学，整体上各个高校都有自己鲜明的办学特色。他指出所有的共建高校都要把服务区域经济社会发展作为重要任务，深化改革，努力提高服务社会发展的能力，在服务中创特色、争一流，进而全面提高教育质量和办学水平。④

天津大学白海力等认为通过“211 工程”建设，学校的学科体系更加完善，整体实力显著增强，办学质量和社会声誉得到较大提升，实现了跨越式发展。研究生教育面对新时期的机遇与挑战，必须始终坚持与时俱进，紧紧瞄准国际

① 赵慧臣，王玥．教育信息化智库的研究：提升信息技术教育应用价值［J］．现代远程教育研究，2016（03）：69—76.

② 肖福军．高校智库影响力评价指标体系构建［D］．北京：首都经济贸易大学，2016.

③ 王少媛，许林．我国高水平大学研究生教育管理的共性特征与发展趋势——基于国内 9 所高校研究生院网站信息的内容分析［J］．现代教育管理，2016（12）：80—86.

④ 宋伟．积极推进省部共建高校快速发展［J］．中国高等教育，2016（Z1）：1.

学术前沿与国家战略需求，深刻总结并反思建设中存在的问题与困境，勇于探索新的建设管理模式，加强统筹规划、加大改革创新，加快推进一流大学和一流学科建设。①

湖南师范大学何维雄根据对湖南省属重点高校进行实证分析的结果，提出了加强质量监测预警、鼓励高校间的合作与竞争、构建各有特色的质量保证和监督协同机制等优化湖南省属重点高校研究生教育质量的建议。②

五、互联网+时代下的研究生教育

"互联网+"的兴起，拓宽了获取知识的方式、改变了原有教学模式、开放了新教育平台，推动了研究生教育的发展和改革。杭州师范大学孙红莺认为高校的研究生教育要抓住"互联网+"这一良好的机遇，结合自身的办学特点、目标定位统筹规划未来，提出了"互联网+研究生教育"新模式并进行了初步的分析探讨。③

研究生教育信息化产生了海量数据，在全面提高研究生教育质量、注重研究生教育内涵式发展的大背景下，结合并研究大数据技术在研究生教育评估工作中的作用，更多地依靠大数据技术开展研究生教育监测评估，是持续改进研究生教育质量保障和监督体系、全面提升研究生教育质量的内在需要。北京理工大学李芬等认为基于大数据的研究生教育监测评估可以实现动态监测、行为矫正、预警预测、群体或个人行为分析等其他评估类型难以完成的工作，使研究生教育评估更加准确和科学，提升政府和高校的科学决策与管理水平，持续提高研究生教育质量。④

陕西师范大学赵立莹基于大数据时代全球研究生教育行动指南和国际经验，认为我国研究生教育大数据发展面临应用落地、数据安全、数据治理与运营等诸多挑战。要结合大数据的时代要求，从数据库的建立和研究生培养方面及时进行渐进变革，建立和运用研究生教育的数据库，将大数据能力列入研究生培养目标，才能推动我国研究生教育在大数据时代健康持续发展。⑤

---

① 白海力，赵美蓉，明东，朱莎，陈天凯．质量为重特色为先改革驱动内涵发展——天津大学"211工程"建设的回顾与展望［J］．研究生教育研究，2016（01）：7—10.

② 何维雄．湖南省属重点高校研究生教育质量指数预警研究［D］．长沙：湖南师范大学，2016.

③ 孙红莺．"互联网+"在研究生教育中的应用研究［J］．研究生教育研究，2016（04）：55—59.

④ 李芬，王战军．基于大数据的研究生教育监测评估研究［J］．学位与研究生教育，2016（07）：15—19.

⑤ 赵立莹．大数据时代我国研究生教育的变革路径——基于《全球研究生教育行动指南》［J］．学位与研究生教育，2016（09）：65—68.

六、研究生教育收费与奖学金

我国研究生教育收费制度历经了免费时期、“双轨制”时期、试点收费时期和全面收费时期。收费制度改革总是与经济社会发展的阶段性需求紧密相关。厦门大学郑飞中等指出了当前的研究生全面收费制度存在的政府意图表述模糊、投资主体权利落实不到位、筹资体系建设不完备等问题，认为应从强化收费制的导向意义、建立以成本核算为基础的差别化高校定价原则、真正发挥奖助体系的激励和保障功能、提升高校研究生教育经费筹措能力等方面入手，优化研究生教育收费制度。①

武汉科技大学施耀斌等认为研究生学业奖学金作为“公费”到“全面收费”的研究生教育机制改革的重要补充，具有明显的时代性和责任性。在研究生学业奖学金多元混合制度下，如何更好地支持研究生完成学业、发挥制度的导向和激励作用，是研究生学业奖学金动态调整需要认真思考的问题。要推动资助方式转型、优化学业奖学金动态调整方案，通过建立多渠道筹措学业奖学金的资金保障体系，提供多元化利益补偿政策来完善研究生学业奖学金制度。②

山东大学许冠林以公共政策效果评价、研究生奖助政策两方面入手，结合当前研究生奖助政策实际情况，提出了研究生奖助政策的优化改进路径，主要包括丰富奖助项目、创新奖助模式、完善研究生奖助评价标准、改进研究生奖助工作决策机制等建议。③

南昌航空大学童莉娇主要采用了文献研究法、问卷调查法和结构性访谈法等研究方法。提出了江西省研究生资助政策的优化路径。主要包括扩大公民参与、完善政策文本和实施细则、增加奖助学金种类和名额分配、增加财政投入、加强资助政策宣传、充分发挥“三助一辅”的培养功能、完善信息沟通和反馈制度、充分发挥政策监督主体的作用、健全政策评估组织和落实责任追究制度。④

广西师范大学韦金鹤通过梳理我国高校研究生资助的发展历程，最后结合广西商校的实际情况，进一步提出了在新形势下推进广西高校研究生资助的一

---

① 郑飞中，刘洁，吕建新．研究生教育收费制改革的特征与制度优化——基于制度变迁的视角［J］．学位与研究生教育，2016（02）：57—61.

② 施耀斌，叶义成，杨彦．研究生学业奖学金评定及其动态调整相关问题探析［J］．研究生教育研究，2016（04）：16—21.

③ 许冠林．全面收费背景下研究生奖助政策效果评价研究——以 A 大学为例［D］．济南：山东大学，2016.

④ 童莉娇．公共政策视角下江西省研究生资助政策问题探究［D］．南昌：南昌航空大学，2016.

些对策建议，如推动资助主体多元化、加大研究生资助经费投入、提高研究生资助比例、完善研究生资助管理制度、实行差异性资助、加强研究生“S助”工作、提高研究生奖学金评定的科学性、公正性等具体建议。①

河北大学申圆圆以我国在读硕士研究生为研究对象，提出我国应多借鉴国外发达国家的优秀经验，结合自身国家发展模式，采取多元筹措研究生资助经费，建立一套多元的研究生资助体系，在数量扩大的前提下，实现质量的保障。②

山东师范大学李文秀认为由于改革时间尚短，现行研究生奖助制度还存在诸多问题，通过对某大学研究生资助情况展开实证研究，基于研究结果总结现行研究生奖助制度所面临的问题，并从完善相关政策法规、明确奖助理念，加大经费投入力度、完善奖助激励和竞争机制等方面探讨完善我国研究生奖助制度。③

研究生国家奖学金在很大程度上起到引领创新、激励优秀的作用，但因在实际评审过程中不同程度地存在平均分配、差中选优、以科研论英雄、信息不对称、评选标准有失公允等问题，且不良影响日益突出。贵州师范大学周阳等认为化解“国奖”评审中不公平问题的对策应首先建立好公平公正的评审机制，选择适合本校的评审模式，制订科学合理的评审指标体系，细化评审计分项目，还要丰富评审内容和环节。④

第四节　文献分布及其特点分析

2016年度，研究生教育管理专题主要涉及三个主题：国家管理体制、区域管理体制、研究生培养单位管理体制。

一、文献分布情况

通过检索关键词，并根据内容进行筛选，2016年度有关研究生教育管理的

① 韦金鹤．广西高校研究生资助的现状、问题及对策研究［D］．桂林：广西师范大学，2016.

② 申圆圆．全面收费背景下研究生资助研究［D］．保定：河北大学，2016.

③ 李文秀．全面收费背景下研究生奖助制度研究［D］．济南：山东师范大学，2016.

④ 周阳，汪勇．研究生国家奖学金评审中的公平问题及对策研究［J］．黑龙江高教研究，2016(07)：71—75.

研究成果包括期刊论文46篇，学位论文12篇，共计58篇。在期刊来源方面，以《学位与研究生教育》居多，其次是《研究生教育研究》《黑龙江高教研究》《中国高等教育》。

二、文献特点分析

2016年度研究生教育管理问题的研究热点主要为研究生教育管理策略、研究生教育管理改革、省级研究生教育管理问题、研究生教育协同问题、专业学位研究生教育、学位授权制度、智库建设、研究生教育分类发展策略、互联网+时代下的研究生教育。区域管理体制方面的研究主要是新增了研究生教育协同问题，研究方法大多是实证研究。研究生培养单位管理体制，2016年度关于研究生教育收费与奖学金的研究依然是热点，不过相较于2012、2013年度的文献大多对收费制度、奖助体系进行理论和实施方法研究，2014年度主要是实施现状及效果研究，2015年度是围绕如何进一步改善研究生奖助体系制度，实现政策制定的目标，2016年度则更是从研究生教育收费与奖学金发展历程研究，分析出适合不同时期、不同区域和不同高校的，更加有针对性的发展完善策略，说明研究生教育管理研究范围逐渐扩大，逐渐受到学界关注成为研究热点。

2011—2016年的研究生教育管理的研究热点详见表8－1。

表8－1　2011—2016年研究生教育管理研究热点

年度	宏观管理体制	微观管理体制
2011	研究生教育结构调整 统筹资源配置策略 研究生资助体系改革	地方高校研究生教育发展问题 推动地方高校学位研究生教育发展 研究生教育及管理体制 研究生论文管理工作
2012	研究生教育投入体制机制建设 研究生学科专业管理体制 研究生教育资源配置与微观结构优化 研究生奖助工作制度	地方高校学科组织结构与研究生培养模式 民族院校研究生教育管理 研究生创新实践与专业实践 学术交流平台与学术组织创新 信息管理系统 学位申请人申诉权
2013	研究生教育综合改革研究 研究生教育价值研究 高校协同创新机理研究	研究生管理部门改革实践 研究生奖助工作制度 研究生管理信息系统建设及改进 专业学位教育管理

续表

年度	宏观管理体制	微观管理体制
2014	研究生教育人才培养模式改革 研究生教育质量保证及监督体系建设 “学位法”及学位制度改革	高校研究生教育综合改革实践 学术激励机制 研究生信息管理系统 研究生助教工作制度 研究生收费及奖助效果、问题及改进办法
2015	研究生教育治理 研究生教育发展策略 研究生教育管理模式	研究生教育科研管理 研究生学位授予制度研究 研究生教育学术素养管理研究 研究生奖助体系研究
2016	研究生教育发展策略 研究生教育改革	省级研究生教育发展问题 研究生教育协同问题 专业学位研究生教育 学位授权制度 智库建设 研究生教育分类发展策略 互联网+时代下的研究生教育

三、文献结构

2016年度研究生教育管理三个主题国家管理体制、区域管理体制、研究生培养单位管理体制文献数量有些差异，国家管理体制研究文献16篇，其中期刊论文13篇，学位论文3篇；区域管理体制研究文献8篇，其中期刊论文6篇，学位论文两篇；研究生培养单位管理体制研究文献33篇，其中期刊论文27篇，学位论文6篇。各主题文献数量及文献结构情况见表8-2。

表8-2　研究生教育管理研究各主题文献情况（篇/部）

主题	期刊论文	学位论文	文献总量
国家管理体制	13	3	16
区域管理体制	6	2	8
研究生培养单位管理体制	27	6	33

四、研究方法

2016 年度本专题在研究方法上多采用文献研究、比较研究和定性、定性、定量分析研究、模型分析、比较研究、问卷调查等研究方法。有些研究者从历史研究入手，在分析并总结的基础上开展研究；有的研究者从个案研究入手，在对比并分析的基础上开展研究；有点研究者从调查问卷研究入手，在分析数据并归纳经验的基础上开展研究。本年度较之前几年的研究方法更全面、更新颖、更科学合理。

五、未来研究展望

研究生教育管理是科学问题，更是实践问题。我国 20 世纪 80 年代初建立学位制度后，研究生教育快速发展。随着我国研究生教育总量达到 260 万，研究生教育管理问题越来越多、越来越突出。从宏观到微观，从导师到研究生，从培养方案到课程，从科研训练到立德树人，等等。研究生教育管理将在我国教育治理体系与教育能力现代化过程中，逐步实现管、办、评分离。研究问题将呈现多元化。

专题九 研究生教育国际比较研究

2016年“研究生教育国际比较研究”专题共由六部分构成：国外高校研究生就业指导研究、联合培养与协同育人国际比较、研究生招生遴选模式的国际比较、研究生教学培养模式的国际比较、研究生学位管理模式的国际比较和研究生教育质量保障与评估国际比较。相较往年，本年度该章节呈现了如下特点：第一，成果产出稳定提升。2016年我国学者在国际比较研究上投入了更多精力，产出较丰，本年度共有59篇国际比较研究代表性学术成果入选本章节，相较去年入选量增加了15篇，呈稳定提升态势。第二，研究范畴进一步扩展。除了国际比较传统议题，本年度我国学者的研究触角更为广泛，特别是对研究生就业指导、联合培养、协同育人、课程教学、学位管理、质量保障与评估等新议题作了大量研究。第三，实践指导意义增强。2016年度，单纯引介国外经验的成果较少，学者的研究结论和政策建议均结合国际研究生教育经验模式和我国研究生教育实践需求展开，其对我国研究生教育发展具有重要的启发指导意义。

第一节 国外高校研究生就业指导研究

随着知识经济和产业革命的纵深发展，以及高等教育大众化时代的到来，研究生教育逐渐承担起满足社会经济发展的需要、培养适应就业岗位的高级人才的重任。近年来，我国学者将有关“就业指导”的研究视域扩展至国外，希冀通过观照国外研究生教育的就业指导策略，为我国研究生教育就业指导实践提供有益启示。2016年，入选本节的文献共两篇，学者的研究焦点分别为“研究生院应对就业变化的转型策略”和“研究生培养进程中的就业促进策略”。

一、研究生院应对就业市场变化的转型策略

安徽大学夏焔等对美国研究生院应对就业市场变化的转型策略作了研究，发现近年来，美国研究生就业市场发生了教育收益相对增加、就业岗位更加多样、雇主期望日趋复杂等一系列变化。为适应新形势，美国高校在研究生培养过程中采取了积极的应对策略，例如：注重发掘本科优秀人才、注重向发展性评估转变、职业指导侧重于为就业做好准备、注重向职业技能培养转变等。借鉴美国的经验，结合我国研究生就业的实际情况，作者认为应着力构建多元利益主体通力合作的研究生就业路径：高校应明确就业导向、健全研究生就业服务体系；用人单位应紧密联系高校、承担社会责任；政府应加强宏观调控和政策扶持工作；研究生要合理规划自己的职业生涯。①

二、研究生培养进程中的就业促进策略

西北师范大学刘丽平等对澳大利亚研究生就业现状及就业促进策略进行研究，认为澳大利亚促进研究生就业的策略为：注重研究生就业能力的培养；建立专门机构，跟踪引导研究生有效就业；加强与市场、社会沟通，灵活设置专业。据此，作者建议：建立专门机构持续关注研究生就业，形成稳定的就业监控机制；加强与市场的联系，保证就业信息对称；掌握市场与企业需求，合理规划招生规模，灵活设置专业方向；培养研究生社会实践能力，提高研究生就业竞争力。②

第二节　联合培养与协同育人国际比较

在研究生教育领域，“联合培养”“协同育人”等多主体合作培养高端人才研究议题是永恒的、常研常新的重要领域。通过考察我国近年来有关研究生教育的政策文件，通常可发现，政策制定者均将“联合培养”“科教融合”“产学

---

① 夏焔，汤建．从研究生院到职场——美国研究生就业市场变化及应对策略探析［J］．研究生教育研究，2016（04）：87—91.

② 刘丽平，靳慧敏．澳大利亚研究生就业现状及就业促进策略研究［J］．学位与研究生教育，2016（05）：69—73.

结合”“协同育人”等方略作为政产学研多元组织合作培养高端人才的重要路径并予以支持。2016 年，我国学者继续对研究生联合培养和协同育人的体制机制相关议题作了细致研究，共有 11 篇代表作入选本节，所研究的议题主要为：校企联合培养、中外联合培养、“跨学科”培养和三维协同育人。

一、校企联合培养

从发达国家的经验来看，“校企联合培养”能够使企业成为研究生培养的重要参与者，企业技术人员参与研究生指导工作，以此带动校企合作，实现企业、大学和博士生的互利共赢，是一种成功的、有效的高端人才培养路径。扬州大学汪小会对法国校企联合培养博士生项目（CIFRE）的历史与现状作了考察。CIFRE 项目旨在从国家层面推动产学研联合培养博士生，目的是使博士生在企业外部研究力量的帮助下，在企业内完成一篇博士研究论文，以增强企业的研究能力和技术储备，同时培养博士生解决实际工程问题的能力。通过研究，作者建议我国：鼓励小微企业参与联合培养研究生；发挥实验室（课题组）在校企合作培养研究生中的作用；强化政府和行业协会在校企联合培养研究生中的作用；优化研究生生源，加强研究生权益保障。①

清华大学高旭着重考察了法国校企合作教育政策。长期以来，法国为推进校企合作教育，建立了一系列政策制度保障：通过国家计划和财税政策进行引导支持；建立高校内外校企合作保障机构；建立培训中心。作者认为我国加强校企合作，应：加快出台校企合作专门性法律法规，为校企合作提供法律政策保障；加快对发达国家优秀案例进行推广总结，为我国校企合作教育提供引导并促进各参与者认知水平的提高；建立符合市场规律的校企合作运行机制，构建完善的校企合作运行体系；深化财税体制改革，加大校企合作教育经费投入力度。②

二、中外联合培养

2016 年，在“中外联合培养”研究上，我国学者的研究焦点主要为：中外联合培养研究生项目满意度研究、中外合作大学研究生教育的协同创新和基于访学交流的博士生创新能力提升。

---

① 汪小会，张超．法国校企联合培养博士生（CIFRE）项目：历史、现状与启示［J］．学位与研究生教育，2016（07）：72—77.

② 高旭，法国校企合作的政策研究及对我国的政策建议［D］．北京：清华大学，2016.

（一）中外联合培养研究生项目满意度研究

华东师范大学吕芳婷以 H 大学—法国高师集团联合培养研究生项目为例，对中外联合培养研究生项目的学生学业满意度进行了研究。通过调查，作者发现：第一，学生对项目的总体满意程度介于稍微满意和满意之间，对学生整体满意度影响最大的是课程教学指标。第二，项目目前急需改善的是法语语法课程的教学方法和教学内容、中法班专业课程的教学内容，及学生参加校（国）外学术交流的机会。第三，不同性别、学科背景和年级的学生，在整体学业满意度上没有显著差异。第四，参与项目的学生希望通过不同的方式来提前选择中方导师，并希望得到导师更有针对性的指导。据此，作者建议：完善课程教学体系，提高课程教学质量；建立项目导师数据库，加强中法双方导师合作；与企业建立合作关系，实现多方共赢；扩展与合作学校的联合培养方式；建立学生学业满意度测评体系和完善全套联合培养机制。①

（二）中外合作大学研究生教育的协同创新

华东师范大学赵璐对中外合作大学的人才培养模式进行了探讨，研究发现，中外合作大学人才培养模式呈现出有效吸纳中外双方母体资源和特色的“强合型”特征，同时又实现了自主管理和教育创新，具体表现为：管理扁平化，人才培养活动运作机制高效；人才培养模式中英含璧，吸纳母体机构优质资源和教育经验；人才培养实践过程自主创新，以学生发展为中心，满足市场与社会需要；整合资源，与城市和社区深层互动，充分发挥区位优势；致力于培养独立自主的世界公民。目前存在的问题如下：国际化氛围有待强化、区域互动的深度有待提升、课程设置有待优化、师资力量有待加强、导师制度有待完善。②

宁波诺丁汉大学徐亚芬等以宁波诺丁汉大学国际博士创新中心为例，探讨了中外合作大学博士教育的协同创新机制。该中心博士生教育凸显跨学科协同、跨部门协同和跨国界协同等协同创新特质。通过跨越不同学科的界限来突破单纯追求研究深度的创新极限，进一步推动创新成果的产出；激活科研机构、政府、企业和其他社会组织的相关资源和能力，使博士生的素质具有更大的综合性；整合国外资源，为国际化人才的培养探索新途径。③

---

① 吕芳婷．中外联合培养研究生项目的学生学业满意度研究——以 H 大学—法国高师集团联合培养研究生项目为例［D］．上海：华东师范大学，2016.

② 赵璐，外合作大学的人才培养模式研究——以 X 大学为例［D］．上海：华东师范大学，2016.

③ 徐亚芬，孙珂．中外合作大学博士生教育的协同创新——以宁波诺丁汉大学国际博士创新中心为例［J］．教育研究，2016（06）：156—159.

（三）基于访学交流的博士生创新能力提升

哈尔滨工业大学高会军等探析了国外短期访学对博士生创新能力的提升作用，认为国外短期访学对博士研究生创新能力的提升作用主要体现在：增强创新能力提升所需的科研综合素质；拓宽创新能力提升所需的国际视野；深化创新能力提升所需的学术合作关系。据此作者建议：充分认识国外短期访学的意义与价值；精心设计博士生国外短期访学的培养方案；切实加强对国外短期访学博士生的管理；明确规定访学归来博士生的责任与义务。①

三、跨学科培养和三维协同育人

2016年，学者还将研究视角聚焦于高校内部，对“跨学科培养”和“P－W－U三维协同育人”作了研究。

（一）跨学科视角下的研究生培养模式

天津外国语大学张媛对“跨学科”视角下研究生培养模式作了探析，其经验如下：严谨的审核程序、完善的管理体制、广泛的教师支持、全面的质量保障、多样的个体实践。由此，作者建议我国高校：第一，明确认知，克服阻力。需打破以单一学科为基础的学术组织架构及其长期积淀形成的“学术壁垒”，推进学科间的全方位交流与融合。第二，完善机制，强化保障。进一步完善管理制度和配套机制改革，如在学科评估、科研项目审批、教师职称晋升方面，合理给予政策扶持；为跨学科研究人员提供更加广泛、更具影响的专业成果发表平台；营造积极融合的学术文化。第三，把握关键，深度融合。把握课程教学重点，明确人才培养目标；严选导师队伍，由“单一导师”向“导师团队”转变；打造多样化的互动平台。②

武汉大学王传毅等对加拿大大学跨学科培养研究生的实践与特色作了系统研究，认为跨学科研究生教育的制度性瓶颈主要为：一是如何打破学科壁垒，形成一个大学科性质或交叉学科性质的人才培养项目；二是在跨学科人才的培养方案上，如何统筹协调相关院系的权责来设计和实施有效的跨学科人才培养方案。目前，加拿大高校跨学科研究生培养项目主要类型为：个人设计的项目、

① 高会军，等．国外短期访学对博士生创新能力提升作用探析［J］．研究生教育研究，2016（03）：63—66.

② 张媛．“跨学科”视角下研究生培养模式探析——基于加拿大研究生教育联合会报告述评［J］．研究生教育研究，2016（04）：92—95.

独立的项目、联合的项目以及非学位型项目。其中，个人设计项目能够赋予学生充分的自由来自主设计课程、搭建导师团队，独立项目由相关院系共同搭建并独立于现有院系，全权负责研究生的入学、培养和管理，联合的跨学科项目由某一既定学院主导，相关学院参与并提供各类支持。在借鉴加拿大经验时，作者建议我国需充分考虑国内学科目录设置和院系权力分布特征等现实问题。①

华南理工大学焦磊介绍了美国知名大学培养跨学科拔尖博士的经验：博士生遴选注重跨学科研究志趣；创新多种学位项目形式；院系之间协同培养跨学科博士；课程体系重视知识的广度与深度；师资来源多元且有跨学科素养；系统化设置跨学科学位教育。②

兰州大学魏玉梅以哈佛大学教育哲学博士培养项目为例，对美国教育学博士研究生培养的“跨学科”特色作了梳理。作者认为，哈佛大学教育哲学博士项目的培养模式凸显了“跨学科”特色，分别表现在培养目标、组织保障、师资力量、课程资源以及专业方向等各个方面，对我国博士生跨学科培养具有启示意义：加强理论研究、树立跨学科培养理念，着眼顶层设计、加大跨学科政策支持，变革组织体制、实施跨学科联合培养，整合师资力量、构建跨学科课程体系等。③

（二）P－W－U 三维协作模式下的专业博士教育

中南财经政法大学邓光平以新英格兰大学的“P－W－U”三维协作培养模式为例，探索了澳大利亚深度合作培养专业博士的路径。“P－W－U”三维协作培养理念认为，专业博士的培养场所和研究空间就是专业（Profession）、工作场所（Workplace）和大学（University）三者深度合作的交叉之处。新英格兰大学与行业机构、专业组织所构建的合作机制为：入学资格审查过程中的深度合作；课程设计与教学活动中的深度合作；科学研究与档案袋创作指导中的深度合作。由此作者建议我国专业博士培养：树立深度合作教育的新理念；构建深度合作的运行机制；建立、健全深度合作的保障体系。④

---

① 王传毅，严会芬，吕晓泓．跨学科研究生培养：加拿大大学的实践与特色［J］．研究生教育研究，2016（05）：84—89.

② 焦磊．知名大学如何培养跨学科拔尖博士［N］．光明日报，2016－08－16（13）.

③ 魏玉梅．美国教育学博士研究生培养的“跨学科”特色及其启示——以哈佛大学教育哲学博士（Ph. D.）培养项目为例［J］．外国教育研究，2016（03）：43—57.

④ 邓光平．澳大利亚深度合作培养专业博士的探索——以新英格兰大学的 P/W/U 三维协作培养模式为例［J］．高等教育研究，2016（08）：91—95.

第三节 研究生招生遴选模式的国际比较

相较去年，2016年度的研究生招生模式研究论述较少，仅有2篇代表作入选本节。但作为研究生教育的“出发点”和“入口关”，招生遴选模式的“科学性”和“公平性”相关议题一直为各国学界业界所重视。通过分析已有文献，可发现：在国别上，学者的研究视线仍集聚于美国；在内容上，学者分别对“美国招生做法”和“美国招生制度”作了论述反思和比较研究。

一、注重细节披露，介绍美国研究生招生基本做法

美国密歇根大学教授朱丽叶·波塞尔特（Julie Posselt）的专著《研究生录取内幕：优点、多样性和教师把关》揭露了美国名校研究生录取过程中的系列细节，包括过分重视美国研究生入学考试（GRE）成绩、对亚洲学生特殊对待以及各种形式的偏见等。吉林大学张雷生以此为基础，阐述了美国名校研究生院招生的侧重领域：资深教授的推荐信大有裨益；GRE仍然重要，亚洲学生要求更高；科研经历过硬、发表过优质论文更受宠；个人陈述忌详细，好的研究方向是宝。其招生特点为：录取决定中私人化色彩严重；种种录取不公问题，源于教授不愿冒风险；“平权法案”受争议，考试成绩注水引担忧。基于上述发现，作者建议美国名校研究生申请者做到：打造写作“国际范儿”；不做课堂“透明人”，培养批判性思维；理性选择学校和专业；掌握一两门研究方法，积极参加学术会议。[①]

二、聚焦招生制度，比较中美研究生招生制度差异

河南大学张凯对中美博士生招生制度作了比较研究。研究发现，二者存在如下不同：中国博士研究生招生计划由政府直接确定，而美国则由各高校根据自身的资金状况自行决定；中国博士研究生招生单位经常组织入学考试，而美国涉及博士研究生招生的几种考试均由非营利机构组织进行；在中国，各招生单位均按教育部的相关规定组织博士研究生面试，而美国的招生单位则根据

① 张雷生．掀起美国名校研究生院招生“面纱”［N］．中国教育报，2016－3－18.

自身情况灵活制定面试办法，面试形式多样；中美的招生单位虽然都要求提交专家推荐信，但在具体形式上有所不同；就录取标准来说，中国传统的“公开招考”，以学生的成绩为录取与否的重要标准，而美国则强调综合评价。其制度差异产生的原因为：中美高校的公立与私立属性，决定了政府管理深度程度；中国漫长的科举制度史和中美高校不同的办学历史，影响着中美高校博士研究生招手段的使用倾向。据此作者作了反思：招生的公平性是否存在问题；推荐信是否流于形式；博士研究生招生是否“太滥”；申请制是否应取代考试。之后，作者从两个角度提出了改革建议：一是考虑到中国依然是一个人情社会，申请制比起公开招考，更容易出现问题，再加上中国缺少美国的 GRE 等由第三方组织的考试，因此申请制应谨慎推广，不宜迅速铺开。二是应完善博士研究生招生的信息发布机制，引导考生适宜地选择所要报考的学校和专业。①

第四节　研究生教学培养模式的国际比较

研究生教育领域中的“教学培养”涵盖课程建设、教学方法、培养模式、奖助体系等多项内容，其模式的科学性与否直接影响乃至决定整个研究生教育的质量。长期以来，学界和业界俱将“教学培养模式构建与改革”视为提升研究生教育质量的核心环节和关键抓手，并不断深入研究，亦产出了一大批实践经验和学术成果。2016 年，入选本节有关“研究生教学培养模式的国际比较”的代表作共 28 篇，分别分布于研究生课程体系建设、研究生教学方法创新、研究生培养模式改革和研究生资助体系完善等四个领域。

一、研究生课程体系建设

在研究生课程体系建设方面，2016 年，学者的研究视角仍以美国为主，探析了国外研究生课程设置与课程建设现状与经验。河南大学王玥研究了美国教育化领导力硕士学位课程，总结出其课程特点为：课程内容与国家标准吻合程度不同；课程名称与课程描述相结合；多元化的课程结构类型；重视研究与实践类课程。对比我国，作者建议：一是在宏观层面，应重视教育信息化领导力顶层设计：构建专门机构，开展系统研究和人才培养；实行开放申请，面向社

① 张凯．中美博士研究生招生制度发展比较研究［D］．开封：河南大学硕士学位论文，2016.

会提供在线提升课程；选择代表性院校，开展教育信息化领导力的水平认证。在中观层面，开展培养项目与课程体系的研究与设计。二是在中观层面，根据国家标准和学习者需求，设计学位课程：选择多种学科的知识内容，增强课程之间的内在逻辑；积极促进课程知识的融合，树立实践导向的培养目标。三是在微观层面，探讨课程教学与支持活动的设计：基于情景教学，加深学习者对信息技应用的认识；采用多种方式，支持教育信息化领导力课程教学；树立共享理念，向其他学校提供资源以及发展建议。①

西北师范大学常咏梅等对南伊利诺伊大学爱德华兹分校（SIUE）硕士研究生网络课程建设与应用现状作了分析，提出建设网络课程时应：关注学习活动设计、学习过程评价、学习支持服务和建立网络教学机制。②

二、研究生教学方法创新

在研究生教学方法创新方面，2016 年，学者主要对案例教学、跨学科教学和研究生助教教学能力三个方面作了细致研究。

（一）案例教学方法引介

湖南师范大学傅伟锋等探析了美国研究生案例教学法，认为美国案例教学方式主要为：支架式教学、抛锚式教学、随机进入式教学。该方法以课前准备、课堂讨论、课后总结、考核与评估为教学环节，辅之以教学实施辅助体系，形成了课前准备非常充分，严密、科学且人性化的教学过程和强大的案例库支撑、完善的实施辅助体系等案例教学特色。借鉴美国经验，作者认为：我国的研究生案例教学应重视课前准备、课堂教学过程、案例库的建设、激励机制、教学辅助体系等方面。③

（二）跨学科教学方法探析

南京艺术学院李琳璐对英国伯明翰艺术与设计学院动画与动态影像研究生课程教学中的“跨学科教学方法”作了研究。跨学科教学方法以项目制教学为主，强调学生在团队合作中相互学习不同技能，其重点为营造多学科相互学习

① 王玥．美国教育信息化领导力硕士学位课程研究［D］．开封：河南大学硕士学位论文，2016.

② 常咏梅，刁根才．美国 SIUE 硕士研究生网络课程建设与应用现状分析［J］．电化教育研究，2016（09）：103—109.

③ 傅伟锋，唐贤清．美国研究生案例教学及启示［J］．湖南师范大学教育科学学报，2016（05）：124—128.

的交流氛围，以培养学生的创造性设计思维和沟通交流能力，并将此能力应用于实践之中。此方法的优势为：增加学生的团队协作能力；增强学生的沟通交流能力；增加学生的知识广度。①

（三）研究生助教教学能力培养

南昌大学周强等分析了美日研究生助教（TA）教学能力阶段性培养模式。美国 TA 教学能力的阶段性培养模式为“三段式”：第一阶段是重视对新任 TA 的基础业务培训；第二阶段是为“资深”TA 提供培训平台与参与 TA 事务管理渠道；第三阶段是为提升未来高校教师的教学能力实施就业帮扶。日本 TA 教学能力的阶段性培养模式为“两段式”：一是 TA 辅助教学业务培训，即在辅助教学业务中提升自身的教学能力；二是设置面向 TA 的未来教师发展项目。据此，作者建议：建立研究生 TA 教学能力培养机制；逐步建立和推广研究生 TA 实习制度；构建研究生 TA 教学能力阶段性的培养模式；完善研究生 TA 事务管理机制。②

三、研究生培养模式改革

在研究生培养模式改革方面，2016 年，学者的研究视角主要聚焦于研究生培养模式宏观介绍、学术型博士培养模式改革、专业学位研究生培养模式国际比较三个方面。

（一）研究生培养模式宏观介绍

沈阳师范大学宋锦萍等以英美研究生教育体制为例，以比较研究的方法介绍了基于国际竞争力导向的中外研究生培养模式与实践途径。研究发现，英美两国的研究生教育体制注重学生创新能力的培养，在长期发展中不断积累实践经验，在培养模式、培养规模、培养结构、基本学制、产学研无缝对接和研究生教育开放化与国际化等诸多方面，创造了独具一格的特点。为进一步提高我国研究生创新能力，作者提出：加强研究生教学质量管理，调控研究生的整体规模；调控研究生硕博比例，促进学科均衡发展；强化市场需求导向，培养专业硕士人才；强化校企联合，促成“学产研”的良性循环；实施全方位开放式

---

① 李琳璐．英国伯明翰艺术与设计学院动画与动态影像研究生课程教学研究［D］．南京：南京艺术学院硕士学位论文，2016.

② 周强，霍玉娟，王强．美日研究生助教教学能力阶段性培养模式及启示［J］．研究生教育研究，2016（01）：86—90.

交流，促进研究生教育国际化。①

广西师范大学裴如意对中美研究生学术研究管理体系作了比较研究，建议我国研究生学术管理研究在如下方面进行完善：在政策制定上，应考虑寻求控制导师接收学生数量的路径；不断规范与完善高等学校的自我评价系统；高校通过制度创新加强横向纵向交流，拓宽经费渠道；国家要加大对研究生教育经费的投入；发挥研究型实验室的资源优势；高校之间应该联合打破资源共享壁垒；设立由学校、政府、社会等共同参与的学术管理、评价和监督机构；着重研究生学术成果转化制度建设；在全社会范围内提倡一种学术平等观念，建立新型平等对话的师生关系。②

北京大学吴峰对美国高校远程研究生教育作了介绍，发现美国远程研究生教育与我国远程教育在责任主体、质量保障、学习者、招生四个方面存在显著差异，据此，作者提出了发展我国远程研究生教育的政策建议：以“终身教育”定位补充“补偿教育”定位；建立以院系为责任主体的远程研究生教育与以网络教育学院为责任主体的远程本科教育管理框架；建立独立的质量保障体系；以专业硕士为试点开展远程研究生教育。③

东北石油大学安丽娜对中美教育技术学专业人才培养模式进行了比较，建议我国高校：明确该专业人才培养目标、灵活合理的课程设置、准确的专业定位、改变传统教学观念，建设优良的师资队伍，拓宽教育技术学专业学生的就业渠道，通过理论、技术和实践相结合来培养教育技术学专业人才的职业素质、创新能力与协同合作精神。④

（二）学术型博士培养模式改革

兰州大学包水梅介绍了哈佛大学教育领域哲学博士学位项目的设置及其实施方案，作者指出：跨学科性、问题导向性是该学位项目的基本特征，哈佛大学教育领域哲学博士学位项目的设置对我国的启示为：我国要避免以教育学博士学位的标准设计与实施教育博士项目；跨学科培养是博士生教育改革的重要方向。⑤

---

① 宋锦萍，刘春芝．基于国际竞争力导向的中外研究生培养模式与实践途径比较研究——以英美研究生教育体制为例［J］．现代教育管理，2016（03）：107—111.

② 裴如意．中美研究生学术研究管理比较［D］．桂林：广西师范大学硕士学位论文，2016.

③ 吴峰．美国高校远程研究生教育及启示［J］．开放教育研究，2016（02）：25—29+37.

④ 安丽娜．中美教育技术学专业人才培养模式比较研究［D］．大庆：东北石油大学硕士学位论文，2016.

⑤ 包水梅．哈佛大学教育领域哲学博士学位项目的设置及其实施方案研究［J］．学位与研究生教育，2016（02）：73—77.

北京交通大学高迎爽对英国 STEM 博士教育变革面临的危机、采取的应对举措及产生的启示作了深入研究。为了化解国家 STEM 博士危机，英国采取的举措为：一是政府通过加大博士教育经费投入、增加博士生的津贴、调整博士教育政策，制定博士教育质量标准，提高博士教育的吸引力。二是大学主要从培养模式方面进行改革，注重可转移技能训练，培养能够在工商业、大学和公共部门胜任的高质量、满足研发工作的人才。三是社会尤其是雇主为了自身事业的发展也承担了一定的责任。其为我国博士教育改革提供的启示为：政府层面，应积极发挥政府的宏观调控作用，确立国家在 STEM 博士教育治理中的主导地位，改进治理方式；学校层面，高校及科研院所应加大 STEM 领域博士招生规模，增设科技工程类专业博士，调整博士类型结构，转变 STEM 博士教育学术型培养模式，加大 STEM 博士教育中可转移技能培训和职业训练；社会层面，企业应积极参与 STEM 博士培养，主动革新，加大研发投入，以企业家精神并通过现代企业制度建设，以研发和创新用好人才、留住人才。①

（三）专业学位研究生培养模式国际比较

在“专业学位研究生培养模式国际比较”研究中，2016 年，学者的研究方向分别为专业学位研究生培养宏观发展研究、专业学位博士研究生培养机制改革、专业学位硕士研究生培养模式介绍三个方面。

第一，专业学位研究生培养宏观发展研究。中国人民大学胡莉芳对 1971—2012 年美国专业学位研究生教育结构及其发展趋势作了研究。研究发现，其结构特点为：以硕士层次为主体、专业学位类型多样、为社会经济发展而产生、与产业结构发展相适应。其发展趋势为：规模还在扩大，然而增长速度趋缓；学科群学位授予类型不断分化，跨学科专业学位兴起；专业博士和学术型博士培养模式界线模糊。据此，作者提出以专业硕士作为专业学位教育的主导类型，从优先发展专业硕士学位，着力推进跨学科以及公共管理、社会服务与医疗卫生等领域的专业学位教育等方面推进我国专业学位研究生教育的发展。②

西南大学马康对加拿大多伦多大学教学硕士项目作了研究。研究发现，该项目的突出特征为：项目目标清晰而明确，注重研究与教学实践综合提升；课程结构与安排完善，沟通理论与实践；项目实施注重发展合作关系，权责明确；注重多样化评价方式，以促进学生发展为追求。据此作者建议：明确具体的培

① 高迎爽，王者鹤．英国 STEM 博士教育的变革：危机、应对及启示［J］．中国高教研究，2016（12）：68—72.

② 胡莉芳．美国专业学位研究生教育结构及其发展趋势研究（1971—2012 年）［J］．清华大学教育研究，2016（03）：48—58.

养目标，突出培养特色；进一步优化课程体系，融合理论与实践；进一步明确参与人员权责，整合合作各方资源；丰富评价方式，发挥评价的发展功能。①

南京陆军指挥学院俞存华介绍了外军专业学位教育的共性与特色：注重实践与应用能力；军地合作开展专业学位教育；拓展军内专业学位教育渠道；突出实践与应用能力培养；确保学位教育与任职资格衔接。②

第二，专业学位博士研究生培养机制改革。西北师范大学熊华军等对英国工程博士培养的实践方案作了解读，发现英国工程博士培养实践方案由三部分构成：计划系统、执行系统和评估系统。计划系统从宏观层面规定了培养实践方案的预期目标。执行系统从中观层面规定了不同机构和不同人员的任务；评估系统从微观层面规定了培养实践方案的落实和修正。这三个系统环环相扣，保证了英国工程博士的培养质量。③

北京邮电大学王亚杰等基于英国产业博士中心建设实践，探讨了工程博士中心的定位及影响力，其启示为：英国政府提供持续有效的公共政策支持；英国工程与自然科学研究委员会积极探索变革的资助机制；产业博士中心充分发挥校企协同创新中枢作用；英国工程博士协会不断追求卓越的专业精神。④

曲阜师范大学胡钦晓对英国实践博士的形成和特征作了分析。英国实践博士的成因为：知识生产转型是其形成的内因；高校竞争发展是其形成的动力；现代网络媒体是其形成的保障；国外发展经验是其形成的外因。实践博士在专业设置、研究模式、实践类型、教学培养和学位授予等方面，均具有鲜明的特征。据此作者建议：我国高等教育在学位制度上，要突破学术与专业的二元划分；在实践运行上，要注重质量与效益的双重兼顾。⑤

黑龙江大学唐磊岩对美国教育博士的培养路径作了探析：专业化培养目标、高层次招生要求、模块化课程设置、多元化导师队伍、丰富的教学实践、多样化评价方式。作者建议：开展多元参与的跨区域联合培养；建立跨学科导师队伍；创建教育博士实践基地；构建网络学术交流平台；优化课程内容和结构；保证学业评价的全面性；引入行业协会质量认证机制。⑥

厦门大学刘盾研究了弗吉尼亚大学教育学博士和教育博士培养模式的差异，

---

① 马康．加拿大多伦多大学教学硕士项目研究［D］．重庆：西南大学，2016.

② 俞存华．外军专业学位教育的共性与特色［N］．中国社会科学报，2016-4-7（5）.

③ 熊华军，李倩．英国工程博士培养的实践方案解读［J］．研究生教育研究，2016（01）：91—95.

④ 王亚杰，田华，陈岩．工程博士中心的定位及影响力——基于英国产业博士中心的分析［J］．高等工程教育研究，2016（05）：10—16.

⑤ 胡钦晓．英国实践博士：形成、特征及启示［J］．教育研究，2016（04）：125—133.

⑥ 唐磊岩．英国教育博士培养路径研究［D］．哈尔滨：黑龙江大学，2016.

发现其专业类型丰富多样、育人理念各不相同、招考方式体现差异、课程结构颇具特色、学业测试十分严格、毕业要求标准较高、论文设计独具创新：教育学博士和教育博士项目亦在不同环节体现出学术性与实践性等差异。在此基础上，作者建议我国教育类博士生培养拓宽专业方向、调整学制年限、完善课程结构、优化学分分配、增强实习训练、转变考核策略、关注研究方法、创新选课机制。①

第三，专业学位硕士研究生培养模式介绍。南京师范大学范冬清对美国专业硕士培养现状和特征作了梳理。美国专业硕士项目一方面因特征显著而得到社会认可，如鲜明的职业导向，较为完善的助学体系，种类丰富的双学位及程度较高的国际化等；另一方面又引发争议并遭受质疑，如培养质量问题、传统精英大学过于逐利以及文凭主义盛行等。②

东北师范大学杨秀莲解析了美国高校教育硕士培养的实践性特征。在培养目标及定位方面，其培养目标中注重实践能力；培养对象需有一定的实践经验；专业设置突出实践性导向。在课程设置方面，分别设置了核心课程、专业课程、选修课程和实践课程。在教学方式方面，开展了实践性教学和反思式教学。在学位论文方面，论文选题突出实践性内容，论文指导突出实践性方向；论文评价突出实践性标准。③

厦门大学史秋衡探究了德国双元制应用型硕士的培养机制，德国双元制应用型硕士培养机制主要以高层次产业需要为基础，以应用研究来引领教学，硕士生学习过程的逻辑顺序为“产—研—学”的螺旋式提升。通过对此机制的基本特征、概念、指导思想、教育目标、课程结构、入学资格和流程、学制体系、课程形式、考试制度、毕业选择和前景等方面的分析，作者建议：转变对应用型高等教育体系的认识，提升应用型高校的地位并凸显其作用；鼓励有条件的高职院校与企业合作开设双元制的硕士培养专业；借鉴德国双元制应用型硕士培养体系中的教学架构和体制模式，改革我国硕士教育体系。④

---

① 刘盾．弗吉尼亚大学教育学与教育博士培养模式之特征、差异及比较、借鉴［J］．学位与研究生教育，2016（11）：72—77.

② 范冬清．美国专业硕士培养现状、特征及争议［J］．比较教育研究，2016（10）：65—70＋85.

③ 杨秀莲．美国高校教育硕士培养的实践性特征解析［J］．外国教育研究，2016（08）：52—64.

④ 史秋衡，陈志伟．德国双元制应用型硕士培养机制探究［J］．国家教育行政学院学报，2016（04）：3—11.

四、研究生资助体系完善

在研究生资助体系完善方面，2016 年，学者们开展的研究工作主要以国别为研究对象，分别对美国、英国和法国的资助体系和政策制度作了深入的比较研究，据此总结其特征，以期为我国研究生资助政策制定与制度改革提供参考。

（一）美国研究生资助体系研究

上海交通大学刘继安对美国研究生资助的变化趋势和新特征作了梳理，作者通过对相关统计数据进行分析后发现，美国研究生资助表现出更加多元化供给、覆盖面扩大、资助力度提高、资助结构更加立体化以贴合不同类别研究生的需求、资助与人才培养结合度更高等特点，据此作者建议：一是政府要承担起责任，并发挥在研究生教育中的政策导向作用，积极鼓励社会各界参与构建多元化的研究生资助体系；二是建立分层次、分类别、分专业的符合研究生教育特征的立体化资助体系，结合不同层次、不同研究生教育类型和不同学科专业的特点；三是研究生资助体系构建要体现国家战略规划方向。①

许昌学院管新春对美国研究生助学金制度进行了研究，认为美国研究生助学金管理制度具有规范化、公开化的特点，其征信、监督机制也较为完善，良好的管理保障了助学金申请和评定进展的有序开展，同时该制度重视对特殊群体研究生的资助。借鉴美国的经验，我国需要拓展研究生助学金来源的渠道，健全研究生助学金使用的监督机制，完善助学金资助体系和落实经费发放程序。②

中国地质大学（武汉）陈翠荣对美国联邦政府的研究生科研资助政策作了分析，作者发现其具有以下特点：资助面向美国所有研究生，申请程序追求公平性；就读于研究型大学的研究生与从事基础研究的研究生更容易获得资助，资助适当向女性、少数族裔倾斜；资助力度较大，保证了有学术潜力的研究生能够安心从事学术研究；以六大部门为代表的众多联邦机构联合开展资助，资助来源丰富；直接资助与间接资助两种类型相结合，资助方式多样化。据此作者建议：我国应建立公平竞争的资助程序，促进科研人才成长；加大研究生科研资助面及资助力度，鼓励科研创新；加强对基础研究的资助，并适当协调资助分布；鼓励政府部门参与对研究生的科研资助，丰富资助类

① 刘继安，杨楚翘，叶慧．美国研究生资助的变化趋势、新特征及其启示［J］．中国高教研究，2016（02）：74—79.

② 管新春．美国研究生助学金制度及其对我国的启示［J］．大学教育科学，2016（03）：108—111.

型与资助方式。[①]

（二）英国研究生资助体系研究

扬州大学凌云志归纳了英国研究生奖助体系的特征：重博士、轻硕士的奖助学金管理制度；实施“整体拨款伙伴计划”；针对特殊群体的资助政策；差异性收费标准；完整的税务回收系统。作者从创新研究生奖助模式、关注研究生特殊群体、注重向基础学科倾斜、制定高效的管理办法和加快个人信用体系建设五个方面，提出完善我国研究生奖助体系的具体措施。[②]

北京师范大学丁瑞常总结了英国研究生教育学费定价的特点：赋予了高校高度的学费定价自主权；建立了全国统一的教育成本核算方法体系；实现了政府调控与市场调节双重机制的耦合。据此作者建议：提高高校的学费定价自主权并逐步建立社会参与的价格听证制度；进一步规范教育成本核算工作并逐步建立成本核算结果公开制度；适应性地均衡学费定价中政府调控与市场调节的关系。[③]

（三）法国研究生资助体系研究

扬州大学汪小会研究了法国理工科博士生资助体系特点：制度规范化、来源多样化、方式合同化、奖学金国家化和力度标准化。作者提出：我国博士生资助体系应借鉴法国理工科博士生资助体系的经验，强化博士生资助的工资性质，拓展资助来源渠道，加大资助力度。[④]

第五节　研究生学位管理模式的国际比较

硕士和博士学位代表着研究生受教育程度或在某一学科领域里已经达到的学术水平。学位制度、学位项目和学位论文三个要素直接反映高校乃至国家的高端人才培养规格、研究生教育发展水平和研究生个人能力水准，其重要性不

---

① 陈翠荣，鲁智丹，刘牧．美国联邦政府的研究生科研资助政策分析［J］．教育与经济，2016（02）：82—89.

② 凌云志．英国研究生奖助体系的特征及对我国的启示［J］．研究生教育研究，2016（02）：91—95.

③ 丁瑞常．英国研究生教育学费定价的特点及对我国的启示［J］．学位与研究生教育，2016（08）：72—76.

④ 汪小会，王莉．法国理工科博士生资助体系研究及其启示［J］．学位与研究生教育，2016（04）：70—74.

言而喻。2016 年，我国学者的研究论述共有 5 篇代表作入选本节，其努力方向亦主要集聚于“学位制度、学位项目和学位论文”这三大要素上，希冀通过把握世界学位管理模式的变革动态，为我国学位授予工作提供参考借鉴。

一、国外学位制度与学位政策动向

北京大学沈文钦等对博士生跨国学位流动的国际趋势与政策动向作了梳理。进入新世纪，高等教育全球化趋势加剧，中国、印度等发展中国家高等教育大众化的推进使可流动的大学生数量急剧增加，博士生国际流动进入新的高峰。一些全球研究型大学国际博士生比例已占 30%—50%。美国国际博士生在补充生源、参与科研项目和学术发表方面做出了重要贡献，相当高比例的国际博士生毕业后留美工作。为吸引优秀生源，美、英、法、德、澳等国出台了签证、移民、奖学金等方面的优惠政策。①

兰州大学魏玉梅以哈佛大学“教育领导博士”专业学位项目为例，对美国教育领域专业博士学位制度设计作了探析。“教育领导博士”的培养目标突显“职业性”“应用性”特色，采用了核心课程、拓展课程、案例教学、实践教学“四位一体”的课程结构，实施跨学科联合培养模式，采用群组化教学模式，以“顶岗计划”或“挂职实习”代替毕业论文，突出了“职业型”“应用性”专业学位的本质属性，与社会实践需要的契合程度更高，一定程度上规避了与教育哲学博士学位趋同化的风险，其对我国教育博士的启示为：探索跨学科培养机制；完善模块结构课程体系；选择群组化合作学习方式；创新毕业实习环节。②

二、国外学位项目与学位类型特征

清华大学王孙禺等以哥伦比亚大学为例，研究了美国研究生教育的学位类型特征及其形成过程。哥伦比亚大学提供的学位可以分为四大类：由文理研究生院授予的学术学位、由专业学院授予的学术性学位、由专业学院授予的专业硕士学位、由专业学院授予的第一级专业学位。其形成过程带给我国高校研究生教育的思考为：如何增进硕士阶段应用型人才培养的市场灵敏度和适应性，如何提高博士阶段学术型人才培养的资助力度和学术氛围，以及如何更好地为

---

① 沈文钦，王传毅，金帷．博士生跨国学位流动的国际趋势与政策动向［J］．高等教育研究，2016（03）：46—55.

② 魏玉梅．美国教育领域专业博士学位制度设计及其启示——以哈佛大学“教育领导博士”专业学位项目为例［J］．研究生教育研究，2016（02）：85—90.

本科生提供信息和服务，使其较早地对自我、职业和不同类型学位有清晰的认识，以便在研究生教育阶段实现有效的职业和人力资源分流。①

浙江师范大学刘秉栋等分析了俄罗斯教育专业学位项目，俄罗斯在教育专业学位体系构建时，以“调适”方法为指导，以职业需求为导向，设计了两层三级体系，即本科和研究生两个培养层次，“学士—硕士—博士”三级学位体系，并对应设计了各层级可获得的职业岗位；按照学分制设定各层级课程体系与学分标准；建立量化绩效评估指标，保障学位体系的教学质量。该项目在取得成效的同时也出现了一些问题：一是俄罗斯教育专业学位项目设计中注重职业能力的培养，但在一定程度上忽略了学术要求和学生深造的需求。二是俄罗斯教育专业学位项目设计局限在区域一体化中，没有放宽眼界去适应高等教育国际化的发展趋势。三是俄罗斯试图存留特色，但只停留在了口号中，却没有很好地落实在设计中。②

三、国外学位论文与评阅模式介绍

安阳师范学院黄思记等对俄罗斯副博士学位论文评阅模式作了研究，其突出特点表现为正式评阅与非正式评阅相结合、评阅人与评阅单位相结合、非匿名的全参照评阅等。受其启发，作者建议我国宜从建立多主体参与的评阅机制、加强评阅人与申请者之间的互动、尝试采用非匿名全参照评价方式等方面改进我国博士学位论文评阅制度，提高博士生教育质量。③

第六节　研究生教育质量保障与评估国际比较

质量保障与质量评估是贯穿研究生教育招生遴选、教学培养、学位授予等所有业务环节的必备工作，也是促使研究生教育按照“服务需求、提高质量”这一核心准则稳步发展的重要抓手。2016 年，我国学者在研究生教育质量保障与评估国际比较研究方面，共有 11 篇代表作入选本节，其在质量保障方面的主

---

① 王孙禺，石菲，刘帆．美国研究生教育的学位类型特征及其形成——以哥伦比亚大学为例［J］．中国大学教学，2016（10）：88—95.

② 刘秉栋，楼世洲．俄罗斯教育专业学位项目设计分析［J］．外国教育研究，2016（08）：65—74.

③ 黄思记，李申申．俄罗斯副博士学位论文评阅模式及其合理借鉴［J］．研究生教育研究，2016（06）：92—95.

要研究方向为：研究生教育质量保障和导师队伍建设质量保障；在质量评估方面的主要研究方向为：学位点合格评估、内部评估和学科水平评估。

一、质量保障

（一）研究生教育质量保障

山西大学郎永杰对日本研究生教育改革背景、现状及动向作了研究，发现日本的研究生教育改革主要采取的措施为：重构研究生院课程体系；改革研究生指导体制；规范博士学位授予制度；推进研究生教育国际化；强化产学研合作。在下一步强化本国研究生教育质量保障方面，日本研究生院将进一步强化课程的体系化和组织化建设，并协调处理好导师制度、学位制度、国际化教育、学生学业资助等校内关系，充分利用好国家政策导向以及产学研合作的外部驱力。①

南京大学刘学东等研究了荷兰研究生教育外部质量保障机制。荷兰研究生教育外部质量保障机制分为院校和学位项目两个层次，包括院校认可、院校审查、新增研究生学位项目初始认证和已开设研究生学位项目评估四个方面。该机制有以下特点：政府在评估中起宏观指导作用；专家独立性是评估公正、权威的保证；学习结果是评估的关键要素；评估文化是质量保障的灵魂；国际合作是提升评估质量的重要途径。荷兰研究生教育通过认可、审查、评估与认证活动，推动高校改善内部质量保障体系，不断提升研究生教育质量。②

河北大学李璐瑶对有志于成为未来教师的美国研究生教学能力培养作了系统研究。美国对此类研究生教学能力的培养呈现了教育理论和教学实践相结合的特点；从校内校外不同的角度开展了多元化的培训方式；通过设立教学档案袋的形式对参加过教学能力培养的研究生进行评价。作者建议，我国在研究生阶段对大学教师教学能力的职前培养中应该更新观念，重视对大学教师教学能力培养计划的制定，并成立专门的培养机构开展多元化的培养方式，同时关注指导研究生的职业发展规划。③

华东理工大学辛忠等研究了美国工程教育专业认证是由工程与技术认证委员会（ABET）认证与工程师注册制度对美国高等工程教育的作用机制，指出

---

① 郎永杰，张冠蓉．日本研究生教育改革背景、现状及动向［J］．教育理论与实践，2016（30）：12—14.

② 刘学东，汪霞．荷兰研究生教育外部质量保障机制研究［J］．高教探索，2016（01）：33—37.

③ 李璐瑶．美国研究生教育阶段培养未来大学教师教学能力的研究［D］．保定：河北大学硕士学位论文，2016.

ABET认证和注册工程师制度作为工程技术人才培养的质量控制制度，前者对高等工程教育加以监控，后者对工程技术人员的水平加以保证，促使高等工程教育调整教育方向、提高教育质量。注册工程师的首要标准是获得经ABET认证的工程专业的学士学位，这种制度安排密切了人才培养和人才使用之间的关系。①

天津大学张宇等介绍了英国工程博士教育质量保障的经验：严格的审核机制、健全的培养机制、完善的资金支持系统和全面的质量监控机制。作者认为，其值得我国借鉴之处是：严格把关工程博士研究生入学申请，建立工程博士研究生培养机构审核制度；营造良好的培养环境，建立高质量师资队伍，确定灵活适切教育内容；建立合理的教育成本分担机制；形成培养过程和学位论文质量监控机制。②

陕西师范大学陈玥对美国博士生教育面临的新时代使命及其改革策略作了研究，为了提升美国的博士生教育质量，其所采取的改革策略主要为：构建知识共同体，推动“面向世界”的博士生培养；加强财政支持力度，确保博士生教育的全球吸引力与竞争力；明晰多方问责职责，增强博士生教育发展的创新性与有效性。③

（二）导师队伍建设质量保障

中国地质大学张俐等对英国高校博士生导师队伍质量保障机制作了研究，认为英国的博导队伍建设质量保障机制主要包括资格认定与任职、角色培育与培训以及考核评估等，国家政策的积极引导、中介机构的有力监督、高校机制环境的主导及导师个人意志的驱使等要素共同推动着高校博士生导师队伍质量保障机制的有效运行。④

浙江理工大学施鹏对美国研究生教育中导学关系的特点作了分析。其中，其所建立的导学关系质量保障制度主要为：责权分明的导师负责制；以科研为导向的导师聘请制；科学多元的导师评价制度；严格的淘汰制；以科研为导向

---

① 辛忠，吴艳阳，徐心茹．美国ABET认证与工程师注册制度对其工程教育的作用机制［J］．学位与研究生教育，2016（04）：74—77.

② 张宇，肖凤翔，唐锡海．英国工程博士教育质量保障经验分析［J］．高等工程教育研究，2016（01）：138—142.

③ 陈玥，翟月．美国博士生教育面临的新时代使命及其改革策略［J］．研究生教育研究，2016（05）：90—95.

④ 张俐，李祖超，黄杨．英国高校博士生导师队伍质量保障机制及其对我国的启示［J］．学位与研究生教育，2016（05）：73—77.

的研究生培养制度。①

二、质量评估

（一）学位点合格评估

中国矿业大学李爱彬等对英国 QAA 学科评估与我国学位点合格评估作了比较分析，认为在组织实施我国学位授权点合格评估过程中，可借鉴 QAA 学科评估较为成熟的经验和做法，构建学位授权点合格评估机制，进一步聚焦评估内容，强化人才培养评价；以国家标准为依据，自主确定评估标准；以自评为主导，与外部评估相结合；以学生为中心，充分重视学习体验；科学使用结果，达成人才培养目标。②

（二）学位点内部评估

华南师范大学蒋林浩等对美国高校博士点项目内部评估进行了研究。作者以俄亥俄州立大学为例，从学校层面介绍研究型大学博士生教育的内部评估过程和评估结果。结合 2014 年国家发布的《关于深化研究生教育改革意见》中提出的建立以培养单位为主的质量保证体系，分析得出博士点内部评估的趋势与启示：绩效评估成为大学内部评估的主流，管理文化呈现监控主体职责下移的趋势，内部评估重在开展学生发展评估。③

（三）学科水平评估

教育部学位与研究生教育发展中心任超等对英国科研水平评估（RAE）作了研究，建议我国学科水平评估：淡化条件、强调产出，重视学科对经济社会发展的贡献；充分运用“基于定量数据的定性评价”新方法；重视专家培训，建立具有评估理论背景的专家队伍；逐步构建国家学科大数据，全面监测学科发展生态；鼓励第三方机构参与评价，科学发挥评估结果在资源配置中的作用。④

---

① 施鹏，张宇．美国研究生教育中导学关系的特点与启示［J］．学位与研究生教育，2016（10）：67—72.

② 李爱彬，郑文奇．立足人才培养本位多环节促进学位授权点合格评估——基于英国 QAA 学科评估与我国学位点合格评估的比较分析［J］．研究生教育研究，2016（06）：86—91.

③ 蒋林浩，沈文钦．美国高校博士点项目内部评估研究——以俄亥俄州立大学为例［J］．清华大学教育研究，2016（03）：40—47.

④ 任超，等．英国 REF 评价对我国学科水平评估的启示［J］．高等教育研究，2016（11）：104—109.

第七节　文献分布及其特点分析

一、文献分布

2016年纳入本专题的“研究生教育国际比较”研究文献共有59篇，其中：期刊论文45篇，学位论文11篇，报刊文章3篇（图9－1）。所有文献的研究内容主要分布于国外高校研究生就业指导研究、联合培养与协同育人国际比较、研究生招生遴选模式的国际比较、研究生教学培养模式的国际比较、研究生学位管理模式的国际比较和研究生教育质量保障与评估国际比较六个领域之中。各章节文献量分布情况见图9－2。通过对文献来源情况和内容分布情况进行分析，可发现：

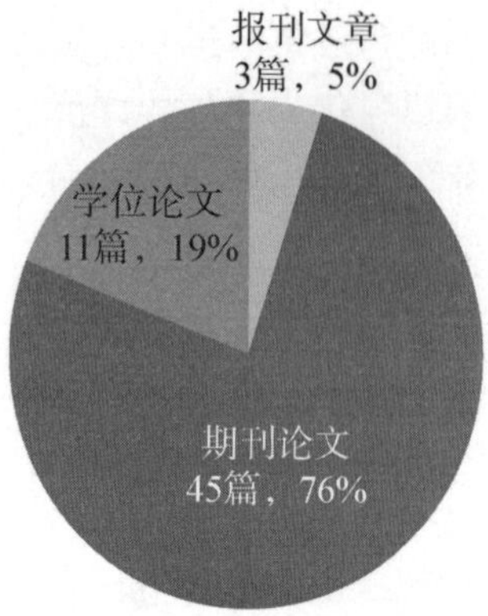

图9－1　文献来源分类

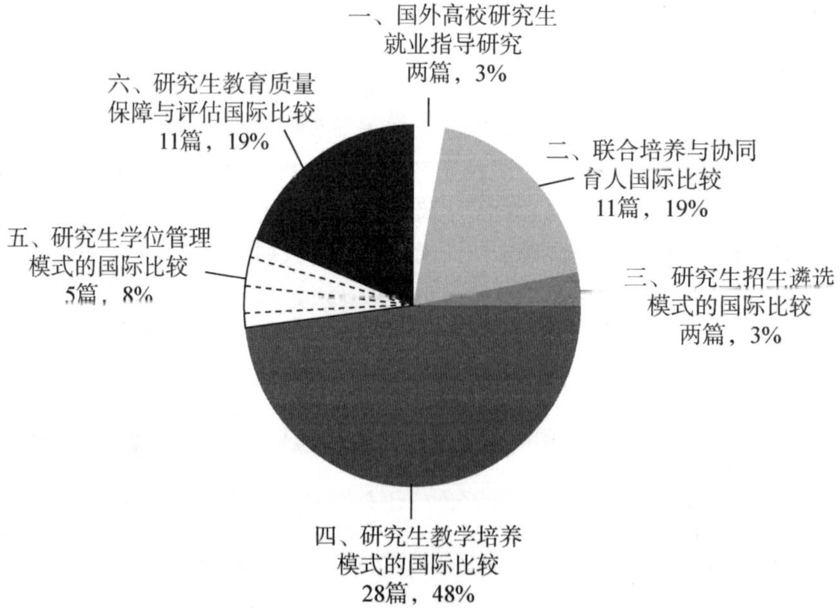

图9－2　文献内容分类

（1）期刊论文情况。一是2016年度入选本章节的代表作以“期刊论文”为主，占78%，与往年文献来源特征基本一致且其比例基本持平。二是入选本章节的45篇代表性期刊论文均发表于我国CSSCI来源期刊，其中，《研究生教育研究》发文最多，为11篇，占比为24%。之后分别为《学位与研究生教育》《外国教育研究》《高等教育研究》《中国高教研究》等（图9－3）。三是“教学培养模式比较研究”成为期刊论文探讨的首要主题，其次联合培养和协同育人、质量保障与评估等。

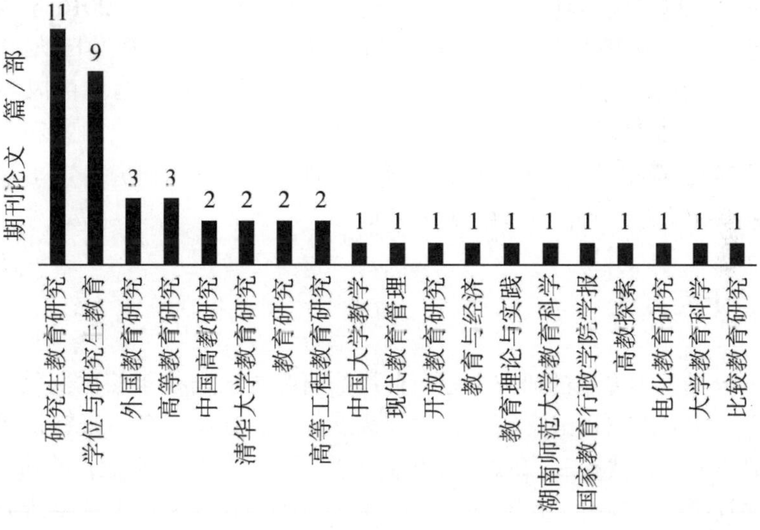

图9－3　文献来源期刊

（2）学位论文情况。一是所入选的11篇学位论文代表作全部为硕士学位论文，占本章节文献总量的19%，相较去年比例有所提升。二是硕士学位论文来源高校多为师范类和综合性大学（图9－4），说明当前此类大学更关注研究生教育相关的议题研究，并在此领域启动了年轻学者的培养工作。三是通过观察学位论文的研究内容，可发现其研究重心主要集中于教学培养模式比较研究方面。

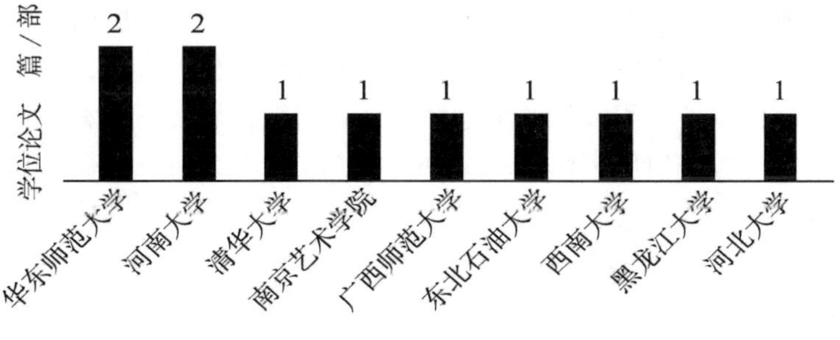

图9－4　硕士学位论文来源高校

（3）报刊文章情况。一是本年度共有3篇报刊文章作为代表作入选本章节，较去年实现零的突破，3篇代表作来源于中国教育报、光明日报、中国社会科学报。二是其论述重心亦主要集中于研究生教学培养模式比较研究方面，说明对“研究生教学培养模式”进行深入研究和知识普及成为2016年度我国学界业界的共同关注和集体共识。

（4）文献整体情况。相较去年的44篇，本年度共有59篇代表作文献入选本章节，其中“研究生教学培养模式”“联合培养和协同育人”“质量保障与评估”等四个议题最受学者关注。如果从更为宏观的视角来看，2016年入选本章节的文献主要集中于“研究生培养”领域。这一方面是由于2015年已发布的“双一流”建设、创新创业、协同创新、质量保障等讲话和政策的时滞效应和学术成果刊发的滞后效应，另一方面也说明国家教育重点热点政策和研究生教育教学培养实践环节是我国学者制定研究选题、开展学术研究、产出学术成果的主要来源和发力方向，且多年来一贯如此。

二、研究方法

2016年纳入本专题的研究文献所使用的研究方法与往年相比变化不大，以案例研究、文献研究和比较研究为主（表9－1）。其中，案例研究是本专题最常用的研究方法，共有37篇文献使用此方法，占46%，说明在目前的研究生教育国际比较研究专题中，我国学者仍以引介国际经验和模式为主要研究思路与和路径。

表9－1　研究方法统计

研究方法	案例研究	文献研究	比较研究	调查研究	历史研究	其他
文献数量	27	16	9	2	1	4

值得注意的是，本年度的学者研究文献中，出现了采用案例研究方法引介国外研究生教育经验，但主要对其不足乃至失败之处进行反思的文献，如浙江师范大学刘秉栋等对俄罗斯教育专业学位项目进行分析的论文，对俄罗斯专业学位项目的成败得失作了系统的论述和辩证式研究，从其不足和失败处总结值得我国借鉴的经验和启示。目前，这种“从失败处求成功”的研究思路在我国研究生教育国际比较研究中较为少见，但不失为一种创新的、值得关注探讨的研究模式。

三、研究队伍

本年度，共有103位作者贡献了59篇“研究生教育国际比较”代表性文献，平均两位作者贡献1篇国际比较有代表性的学术论文。对本章节入选论文的研究队伍进行分析，可发现如下可资参考的情况。

（一）职称及学历情况

在我国专业技术职称体系中，一般地，将高等学校教师和科研工作者分为教授（研究员）、副教授（副研究员）、讲师（助理研究员）等级别；另外，博士研究生和硕士研究生是我国未来专业技术队伍的生力军，是未完成完整学术训练但参与学术产出的准高级人才。为了全面展示研究生教育研究力量的构成，本专题对博士研究生和硕士研究生亦同时作了统计。2016年，纳入本专题且明确标注职称（学历）信息的研究人员共有90名，其中，教授（研究员）19名、副教授（副研究员）23名、讲师（助理研究员）19名、研究生29名（含硕士、博士研究生），各职称（学历）情况见图9－5。由此可看出：①副教授（副研究员）和研究生是入选本章节代表性学术论文的主要作者。②其与教授（研究员）、讲师（助理研究员）相比，占比优势不太明显。③总体来看，各职称（学历）作者的比例较为接近，分布比较平均。

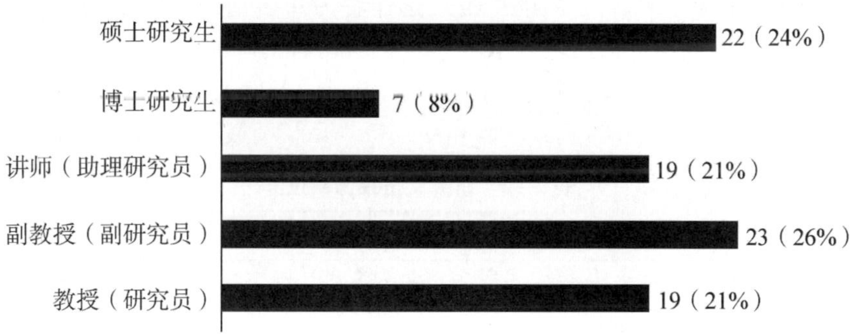

图9－5　研究队伍职称（学历）情况

（二）职务及身份情况

为了更好地观察研究队伍的构成情况，本章节对研究队伍的职务及身份信息做了统计。本章节将人员职务及身份分为“科研教学人员”和“行政管理人员”两类；因博士研究生和硕士研究生均以“教学科研”为主业，故将硕士、博士研究生统计为“教学科研人员”；对同时拥有行政管理身份和教学科研身份的，本章节仅对作者列入文献的第一身份进行统计。经统计，共有98名教学科研和行政管理人员，其中，“教学科研人员”71名，占比72%，说明教学科研人员是本章节研究力量的绝对主力（图9－6）。

图9－6　研究队伍身份情况

（三）作者来源单位情况

经对入选本章节学术文献的100位具有明确单位作者进行分析，发现：有两个单位入选作者为5名、两个单位入选作者为4名、8个单位入选作者为3名、15个单位入选作者为两名（表9－2）。从作者的来源单位来看，“高等院校”是本章节作者的主要来源单位，且入选作者两名以上的高校大多为“211”“985”工程大学。

表9－2　研究队伍来源单位

序号	单位名称	每单位人数
1	扬州大学、西北师范大学	5
2	中国地质大学、武汉大学	4
3	上海交通大学、清华大学、兰州大学、教育部学位与研究生教育发展中心、华东理工大学、河南大学、北京邮电大学、北京大学	3
4	中国矿业大学、浙江师范大学、浙江理工大学、天津大学、沈阳师范大学、山西大学、厦门大学、宁波诺丁汉大学、南京大学、华东师范大学、湖南师范大学、哈尔滨工业大学、广西师范学院、北京师范大学、安徽大学	2

续表

序号	单位名称	每单位人数
5	中央电化教育馆培训中心、中南财经政法大学、中国人民大学、中国农业大学、许昌学院、西南大学、天津外国语大学、首都师范大学、陕西学前师范学院、陕西师范大学、曲阜师范大学、南京艺术学院、南京师范大学、南京陆军指挥学院、南昌大学、名古屋大学、美国加州州立大学、吉林大学、华南师范大学、华南理工大学、黑龙江大学、河北大学、东北石油大学、东北师范大学、德国哥廷根大学、北京交通大学、保定学院、安阳师范学院	1

（四）学术成果产出单位情况

以第一作者单位为基准，察看59篇学术成果的来源单位，可发现：3个单位发文量为3篇、5个单位发文量为两篇、40个单位发文量为1篇（表9－3）。据表可知，以北京大学、北京师范大学为代表的综合类大学和师范类院校是本章节代表作的重点产出单位，且此类大学多为“211”“985”工程大学。

表9－3　学术成果产出单位

序号	单位名称	每单位发文量
1	扬州大学、西北师范大学、兰州大学	3
2	兰州大学、厦门大学、清华大学、华东师范大学、河南大学、北京大学	2
3	中南财经政法大学、中国人民大学、中国矿业大学、中国地质大学、浙江师范大学、浙江理工大学、许昌学院、西南大学、武汉大学、天津外国语大学、天津大学、沈阳师范大学、上海交通大学、陕西师范大学、山西大学、曲阜师范大学、宁波诺丁汉大学、南京艺术学院、南京师范大学、南京陆军指挥学院、南京大学、南昌大学、美国加州州立大学、教育部学位与研究生教育发展中心、华南师范大学、华南理工大学、华东师范大学、华东理工大学、湖南师范大学、黑龙江大学、河北大学、哈尔滨工业大学、东北石油大学、东北师范大学、北京邮电大学、北京师范大学、北京交通大学、安阳师范学院、安徽大学、吉林大学、华东师范大学	1

四、研究热点

关于2016年度研究热点，本章节拟从入选本章节学术研究成果的国别热点、年度热点和历年热点进行统计分析，以期探寻出我国学者在“研究生教育国际比较”方面的研究倾向和关注重心。

（一）国别热点

在案例研究、文献研究和比较研究等学术论述中，一般地，引介或对比国内外案例模式的目的为学习经验、总结得失，最终服务中国的研究生教育发展实践。因入选本章节的所有文献基本都具有上述特征，为了凸显国际案例，减少无效统计，本章节对国别热点进行分析时仅对中国以外的国家进行统计。2016年度入选本章节的59篇学术论文，共研究了56次世界各国研究生教育实践案例或模式，其中，“美国”是我国学者重点关注和学习的对象国，共引介了27次，其次依次为英国、法国、加拿大等（图9－7）。

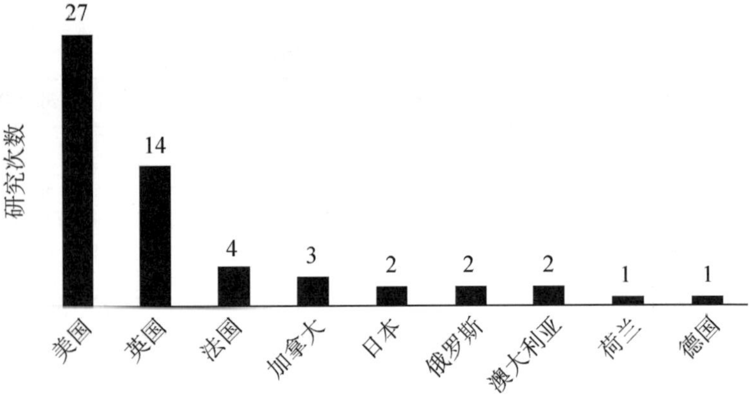

图9－7　学者研究的国家分布情况

（二）年度热点

2016年，“研究生教育国际比较研究”专题共有6个研究主题、15个研究热点（表9－4）。相较去年及之前历年（表9－5），本年度学者继续坚持对创新创业、联合培养、招生遴选、教学培养、质量保障与评估等主题展开深入探索，并新增了就业指导、协同育人、学位管理等研究主题。由此可看出，我国学者的研究视角和研究领域日益宽广，所研究的主题也与国家最新政策文件精神和研究生教育发展实践核心环节息息相关，说明我国研究生教育学界始终将“立足实践、服务需求”作为基本理念，并据此开展研究。

表 9－4　本章节 2016 年研究主题和热点

研究主题	研究热点
国外高校研究生就业指导研究	国外研究生就业指导策略
联合培养与协同育人国际比较	①校企联合培养 ②中外联合培养 ③跨学科培养和三维协同育人
研究生招生遴选模式的国际比较	①注重细节披露，介绍美国研究生招生基本做法 ②聚焦招生制度，比较中美研究生招生制度差异
研究生教学培养模式的国际比较	①研究生课程体系建设 ②研究生教学方法创新 ③研究生培养模式改革 ④研究生资助体系完善
研究生学位管理模式的国际比较	①国外学位制度与学位政策动向 ②国外学位项目与学位类型特征 ③国外学位论文与评阅模式介绍
研究生教育质量保障与评估国际比较	①质量保障 ②质量评估

表 9－5　2011—2016 年研究主题对比

研究主题	研究热点					
	2011 年	2012 年	2013 年	2014 年	2015 年	2016 年
规模、发展与结构比较	✓	✓	✓	✓		
研究生教育管理体系比较	✓	✓	✓	✓	✓	✓
研究生教学培养模式的国际比较	✓	✓	✓	✓	✓	✓
研究生教育的国际化					✓	
国外高校研究生就业指导研究					✓	✓
研究生招生遴选模式的国际比较					✓	✓
联合培养与协同育人国际比较						✓
研究生教育质量保障与评估国际比较					✓	✓

五、研究展望

第一，国际比较视角下的“研究生教育与‘双一流’建设”“研究生创新创业与就业指导”将成为学者研究的热点主题。

继2015年出台《统筹推进世界一流大学和一流学科建设总体方案》后，2017年1月24日，教育部、财政部、发改委联合发布《统筹推进世界一流大学和一流学科建设实施办法（暂行）》（以下简称《实施办法》），对我国“世界一流大学和一流学科”的遴选条件、遴选程序、支持方式、动态管理、组织实施等方面均作出了详细规定。《实施办法》一经发布，就引起了全国上下的高度关注。作为以引介传播国外先进经验为主要任务、以批判吸收国际先进理念为重要使命的国际比较研究力量，在下年度国家大力推进“双一流”建设工程中，学界必将围绕《实施细则》中涉及的各方面问题展开研究并有所发声、有所发现和有所发力。

2015年来，国家经济下行趋势益发明显、产业结构亟待调整优化、国民经济面临转型升级等历史巨变使本已十分严峻的高校就业问题再次面临重大打击和挑战。因此，国家和高校联合直面现实问题、联手推进人才就业创业成为核心任务。为了响应党中央、国务院关于大力发展“双创工作”的号召，更好地推进“大众创新、万众创业”工作，更好地解决大学生和研究生“就业难”这一社会关切度极高的重大问题，我国学者在下一年度必将倾注更多精力探查欧美高校及国家经验，为我国“双创工作”和就业指导以及“创业型”大学建设等现实需求提供更加深入、系统的新知新论。

第二，“服务需求、提高质量”将成为学者未来对“研究生教育招生培养及学位管理”等议题展开研究的核心指导思想。

本年度，在招生考试、教学培养、学位授予、质量保障与评估等研究生教育四大核心业务环节上，我国学者已经有了系统性的国际比较学术产出。2017年1月，教育部发布《学位与研究生教育“十三五”规划》，其“服务需求、提高质量”的发展原则将成为未来一段时期内我国学位与研究生教育所有业务开展和学术研究工作的指导思想。下年度，学者对研究生教育业务环节的关注点可能更多以国外研究生教育主动服务国家社会需求为案例，将更多地研究精力集聚于研究生人才选拔、教学培养、学位管理和质量保障与评估工作如何回应、服务、满足社会和国家的关切、需求等议题上。

第三，随着我国“研究生教育学”学科建设呼声日益高涨，下一年度我国学者对国外相关领域的理论和方法引介将可能成为热点。

目前，以《学位与研究生教育》《研究生教育研究》为代表的全国研究生教育学术最高期刊平台均将出版空间留给了“研究生教育学”学科建设相关议题，并已有多位著名学者就“研究生教育学”学科建设连续发声；2017 年，中国学位与研究生教育学会“研究生教育学专业委员会”将成立，全国“研究生教育学”学术论坛和系列学术会议将依次召开。在此形势下，理论与方法的欠缺日益成为中国研究生教育学界“学科建设之痛”。因此，2017 年度，我国学者可能将视野扩展至国外，从国外相关学科中汲取理论养分和方法指引，为国内“研究生教育学”学科发展提供“他山之石”。

第四，在“一带一路”国家政策和“国际合作交流”高校使命的驱使下，“研究生教育国际比较研究”专题将进一步“扩容提质”

2013 年，国家主席习近平提出共建丝绸之路经济带和 21 世纪海上丝绸之路的重要合作倡议。3 年多来，“一带一路”建设受到国内国际社会的广泛关注和高度评价。2017 年 5 月 14 日，我国主办的“一带一路”国际合作高峰论坛开幕。这是各方共商、共建“一带一路”，共享互利合作成果的国际盛会，也是加强国际合作，对接彼此发展战略的重要合作平台。在此背景下，2017 年，我国学者的开展国际比较研究的热情将被进一步激发，其研究视角可能将不仅仅只盯着欧美国家，“一带一路”上的任何一个国家都可能进入其开展比较研究的范畴。

2017 年第一季度，中共中央、国务院印发《关于加强和改进新形势下高校思想政治工作的意见》，强调高校肩负着人才培养、科学研究、社会服务、文化传承创新、国际交流合作的重要使命。此次，以习近平同志为核心的党中央进一步把国际交流与合作作为大学的“第五项职能”，是大学建设理念的创新和发展，对于扎根中国办大学，对于加快建设世界一流大学和一流学科，提高我国高等教育发展水平，增强国家核心竞争力，都具有十分重要的指导意义。在此指引下，我国研究生教育领域的学者可能将更多研究兴趣集中于“国际比较研究”之上，进而合力推进研究生教育国际比较研究呈现“井喷”的发展态势。

附录一 2016年中国研究生教育研究要目辑览

[1] 高田钦，张凡．试论研究生教育学的逻辑起点［J］．学位与研究生教育，2016（11）：67—72.

[2] 王续琨，李丽，等．关于学位论文学的初步思考［J］．河北师范大学学报（教育科学版），2016（04）：116—120.

[3] 安江，邢花，等．研究生教育的一般规律研究［J］．研究生教育研究，2016（01）：27—30.

[4] 孙国友．追本溯源：专业学位研究生教育的本质属性探骊［J］．研究生教育研究，2016：75—79.

[5] 徐铁英．专业学位教育的双重取向：内涵与启示［J］．研究生教育研究，2016（01）：75—79.

[6] 罗英姿，方超．我国研究生教育制度变迁的审视与反思——一个新制度经济学的分析框架［J］．江苏高教，2016（03）：100—104.

[7] 刘延东副总理在国务院学位委员会第三十二次会议上的讲话．［EB/OL］.［2016-01-8］http：//www.moe.edu.cn/jyb_xwfb/moe_176/201603/t20160308_232316.html.

[8] 陈玥，翟月．21世纪以来世界高水平大学研究生教育发展的基本特征——以哈佛、剑桥、伯克利和墨尔本四所大学为例［J］．外国教育研究，2016（07）：104—114.

[9] 姜勇，刘静，等．论研究生教育改革中的“守成”精神［J］．学位与研究生教育，2016（03）：11—15.

[10] 别敦荣，易梦春，等．“十三五”时期研究生教育发展思路［J］．中国高教研究，2016（01）：83—90.

[11] 马健生．21世纪世界高水平大学研究生教育—新特点与新趋势［M］．高等教育出版社，2016：12.

[12] 杜占元．探索创新深化改革推动专业学位研究生教育再上新水平

[J]．学位与研究生教育，2016（01）：1—6.

［13］王亚杰，陈岩．京津冀教育协同与资源共享——以研究生教育为例［J］．国家教育行政学院学报，2016（04）：17—22.

［14］杨玉，赵哲．区域研究生教育与经济发展的核心关系及其协调［J］．高等工程教育研究，2016（01）：162—167.

［15］何海燕，单捷飞．供给侧结构性改革思考与研究生教育改革的策略选择［J］．学位与研究生教育，2016（05）：43—46.

［16］刘柏桥．经济新常态下专业学位研究生教育的困境与出路［D］．长春：吉林大学，2016.

［17］陈玥，翟月．美国博士生教育面临的新时代使命及其改革策略［J］．研究生教育研究，2016（05）：90—95.

［18］赵世奎．美国博士教育的规模扩张［M］．北京：北京大学出版社，2016：5.

［19］方超，罗英姿．人力资本梯度升级视野下的我国研究生教育供给侧改革［J］．清华大学教育研究，2016，37（05）：68—77.

［20］王传毅，吕晓泓，等．什么是研究型大学合理的学生规模结构：基于跨国的院校比较［J］．教育学术月刊，2016（06）：8—15.

［21］王靖．台湾研究生教育结构的演变及其特征分析［J］．学位与研究生教育，2016（01）：60—66.

［22］沈文钦，高耀，等．我国博士生教育需求的政策分析——基于二元需求的视角［J］．教育学术月刊，2016（12）：33—41.

［23］胡莉芳．美国专业学位研究生教育结构及其发展趋势研究（1971—2012 年）［J］．清华大学教育研究，2016，37（03）：48—58.

［24］丁皓，牛奉高．新学科目录下我国高校研究生教育学位点区域分布与差异分析［J］．教育理论与实践，2016（06）：3—6.

［25］赵沁平．一流大学建设需处理好的十个关系［J］．研究生教育研究，2016（04）：1—4.

［26］张炜．钱学森之问与冯·卡门之见——再论世界一流大学的共性特征与个性特色［J］．学位与研究生教育，2016（03）：7—10.

［27］王英杰，陈洪捷，等．世界一流大学建设五人谈［J］．华东师范大学学报（教育科学版），2016（03）：1—4.

［28］高平发，龚文涛．“五大理念”在引领研究生教育“双一流”建设中的作用［J］．学位与研究生教育，2016（12）：15—19.

［29］耿有权．“双一流”建设视域中的研究生教育［J］．学位与研究生

教育，2016（08）：1—5.

［30］范冬清．国家战略、一流大学（学科）与科学精英的契合——基于对我国高等教育两大战略实施的理解［J］．国家教育行政学院学报，2016（04）：71—77.

［31］袁振国．学术是学科的灵魂——大学变革的历史轨迹与启示之三［J］．中国高等教育，2016（18）：29—32.

［32］安涛．论学科的三重意蕴［J］．当代教育科学，2016（22）：32—36.

［33］王建华．学科建设话语的反思与批判［J］．现代大学教育，2016（04）：1—6.

［34］张胤，温媛媛．行政推动、学术内生与市场引领——一流大学学科建设理论模型及其现实模式研究［J］．高教探索，2016（07）：57—61.

［35］黄超，杨英杰．大学跨学科合作的学科整合机制及其模式选择［J］．高教探索，2016（12）：5—12.

［36］张洋磊．多重制度逻辑中的大学跨学科研究——从“外生性政策规制”到“内生性制度创新”［J］．江苏高教，2016（01）：23—26.

［37］申超．供给不足与制度冲突——我国大学中跨学科组织发展的新制度主义解析［J］．高等教育研究，2016（10）：31—36.

［38］黄瑶，马永红，王铭．知识生产模式Ⅲ促进超学科快速发展的特征研究［J］．清华大学教育研究，2016（06）：37—45.

［39］胡钦晓．英国实践博士：形成、特征及启示［J］．教育研究，2016（04）：125—133.

［40］袁本涛．关于我国研究生学位类型划分的思考［J］．大学教育科学，2016（06）：24—28.

［41］魏玉梅．美国“卡内基教育博士改革行动”成效研究之审视［J］．比较教育研究，2016，38（7）：98—105.

［42］范涛，梁传杰，等．论高校学位授权点动态调整机制之构建［J］．研究生教育研究，2016（02）：14—19.

［43］周慧蕾．高校学位授予权研究［M］．北京：中国社会科学出版社，2016：3.

［44］徐雷，沈思言，等．学位撤销纠纷的司法审查路径研究——基于案例的类型化分析［J］．学位与研究生教育，2016（06）：45—50.

［45］钟秉林．研究生教育亟须提高质量［N］．人民政协报，2016-03-13.

［46］唐玉光．研究生教育要有“质”有“量”［N］．光明日报，2016-

01 - 09.

［47］刘涛．暨南大学新闻与传播学院教授　还博士学位应有的学术尊严［N］．中国教育报，2016 - 05 - 26.

［48］杨斌，康妮．博士制度“四问”及改革建议［J］．学位与研究生教育，2016（12）：1—4.

［49］王楠楠，李天鹰．博士生培养环境对培养质量影响的实证研究——基于研究机会的中介作用［J］．研究生教育研究，2016（02）：6—13.

［50］魏薇．对全日制教育硕士研究生专业学习水平的审思——兼评首届全国全日制教育硕士学科教学（语文）专业教学技能大赛［J］．学位与研究生教育，2016（05）：55—58.

［51］沈国琴．德国高等学校的质量管理［J］．高等工程教育研究，2016（01）：132—137.

［52］王战军．六说中国研究生教育质量［M］．北京：科学普及出版社，2016.

［53］刘源．研究生教育质量功能展开研究［M］．广州：中山大学出版社，2016.

［54］王红，欧阳宗书，袁雯，等．深化专业学位研究生教育综合改革提高专业学位研究生培养质量［J］．学位与研究生教育，2016（01）：7—24.

［55］王红，欧阳宗书，袁雯，等．深化专业学位研究生教育综合改革提高专业学位研究生培养质量［J］．学位与研究生教育，2016（01）：7—24.

［56］张小民，李婷，徐玮．硕士生原就读学校与培养质量相关性分析［J］．学位与研究生教育，2016（07）：62—66.

［57］仇鹏飞．完善选拔机制提高公派留学质量和效益——以南京大学实施国家公派项目为例［J］．研究生教育研究，2016（01）：23—26.

［58］李惠娜．地方高校专业硕士教育培养质量问题研究［D］．西华师范大学，2016.

［59］曲歌．国内课程与教学论专业博士学位论文质量研究［D］．延安：延安大学，2016.

［60］陈龙翔．浙江省高校研究生教育质量问题研究［D］．杭州：杭州师范大学，2016.

［61］周文辉，黄欢，付鸿飞，刘俊起．2016 年我国研究生满意度调查［J］．学位与研究生教育，2016（11）.

［62］廖文武，程诗婷，廖炳华，等．C9 高校学术学位研究生教育现状的调查研究［J］．复旦教育论坛，2016（05）：67—74.

［63］田贤鹏．高校创新创业教育政策实施满意度调查研究——基于在校学生的立场［J］．高教探索，2016（12）：111—117.

［64］王添淼．汉语国际教育硕士生学情调查分析与建议［J］．学位与研究生教育，2016（04）：46—50.

［65］顾剑秀，罗英姿．学生职业发展需求视角下博士生培养满意度评价及其影响因素——基于江苏省 8 所高校的经验研究［J］．复旦教育论坛，2016（02）：72—78.

［66］王芳．互联网背景下高等师范学校英语学科教育硕士学情调查研究［D］．济南：山东师范大学，2016.

［67］张巍．全日制专业硕士教育质量存在的问题与改进策略研究［D］．哈尔滨：哈尔滨师范大学，2016.

［68］吕芳婷．中外联合培养研究生项目的学生学业满意度研究［D］．上海：华东师范大学，2016.

［69］孙紫妍．学术型硕士研究生科研学习满意度调查研究［D］．开封：河南大学，2016.

［70］研究生教育质量报告编研组．中国研究生教育质量年度报告（2016）［M］．北京：中国科学技术出版社，2016.

［71］王海莹．学位点优胜劣汰还需常态化［N］．中国教育报，2016-03-29.

［72］沈文钦．撤销学位点体现质量导向［N］．人民日报，2016-03-30.

［73］熊丙奇．高校学位撤点也是教育供给端优化［N］．新京报，2016-03-27.

［74］张立迁．学位点“瘦身”为研究生教育提质［N］．中国教育报，2016-10-25.

［75］李芬，王战军．基于大数据的研究生教育监测评估研究［J］．学位与研究生教育，2016（07）：15—19.

［76］徐吉洪，郭石明，洪滔，等．多学科视阈下研究生创新能力评价指标体系的构建［J］．研究生教育研究，2016（03）：67—71.

［77］袁本涛，李锋亮．对我国学科评估发展的调查与分析［J］．高等教育研究，2016（03）：28—33.

［78］梁传杰，范涛．对高校专业学位点自我评估的思考——基于武汉理工大学的实践［J］．学位与研究生教育，2016（07）：10—14.

［79］吕宏伟．不同质量观下两种学位类型质量价值系统的要素分析及其评

价策略［J］. 学位与研究生教育，2016（02）：40—44.

［80］曹昱晨. “一流学科”的评价体系初探［J］. 中国高校科技，2016（07）：40—42.

［81］耿有权. “双一流”建设视域中的研究生教育［J］. 学位与研究生教育，2016（08）：1—5.

［82］吴蓓莉. 学位授权点合格评估工作探析［D］. 上海：华东师范大学，2016.

［83］乔刚，付鸿飞. 我国学术型硕士研究生教育质量评价研究——基于在读研究生的视角［J］. 研究生教育研究，2016（05）：60—65.

［84］李圣，李勇，王海燕，等. 创新实践平台对研究生发展质量的贡献研究——以西北工业大学创新平台建设为例［J］. 研究生教育研究，2016（01）：11—16.

［85］许长青. 高水平研究型大学研究生教育质量动态监测评估：理念、模型与应用［J］. 学位与研究生教育，2016（11）：13—21.

［86］丰国政. 基于ESI数据库的广东重点建设高校科研竞争力计量分析［J］. 高教探索，2016（03）：41—45.

［87］程俊，李明磊. 博士生教育输入—过程—结果质量影响路径研究——基于“院校影响因素理论”模型［J］. 研究生教育研究，2016（05）：11—16.

［88］罗英姿，张佳乐，顾剑秀. 毕业博士调查：博士生教育质量评价的新工具［J］学位与研究生教育，2016（11）：22—27.

［89］肖吴. 学历学位对就业质量的影响［D］. 大连：东北财经大学，2016

［90］艾美银. 大学学科竞争力评价研究［D］. 哈尔滨：哈尔滨工业大学，2016.

［91］杨亚娟. 专业学位研究生联合培养基地绩效评价指标体系研究［D］. 广州：华南理工大学，2016.

［92］任超，陈燕，周嫒莎，等. 英国REF评价对我国学科水平评估的启示［J］. 高等教育研究，2016（11）：104—109.

［93］余寿文. 对工程教育质量保证中几个问题的思考［J］. 高等工程教育研究，2016（03）：5—8.

［94］田苗. 制度分析视角下我国研究生教育内部质量保障体系研究［D］. 哈尔滨：黑龙江大学，2016.

［95］蒋国洲，刁晓平. 激励相容视角的专业学位研究生培养内部质量保障机制研究［J］. 研究生教育研究，2016（06）：13—17.

［96］刘学东，汪霞．荷兰研究生教育外部质量保障机制研究［J］．高教探索，2016（01）：33—37.

［97］陈以一．高等学校内部教育教学质量保障体系建设的思考——基于同济大学教学质量保证体系的建设与实践［J］．中国高教研究，2016（01）：51—53.

［98］苏春景，韩延伦．创新博士人才项目培养质量保障机制［J］．中国高等教育，2016（10）：43—45.

［99］蔚坤妍，吕沐瀚，朱小平．“5 +3”模式下临床医学研究生质量保障体系构建研究［J］．高教探索，2016（S1）：19—20.

［100］季青春．GPA 精准化管理：高校人才培养质量监控及其启示［J］．黑龙江高教研究，2016（08）：64—66.

［101］徐国斌，马君雅，王莉．基于人才培养视角的研究生社会实践质量保障体系建构——以浙江大学为例［J］．学位与研究生教育，2016（09）：13—17.

［102］李占雷，于泓泉，李素莲．基于知识链的研究生学位论文质量保障体系研究［J］．高等工程教育研究，2016（02）：132—135.

［103］张翔，陆嵘，丁明利，等．基于大数据的学位授权点质量信息常态化监测［J］．学位与研究生教育，2016（02）：34—39.

［104］邬丽莎主编，朱小平，尹思源．医学专业学位研究生教育质量保障体系研究［M］．成都：西南交通大学出版社，2016.

［105］封旭红．瑞典林奈大学教育质量保障体系的构建及其启示［J］．研究生教育研究，2016（03）：91—95.

［106］谢梅，李强．美国公立高校自愿问责系统的发展现状及未来展望［J］．现代教育管理，2016（12）：114—118.

［107］张俐，李祖超，黄杨．英国高校博士生导师队伍质量保障机制及其对我国的启示［J］．学位与研究生教育，2016（05）：73—77.

［108］张宇，肖凤翔，唐锡海．英国工程博士教育质量保障经验分析［J］. 高等工程教育研究，2016（01）：138—142.

［109］张颖伟，鹿雪文．我国研究生培养模式的改革与创新［J］．中国高等教育，2016（20）：45—46.

［110］许星．“双一流”建设背景下研究生培养模式探索——以农科类院校为例［J］．中国高校科技，2016（12）：48—51.

［111］何振才．基于“2011 计划”协调创新机制的研究生培养模式分析［J］．高等农业教育，2016（01）：90—92.

［112］盛明科，邵梦洁．协同创新环境下深化研究生培养模式改革的几点思考［J］．研究生教育研究，2016（01）：17—22.

［113］黄涛．协同创新环境下的研究生培养模式初探——以两岸关系和平发展协同创新中心为例［J］．研究生教育研究，2016（06）：44—48.

［114］张文东，雷培梁．分类推进研究生培养模式改革的路径——基于福建省研究生教育综合改革的思考［J］．福建医科大学学报社会科学版，2016（01）：27—30.

［115］罗泽意，宁芳艳．专业学位与学术学位研究生培养模式异同研究——创新能力开发的视角［J］．研究生教育研究，2016（02）：43—46.

［116］魏红梅．“新常态”下我国专业学位研究生教育改革的创新探索［J］．学位与研究生教育，2016（03）：15—20.

［117］刘亚敏，姜秀勤．专业学位研究生培养模式的系统分析［J］．研究生教育研究，2016（06）：80—85.

［118］刘亚敏，胡甲刚．我国专业学位研究生培养模式改革的动力机制探讨［J］．学位与研究生教育，2016（06）：9—13.

［119］刘亚敏．我国专业学位研究生培养模式改革的价值取向［J］．研究生教育研究，2016（02）：1—5.

［120］沈金荣，曹世敏，等．专业学位研究生协同培养生态系统的构建与思考［J］．研究生教育研究，2016（05）：79—83.

［121］邱欣，杨青，等．基于“校—政—企”三方协同创新的工科硕士研究生培养模式改革与实践研究［J］．科教导刊，2016（12）：24—25＋29.

［122］王家华，王瑞．校政企研联合培养金融硕士模式创新与策略研究——以南京审计学院为例［J］．研究生教育研究，2016（01）：80—85.

［123］李长波．行业特色高校产学研联合研究生培养模式的实践探索——以南京信息工程大学为例［J］．江苏经贸职业技术学院学报，2016（03）：81—85.

［124］沈金荣，张静辉．专业学位研究生校企协同培养机制构建及实践研究［J］．研究生教育研究，2016（02）：80—84.

［125］谭天伟，于颖．校企高端合作培养创新型工科博士［J］．中国大学教学，2016（07）：12—15.

［126］陈慧，鲍锦库．院校联合培养研究生创新模式探讨——以四川大学与中科院成都生物研究所的合作为例［J］．中国高校科技，2016（Z1）：102—104.

［127］徐木兴．“众创时代”专业学位研究生联合培养模式优化研究［J］．

学位与研究生教育，2016（06）：25—28.

［128］孙明明，刘巨保．以“三跨”模式培养全日制工程专业学位研究生的实践——以东北石油大学为例［J］．学位与研究生教育，2016（06）：29—34.

［129］张建功，杨怡斐，等．我国高校工科硕士研究生跨学科培养模式调查研究［J］．高等工程教育研究，2016（04）：195—200.

［130］刘莉，孙丽．交叉学科研究生培养模式研究［J］．教育教学论坛，2016（51）：229—230.

［131］文永红，吴小林．以职业需求为导向的专业学位研究生培养实践探索——以中国石油大学全日制工程硕士培养为例［J］．国家教育行政学院学报，2016（05）：80—85.

［132］刘亚秋，陈广胜，等．多元化研究生培养模式的改革探索——以东北林业大学林业信息工程学科为例［J］．中国林业教育，2016（04）：20—24.

［133］林慧．浅谈高校专业型研究生培养模式——以材料工程等专业为例［J］．艺术科技，2016（07）：23+80.

［134］陈绍春．以强化工程实践为导向的专业学位硕士研究生培养［J］．中国高校科技，2016（Z1）：70—73.

［135］刘耀，邱学文，等．关于药学专业学位研究生培养模式的探讨［J］．中国药房，2016（06）：851—853.

［136］贾永森，杜晨光，等．“医教协同”背景下中医学术型研究生培养模式现状及改革对策［J］．中国民族民间医药，2016（11）：141—142+145.

［137］朱小平．医教协同背景下临床医学专业学位研究生培养模式改革探索［J］．中国社会医学杂志，2016（04）：332—334.

［138］徐胜萍，田海鑫．法律硕士（法学）专业学位研究生培养模式探究［J］．研究生教育研究，2013（05）：74—78.

［139］刘凤，刘伟．管理类硕士研究生培养模式优化研究［J］．当代教育实践与教学研究，2016（04）：77—78.

［140］李圣，李勇，等．创新实践平台对研究生发展质量的贡献研究——以西北工业大学创新平台建设为例［J］．研究生教育研究，2016（01）：11—16+35.

［141］向兴华，李晴虹，等．全日制专业学位硕士研究生实践能力结构的质性研究［J］．学位与研究生教育，2016（03）：62—68.

［142］卢曼萍，许璟．全日制专业学位研究生职业能力构成及培养路径研究［J］．学位与研究生教育，2016（11）：37—41.

[143] 高田钦，王保健．硕士生创造性人格和创新自我效能感对创新能力的影响［J］．中国高教研究，2016（12）：52—55.

[144] 李长萍，吕安琳，等．创业教育的定位与发展路径［J］．教育理论与实践，2016（22）：28—31.

[145] 马永斌，柏喆．创新创业教育课程生态系统的构建途径——基于清华大学创业教育的案例分析［J］．高等工程教育研究，2016（05）：137—140+150.

[146] 邵进．创新创业教育的两个切入点：创新能力与跨界能力培养——南京大学的思考、探索与实践［J］．中国大学教学，2016（12）：40—43.

[147] 李双辰．立足学科专业优势　完善创新创业教育体系［J］．中国高校科技，2016（07）：4—5.

[148] 王占仁．中国高校创新创业教育的学科化特性与发展取向研究［J］．教育研究，2016（03）：56—63.

[149] 赵哲，宋丹，等．研究生创业教育：态势研判、价值意蕴和长效机制［J］．研究生教育研究，2016（03）：44—48.

[150] 胡春平，刘美平，等．现阶段我国高校研究生创新创业教育：问题及对策——以吉林大学为例［J］．黑龙江高教研究，2016（02）：77—80.

[151] 徐吉洪，郭石明，等．多学科视阈下研究生创新能力评价指标体系的构建［J］．研究生教育研究，2016（03）：67—71.

[152] 黄勇荣，蒋婷婷，等．论研究生科技创新能力的培养——跨学科的观点［J］．黑龙江高教研究，2016（11）：82—84.

[153] 将国斌．基于协同创新视角下的研究生科技创新能力培养［J］．中国高校科技，2016（11）：35—37.

[154] 赵凤．“内外力”兼顾培养研究生创新能力［J］．中国高等教育，2016（08）：51—53.

[155] 王海燕，李春科，等．研究生创新能力培养体系的构建与实践——以西北工业大学“翱翔创新计划”为例［J］．学位与研究生教育，2016（11）：28—32.

[156] 韩鹤友，侯顺，等．新时期研究生课程教学改革与建设探析［J］．学位与研究生教育，2016（01）：25—29.

[157] 王传毅，黄俭．基于价值取向分析的我国研究生课程体系优化研究［J］．学位与研究生教育，2016（07）：42—47.

[158] 喻登科．基于在线学习共同体的研究生方法论课程教学模式探索［J］．学位与研究生教育，2016（04）：12—17.

［159］杨文正，刘敏昆．研究生专业课程“研究性课堂”教学机制探析［J］．研究生教育研究，2016（02）：53—58＋74.

［160］方丽．研究生课程建设与教师专业发展之我见［J］．研究生教育研究，2016（02）：64—67.

［161］胡春平，刘一心，等．学术学位研究生课程体系建设的思考与实践——以吉林大学为例［J］．学位与研究生教育，2016（09）：56—60.

［162］姜岚．专业硕士实践教学培养模式探索与思考［J］．高教探索，2016（03）：104—106.

［163］刘国瑜．专业学位硕士研究生课程体系建设之省思［J］．研究生教育研究，2016（03）：81—84.

［164］施莉．教育实习中培养全日制教育硕士专业学位研究生教学实践能力探析［J］．学位与研究生教育，2016（08）：25—28.

［165］张学敏，侯佛钢．全日制教育硕士研究生案例教学的桥梁作用［J］．学位与研究生教育，2016（08）：43—47.

［166］王飞，张莉．全日制教育硕士研究生教育类公共课程的困境及反思［J］．学位与研究生教育，2016（07）：48—52.

［167］王健，赵国生．基于问题的教学模式在研究生教学中的探索——以“信息系统安全工程”教学改革为例［J］．黑龙江高教研究，2016（11）：91—94.

［168］刘婷，王应密，等．研究型大学全日制工程硕士实践课程开发探析［J］．高等工程教育研究，2016（01）：154—157＋167.

［169］王干，刁国旺，等．建构主义理论视角下全日制工程硕士生实践教学体系的构建——以扬州大学为例［J］．学位与研究生教育，2016（02）：17—22.

［170］姜兆华，姚忠平，等．基于培养创新能力为导向的研究生课程群建设研究——以哈尔滨工业大学化工学科界面化学类课程改革为例［J］．黑龙江高教研究，2016（12）：122—125.

［171］王茜．论高校语言类教学模式的实践性功能［J］．黑龙江高教研究，2016（06）：164—166.

［172］陈吉棠．也谈硕士研究生课堂教学问题——从英语课程与教学论专业维度说起［J］．学位与研究生教育，2016（08）：48—52.

［173］任冰．非英语专业研究生专门用途英语教学研究［J］．黑龙江高教研究，2016（06）：113—115.

［174］王景惠，宋平．多元文化语境下博士生英语教学模式探索——以新

科学家英语演讲与写作课程为例［J］．学位与研究生教育，2016（07）：52—56.

［175］陈明选，张康莉．促进研究生深度学习的翻转课堂设计与实施［J］．现代远程教育研究，2016（05）：68—78.

［176］莫永谊．翻转课堂教学理念下的合作学习模式研究［J］．学位与研究生教育，2016（04）：18—22.

［177］韩钰，张江龙，等．关于将 MOOC 引入研究生课程体系的思考［J］．研究生教育研究，2016（05）：49—52.

［178］罗晖．影响学位论文质量的管理因素分析与对策［J］．宁波大学学报（教育科学版），2016（06）：48—52.

［179］李希亮．提高研究生学位论文质量的探索与实践［J］．学位与研究生教育，2016（07）：39—41.

［180］李占雷，于泓泉，等．基于知识链的研究生学位论文质量保障体系研究［J］．高等工程教育研究，2016（02）：132—135 + 173.

［181］李春根，黄天发．江西财经大学硕士学位论文答辩试行“末位审慎制”［J］．学位与研究生教育，2016（09）：77.

［182］宋妍，张明．影响经管类研究生学位论文质量的因素及对策措施［J］．高等教育研究（成都），2016（01）：8—12.

［183］曹雷，邢蓉，等．研究生学位论文抽检中的问题预判与解决对策［J］．学位与研究生教育，2016（01）：52—55.

［184］张丹丹，张艳萍．研究生学位论文开发利用中的著作权风险与对策学位与研究生教育，2016（06）：51—56.

［185］王续琨，李丽，等．关于学位论文学的初步思考［J］．河北师范大学学报（教育科学版），2016（04）：116—120.

［186］袁康，王颖，缪园，汤超颖．导师科研活跃度和学术地位对博士生科研绩效的影响［J］．学位与研究生教育，2016（07）：66—71.

［187］郭倩．研究型大学硕士阶段师生科研互动对学生学业成就的影响——以北京师范大学为例［D］．北京：北京师范大学，2016.

［188］梁锦涵．导师与研究生科研能力的关系研究［D］．青岛：青岛大学，2016.

［189］袁永红，高平发．发挥导师在研究生思想政治教育中的首要责任人作用［J］．教育探索，2016（01）：99—101.

［190］吴家铭．导师在研究生思想政治教育中首要责任人作用机制研究［J］．教育评论，2016（09）：130—133.

［191］侯志军，何文军，王正元．导师指导风格对研究生知识共享及创新的影响研究［J］．学位与研究生教育，2016（02）：62—67.

［192］王雅静，田庆锋，蔡建峰．导师自主性支持对博士生科研产出的影响机制研究［J］．学位与研究生教育，2016（04）：60—64.

［193］檀成华．导师自主支持对研究生创造力的影响机制研究［D］．合肥：中国科学技术大学，2016.

［194］徐水晶，龙耀．中国研究生教育中导师与研究生关系问题研究［J］．现代大学教育，2016（05）：80—87.

［195］龚放．大学“师生共同体”：概念辨析与现实重构［J］．中国高教研究，2016（12）：6—10.

［196］李春根，陈文美．导师与研究生命运共同体：理念与路径构建［J］．学位与研究生教育，2016（04）：55—59.

［197］周波．教学学术：高校教师教学专业发展的内生点［J］．国家教育行政学院学报，2016（04）：47—52.

［198］王守仁，施林淼．聚焦教师教学能力提升　推进高校教师教学发展中心建设［J］．中国大学教学，2016（04）：75—80.

［199］严纯华．传道授业解惑　守正立德垂范——如何当好研究生导师［J］．学位与研究生教育，2016（09）：1—4.

［200］戴乃恩，姜勇，戴双翔．论注重“陶冶”的教师——基于文化教育学派的思考［J］．教育发展研究，2016（Z2）：109—113.

［201］赵黎明，赵冬梅．工程硕士研究生培养与高级设备监理师资格对接的探索与实践——以华北电力大学为例［J］．学位与研究生教育，2016（11）：51—55.

［202］吴洁．“研用双型”人才培养模式下就业导师制完善途径探究［J］．黑龙江高教研究，2016（04）：133—135.

［203］李明忠，褚照锋，邵攀，魏丽颖，张菊．我国高等教育学专业研究生导师群体特征研究［J］．高等教育研究，2016（07）：33—44.

［204］花亮．翻译专业教师发展研究：一项基于口译教师的调查［J］．教育理论与实践，2016（06）：37—39.

［205］王静．研究型大学教学队伍建设的思考［J］．江苏高教，2016（02）：107—109.

［206］潘琦．基于硕士研究生期望的导师队伍建设研究［D］．锦州：渤海大学，2016.

［207］刘进，沈红．教学评议：从“以学生为中心”到“以同行为中心”

[J]．高等教育研究，2016（06）：59—67.

[208] 左岚．论卓越教师评价标准体系的建构——来自我国香港行政长官卓越教学奖的经验 [J]．教育理论与实践，2016（08）：28—30.

[209] 吕宏伟，施晓光．专业学位研究生校外兼职导师权利义务观及管理策略研究 [J]．教育理论与实践，2016（27）：18—20.

[210] 刘清堂，吴林静，刘嫚，范桂林，毛刚．智能导师系统研究现状与发展趋势 [J]．中国电化教育，2016（10）：39—44.

[211] 陈晓梅．角色期待与呼应：新情况下研究生导师的角色变化 [J]．研究生教育研究，2016（01）：70—74.

[212] 张立．教师教育者身份认同的困境与出路 [J]．教育理论与实践，2016（29）：36—38.

[213] 李铁绳，袁芳，郝文武．教师教育者专业发展的社会学分析 [J]．高教探索，2016（05）：102—107.

[214] 张银霞．高等教育变革脉络中大学教师学术身份的内涵及其建构 [J]．黑龙江高教研究，2016（06）：1—4.

[215] 侯小兵．学科教学论教师的专业身份研究 [M]．北京：科学出版社，2016：12.

[216] 毛金德，刘国芬，马凤岐．论导师的指导限度 [J]．研究生教育研究，2016（02）：59—63.

[217] 王启梁．导师的责任与研究生的自主性——与研究生同学的交流 [J]．学位与研究生教育，2016（09）：9—13.

[218] 冯俊．分类培养模式下研究生导师责权制研究 [D]．重庆：重庆医科大学，2016.

[219] 凌云志．高校青年研究生导师指导评价权受限与保障研究 [J]．学位与研究生教育，2016（09）：46—49.

[220] 刘光连，李劼，陈立章．全国硕士研究生招生考试现状和改革建议 [J]．现代大学教育，2016（04）：85—93.

[221] 陈睿．硕士研究生招生初试内容与形式的再思考 [J]．学位与研究生教育，2016（01）：47—51.

[222] 白丽新，江莹，赵仁玲．深入领悟顶层设计　切实做好基层实践——基于全日制与非全日制研究生招生并轨的思考 [J]．学位与研究生教育，2016（12）：10—14.

[223] 杨冬．质量关与发展观并重：高校研究生招生工作的战略定位 [J]．黑龙江高教研究，2016（06）：110—112.

［224］逄红梅，刘宝哲，黄宏军．现行推免制度下“双非”院校招生困境与应对策略［J］．研究生教育研究，2016（02）：29—35.

［225］朱原，王旭燕．学术型研究生招生制度比较研究［J］．研究生教育研究，2016（03）：85—90.

［226］庄怀玢．从学科特点看大学国际化招生与人才培养改革［J］．中国高校科技，2016（04）：46—48.

［227］杨玉兰，李泽彧．论建构我国研究生教育民族招生政策运行制度的原则与方略［J］．学位与研究生教育，2016（08）：33—38.

［228］汝绪华．少数民族骨干计划研究生招生、培养与就业整体性治理研究［J］．学位与研究生教育，2016（03）：52—57.

［229］张宇迪，贾晓明，王战军．我国博士招生“申请—考核制”的公平性制度设计［J］．学位与研究生教育，2016（03）：48—51.

［230］罗英姿，刘泽文，张佳乐，吴小林．博士生招生“申请—考核”制下的行为选择与制度安排［J］．教育发展研究，2016（05）：58—64.

［231］张凯．中美博士研究生招生制度发展比较研究［D］．开封：河南大学，2016.

［232］高耀，沈文钦．中国博士毕业生就业状况——基于2014届75所教育部直属高校的分析［J］．学位与研究生教育，2016（02）：49—56.

［233］高耀，刘晓，易艳霞．中国硕士毕业生就业状况——基于2014届75所教育部直属高校的量化分析［J］．研究生教育研究，2016（03）：11—19.

［234］邹志强，毛文娟．导师的行政职务对研究生论文和就业的影响——基于对天津市地方高校调查的实证研究［J］．黑龙江高教研究，2016（08）：11　14.

［235］万昕．新时期硕士研究生就业价值取向研究［D］．武汉：湖北工业大学，2016.

［236］吴洁．“研用双型”人才培养模式下就业导师制完善途径探究［J］．黑龙江高教研究，2016（04）：133—135.

［237］李振键，管帅华．研究生就业核心竞争力提升策略研究［J］．学位与研究生教育，2016（10）：47—50.

［238］古继宝，吴蔚，彭莉君．职业目标对工程硕士研究生实习效果及就业能力的影响［J］．学位与研究生教育，2016（07）：57—61.

［239］刘丽萍，靳慧敏．澳大利亚研究生就业现状及就业促进策略研究［J］．学位与研究生教育，2016（05）：69—73.

［240］夏焰，汤建．从研究生院到职场——美国研究生就业市场变化及应

对策略探析［J］. 研究生教育研究，2016（04）：87—91.

［241］季俊杰，高雅. 高校女硕士研究生的初次就业质量测度与性别比较——基于五所高校的调查［J］. 研究生教育研究，2016（02）：51—58.

［242］王一哲. 社会性别视角下社会资本对女硕士生就业影响研究［D］. 北京：北京工业大学，2016.

［243］张淑林，黄颖，古继宝. 资本视角下的创业教育主题协同与创业意愿研究［J］. 研究生教育研究，2016（04）：5—10.

［244］范文翔. 基于 AHP 的研究生创新创业教育的评价研究［D］. 重庆：重庆师范大学，2016.

［245］孙颖，杨楠，怀丽. 博士生学术不端行为态度的影响因素研究［J］. 研究生教育研究，2016（05）：17—22.

［246］贾青青，鞠明晖，蔡永洁，等. 研究生学术行为规范网络测试数据的分析与启示［J］. 学位与研究生教育，2016（03）：42—47.

［247］姚宗艳. 目前研究生学术道德失范的表现及对策［D］. 武汉：华中师范大学，2016.

［248］曹强. 医学研究生的科研伦理道德规范问题研究［D］. 重庆：重庆医科大学，2016.

［249］唐苏. 英语专业硕士研究生毕业论文学术抄袭行为研究［D］. 武汉：华中师范大学，2016.

［250］肖健. 研究生学术道德：从规训到自律——来自康德的启示［J］. 学位与研究生教育，2016（06）：40—44.

［251］杜永红，王彩丽. 论研究生学术诚信教育的创新——基于毕生发展观的思考［J］. 黑龙江高教研究，2016（06）：102—106.

［252］王锡范，石共文. 高校研究生德育工作的“四化”路径探析［J］. 湖南师范大学教育科学学报，2016（03）：109—113，120.

［253］柳礼泉，陈方芳. 构建研究生学术诚信教育长效机制的“五化”［J］. 研究生教育研究，2016（02）：24—28.

［254］张艳萍，卢婧. 高校全面强化研究生科学道德与学术规范教育研究［J］. 黑龙江高教研究，2016（09）：29—31.

［255］朱炎军. 研究生学术伦理的制度框架——基于社会学的新制度主义分析［J］. 研究生教育研究，2016（06）：18—21，26.

［256］奚社新，金保昇. 研究生学风建设中导师作用的调查研究——基于 S 大学的案例分析［J］. 学位与研究生教育，2016（09）：50—55.

［257］郑爱平，张栋梁，吕淼华. 论研究省廉政教育的范式转换［J］. 学

位与研究生教育，2016（05）：28—32.

［258］赵晓蓉．对研究生进行廉洁教育的思考［D］．太原：山西财经大学，2016.

［259］门志国，王蕾，王兴梅．研究生思想政治教育协同管理模式研究［J］．黑龙江高教研究，2016（10）：145—147.

［260］王天兵，韩蒙，何峰．研究生社会主义核心价值观培育的现状、内容与路径［J］．学位与研究生教育，2016（10）：34—37.

［261］蒋道平，陈文，张丁杰．研究生社会主义核心价值观现状及培育路径探究［J］．研究生教育研究，2016（06）49—53.

［262］王越芬，季宇．研究生思想政治理论课教学话语体系构建路径［J］．黑龙江高教研究，2016（07）：80—82.

［263］张颖，刘兴国．大数据时代给研究生思想政治教育带来的启示［J］．学位与研究生教育，2016（03）：39—42.

［264］陈卉，朱翰墨，李浩．高校研究生党支部组织生活质量保障体系初探——基于南京五所高校的调研数据［J］．教育理论与实践，2016，36（18）：36—38.

［265］钟芳芳，李欣．研究生党员“金字塔”分层教育模式的探索［J］．学位与研究生教育，2016（09）：18—22.

［266］朱毅．微时代背景下高校研究生党建工作探究［J］．黑龙江高教研究，2016（05）：98—100.

［267］梁社红，朱婉儿，祝一虹，等．研究生心理健康服务系统的构建研究［J］．学位与研究生教育，2016（08）：62—65.

［268］杨彩艳．研究生生涯阻碍知觉、生涯焦虑与生涯定向的关系研究［D］．南京：南京师范大学，2016.

［269］闫俐．影响硕士研究生幸福感的相关因素研究［D］．太原：山西师范大学，2016.

［270］崔鑫．口译硕士口译焦虑实证研究［D］．南宁：广西大学，2016.

［271］万淼，赵国祥．全日制硕士专业学位研究生社会认同实证研究［J］．研究生教育研究，2016（05）：66—73.

［272］许慧，韦雪艳，戚亚慧．师徒功能与研究生专业认同感的关系研究［J］．研究生教育研究，2016（01）：65—69，85.

［273］李雪．博士生学习动机的实证研究［J］．研究生教育研究，2016（02）：47—52.

［274］周媛．非英语专业研究生英语情感因素与英语学习动机的相关性研

究［D］. 武汉：华中师范大学，2016.

［275］王文化. 普通高校硕士研究生篮球运动的锻炼坚持性研究［D］. 金华：浙江师范大学，2016.

［276］盛瑞国. 上海市女硕士研究生体育锻炼与主观幸福感关系研究［D］. 上海：上海师范大学，2016.

［277］赵文琪. 性别与知识：当代女硕士研究生婚恋观研究［D］. 呼和浩特：内蒙古师范大学，2016.

［278］黄萱. 研究型大学女硕士研究生的婚恋及其学习影响研究［D］. 上海：华东师范大学，2016.

［279］赵盼賛. 传播学视角下在校女研究生生育观调查［D］. 南京：南京大学，2016.

［280］王熠琦. 云南大学硕士研究生学习投入度影响因素研究［D］. 昆明：云南大学，2016.

［281］赵媛. 研究生资助政策对全日制硕士生学习投入的影响研究［D］. 西安：西安外国语大学，2016.

［282］王月明. 研究生学业拖延相关问题［D］. 杭州：浙江理工大学，2016.

［283］周静. 硕士研究生时间管理倾向、成就动机与学业拖延的相关研究［D］. 扬州：扬州大学，2016.

［284］张怡. 硕士研究生课余时间管理行为研究［D］. 上海：上海师范大学，2016.

［285］吴方方. 首都体育学院全日制专业硕士课余时间安排的调查与分析［D］. 北京：首都体育学院，2016.

［286］张德祥. 高校一流学科建设的关系审视［J］. 教育研究，2016（08）：33－39＋46.

［287］杨兴林. “世界一流学科”建设须预防四大误区［J］. 现代教育管理，2016（08）：14—19.

［288］李蓉，陈志刚. 双一流”创建背景下的高校大部制改革建设研究［J］. 江苏高教，2016（06）：43—46.

［289］程光旭，姚若侠，孔祥利. 推进师范类高水平大学一流学科建设［J］. 中国高等教育，2016（03）：41—44.

［290］常文磊，仇鸿伟. 世界一流大学及一流学科建设：核心论域与路径突破［J］. 教育探索，2016（12）：47—50.

［291］汪锋. 高校一流学科与新型智库建设的互动机制研究［J］. 中国高

教研究，2016（09）：35—41.

［292］郭丛斌．中国高水平大学学科发展现状与建设路径分析—从 ESI、QS 和 US News 排名的视角［J］．教育研究，2016（12）：62—73.

［293］宣勇．建设世界一流学科要实现“三个转变”［J］．中国高教研究，2016（05）：1—6.

［294］周光礼．“双一流”建设中的学术突破——论大学学科、专业、课程一体化建设［J］．教育研究，2016（05）：72—76.

［295］张伟，徐广宇．世界一流学科建设的内涵、潜力与对策—基于 ESI 学科评价数据的分析［J］．现代教育管理，2016（06）：32—36.

［296］范芙蓉，贾东风，张靖慧．供给侧视域下政企校共建一流学科的机制研究［J］．黑龙江高教研究，2016（12）：112—115.

［297］张敏．“双一流”建设的国际经验与中国方略［J］．江苏高教，2016（06）：60—63.

［298］袁本涛，李锋亮．对我国学科评估发展的调查与分析［J］．高等教育研究，2016，37（3）：28—33.

［299］刘瑞儒，何海燕，李勇，翟昊．统筹推进世界一流学科实施路线图—基于世界一流学科评价指标［J］．教育发展研究，2016（21）：1—7.

［300］王立生，林梦泉，任超，陈燕．我国学科评估的发展历程和改革探究［J］．中国高等教育，2016（21）：38—41.

［301］任超，陈燕，周媛莎，林梦泉．英国 REF 评价对我国学科水平评估的启示［J］．高等教育研究，2016，37（11）：104—109.

［302］武建鑫，周光礼．世界一流学科：“以评促建”何以可能—基于系统科学的分析［J］．国家教育行政学院学报，2016（11）：53—61.

［303］曹昱晨“一流学科”的评价体系初探［J］．中国高校科技，2016（07）：40—42.

［304］朱明．现代大学学科评价的审视与审思［J］．高教探索，2016（11）：27—33.

［305］郑莉．建构“体用”结合的学科评价体系［J］．中国高教研究，2016（05）：25—27.

［306］艾美银．大学学科竞争力评价研究［D］．哈尔滨：哈尔滨工业大学，2016.

［307］王晓军，冯新元论高等教育学科发展评价标准的创新原则［J］．黑龙江高教研究，2016（05）：33—35.

［308］卢晓中．高等教育学的学科性质及相关问题［J］．中国高教研究，

2016（11）：4—7.
[309] 侯怀银．高等教育学学科未来发展亟待解决的几个问题［J］．中国高教研究，2016（10）：17—19.
[310] 侯怀银，王京．论高等教育学的美学基础［J］．国家教育行政学院学报，2016（09）：26—31.
[311] 李均，李鸿．建设“教育学一级学科”背景下高等教育学科的困境与出路［J］．大学教育科学，2016（02）：99—104.
[312] 解德渤，王洪才．高等教育学的学科建设新思维—从“认识论”到“价值论”的逻辑转向［J］．现代大学教育，2016（01）：1—8.
[313] 杨凯良．高等教育学学科知识生成路径分析［J］．江苏高教，2016（03）：53—57.
[314] 刘志忠，张琼．我国高等教育学学科建设的历程与逻辑走向——基于研究方法的视角［J］．高教探索，2016（08）：12—17.
[315] 王佳佳．教育学学科发展的市场取向［J］．教育理论与实践，2016，36（13）：7—10.
[316] 胡扬洋，邢红军．平台学科：教育学的学科隐喻与教师教育的突围［J］．现代大学教育，2016（04）：7—11.
[317] 刘燕楠，涂艳国．中国教育学学科的历史演进与价值选择［J］．教育理论与实践，2016，36（7）：3—7.
[318] 蒋后强，余兴凤．教育法学学科建设及人才培养的路径探索［J］．学位与研究生教育，2016（09）：23—27.
[319] 张斌贤，杜成宪，肖朗，周洪宇，陈露茜，周采．教育史学科建设六人谈［J］．华东师范大学学报，2016（04）：1—3.
[320] 张斌贤．探寻教育史学科重建的出发点［J］．北京大学教育评论，2016，14（4）：78—88。
[321] 张璐．试论高校理论学科建设中社会性要素的补充［J］．黑龙江高教研究，2016（12）：116—118.
[322] 刘川生．立足“双一流”推进中国特色哲学社会科学建设［J］．中国高等教育，2016（11）：4—7.
[323] 杜栋．建构“创新系统工程”学科［J］．中国高校科技，2016（04）：49—51.
[324] 彭秀芳，曾令斌．交通行业高校学科专业布局分析与建议［J］．高教发展与评估，2016，32（3）：91—97.
[325] 李冬．法庭科学的学科建设和人才培养的新路径［J］．黑龙江高教

研究，2016（08）：141—143.

［326］郭丽君，陈中．试析教育生态学的学科定位［J］．现代大学教育，2016（02）：1—5.

［327］章宁，俞青．冲突与和谐：大学跨学科学术组织的生态学治理［J］．江苏高教，2016（06）：31—34.

［328］王丽梅．高校间跨学科协同创新网络形成机理研究［J］．黑龙江高教研究，2016（05）：52—54.

［329］李文杰．高校跨学科学术组织激励问题与对策研究［D］．北京：北京工业大学，2016.

［330］张洋磊．多重制度逻辑中的大学跨学科研究——从“外生性政策规制”到“内生性制度创新”［J］．江苏高教，2016（01）：23—26.

［331］李一希，方颖，刘宏伟，杨光富．推动学科交叉建设一流学科的若干思考［J］．国家教育行政学院学报，2016（12）：25—31.

［332］伊继东，刘六生，段从宇．探索交叉学科学位点建设的特点和规律［J］．中国高等教育，2016（11）：57—59.

［333］于汝霜．高校教师跨学科交往研究［D］．上海：华东师范大学，2016.

［334］张勇，吕慈仙．学科交叉融合背景下工程伦理教育的创新发展［J］．高等工程教育研究，2016（03）：121—126.

［335］曹东豪．地方性大学跨学科研究生的学科适应与认同研究——以广西民族大学民族学科为例［D］．南宁：广西民族大学，2016.

［336］龚放．把握学科特性　选准研究方法—高等教育学科建设必须解决的两个问题［J］．中国高教研究，2016（09）：1－5＋34.

［337］张旭．教学研究型大学学科专业一体化建设路径研究［D］．沈阳：沈阳师范大学，2016.

［338］刘路，刘志民．我国大学学科管理模式变革探索：英、美、澳一流学科的建设经验与启示［J］．教育发展研究，2016（17）：58—64.

［339］王保华．北京市属高校学科发展的现状与对策研究—基于全国学科评估结果分析［J］．国家教育行政学院学报，2016（10）：78—84.

［340］李军红．地方高校以特色优势学科引领学校整体提升的实践与思考［J］．高等工程教育研究，2016（03）：152—156.

［341］龚虹波，胡赤弟．高校“学科—专业—产业链”治理机制研究—政策网络比较分析的视角［J］．教育发展研究，2016：13—14，71—78.

［342］李旋．京豫地方高校学科建设协同发展路径探究［D］．开封：河

南大学，2016.

［343］范冬清．国家战略、一流大学（学科）与科学精英的契合—基于对我国高等教育两大战略实施的理解［J］．国家教育行政学院学报，2016（04）：71—77.

［344］凌健．学科“组织化”：介入世界一流学科建设的路径选择［J］．中国高教研究，2016（05）：10—13.

［345］傅雷鸣，陈一飞．学科“品牌特色”的构建与形成路径［J］．黑龙江高教研究，2016（08）：87—89.

［346］钟伟军．一流学科建设中的政府职能转型［J］．中国高教研究，2016（05）：7—9.

［347］罗贵榕学术共同体视野下的高校学科建设研究——兼谈马克思主义理论学科建设［J］．黑龙江高教研究，2016，262（2）：10—14.

［348］别敦荣，易梦春，李家新．“十三五”时期研究生教育发展思路［J］．中国高教研究，2016（01）：83—90.

［349］英爽，梁大鹏，臧红雨．研究生教育内涵发展：当前需求和实践主题［J］．研究生教育研究，2016（10）：6—7＋37.

［350］刘佳，方兴．“211 工程”和“985 工程”存废争论究竟争什么——对高校重点建设以及高校身份符号的透析［J］．现代教育管理，2016（06）：20—25.

［351］蒋清华．研究生教育中的依法治校问题［J］．研究生教育研究，2016（10）：6—7＋37.

［352］孙健．论研究生教育战略联盟及其构建［J］．学位与研究生教育，2016（06）：4—8.

［353］申超．供给不足与制度冲突——我国大学中跨学科组织发展的新制度主义解析［J］．高等教育研究，2016（10）：31—36.

［354］梁传杰．论研究生教育改革三大关键问题之关系［J］．学位与研究生教育，2016（03）：21—27.

［355］姜勇，刘静，姜萌，冯鲸丹．论研究生教育改革中的“守成”精神［J］．学位与研究生教育，2016（03）：11—15.

［356］李晨星．改革开放以来我国研究生教育的政策研究［D］．长沙：湖南师范大学，2016.

［357］何海燕，单捷飞．供给侧结构性改革思考与研究生教育改革的策略选择［J］．学位与研究生教育，2016（05）：43—46.

［358］常思亮，凡文吉，刘思婷．“十三五”时期湖南省研究生教育发展

研究［J］．现代大学教育，2016（06）：96—102.

［359］刘思婷．湖南省研究生教育发展战略研究［D］．长沙：湖南大学，2016.

［360］熊妮．甘肃省高等学校学位与研究生教育发展现状、问题与对策研究［D］．兰州：兰州大学，2016.

［361］张文东．福建省研究生教育发展现状、趋势及改革思路探析［J］．教育评论，2016（05）：3—6.

［362］袁雯．上海市深化专业学位研究生教育综合改革的思考与探索［J］．学位与研究生教育，2016（01）：11—13.

［363］洪流．转变政府职能推进江苏省专业学位研究生教育改革［J］．学位与研究生教育，2016（01）：13—14.

［364］王亚杰，陈岩．京津冀教育协同与资源共享——以研究生教育为例［J］．国家教育行政学院学报，2016（04）：17—22.

［365］郭炜煜．京津冀研究生教育协同发展的现状与构想［J］．学位与研究生教育，2016（03）：28—32.

［366］杜占元．探索创新　深化改革　推动专业学位研究生教育再上新水平［J］．学位与研究生教育，2016（01）：1—6.

［367］龚旗煌．深化改革适应需求　办好有特色的专业学位研究生教育［J］．学位与研究生教育，2016（01）：17—18.

［368］陈静．我国专业学位研究生教育发展问题研究［J］．中国近现代教育家办学的文化审视，2016（01）：90.

［369］吴华杰．全日制专业学位硕士研究生扩招政策执行效果分析［J］．研究生教育研究，2016（01）：59—64.

［370］丁皓，牛奉高．新学科目录下我国高校研究生教育学位点区域分布与差异分析．［J］．教育理论与实践，2016（06）：3—6.

［371］陈洪捷，沈文钦，高耀，赵世奎．学位授权审核机制改革与我国研究生教育治理路径的调整［J］．教育研究，2016（01）：17—25.

［372］袁本涛．关于我国研究生学位类型划分的思考［J］．大学教育科学，2016（06）：24—28.

［373］孙耀斌．围绕学科规划做好学位授权点合格评估与动态调整［J］．学位与研究生教育，2016（04）：27—30.

［374］张国栋，郁苗苗，张松，王锦．生命周期视角下的学位点评估体系及动态调整［J］．学位与研究生教育，2016（07）：1—5.

［375］张忠占，杨庆，初旭新．以评估推进地方高校研究生教育内涵发

展——北京工业大学学位点自我评估的实践［J］．学位与研究生教育，2016（07）：6—9.

［376］朱文达，倪佳瑜．高校智库的发展现状及路径选择［J］．中国高校科技，2016（11）：12—14.

［377］周刚．我国高校智库影响力提升路径探析［J］．黑龙江高教研究，2016（11）：43—45.

［378］陈丽．论我国高校智库建设的三重逻辑［J］．高教探索，2016（03）：12—16.

［379］赵慧臣，王玥．教育信息化智库的研究：提升信息技术教育应用价值［J］．现代远程教育研究，2016（03）：69—76.

［380］肖福军．高校智库影响力评价指标体系构建［D］．北京：首都经济贸易大学，2016.

［381］王少媛，许林．我国高水平大学研究生教育管理的共性特征与发展趋势——基于国内 9 所高校研究生院网站信息的内容分析［J］．现代教育管理，2016（12）：80—86.

［382］宋伟．积极推进省部共建高校快速发展［J］．中国高等教育，2016（Z1）：1.

［383］白海力，赵美蓉，明东，朱莎，陈天凯．质量为重　特色为先　改革驱动　内涵发展——天津大学“211 工程”建设的回顾与展望［J］．研究生教育研究，2016（01）：7—10.

［384］何维雄．湖南省属重点高校研究生教育质量指数预警研究［D］．长沙：湖南师范大学，2016.

［385］孙红莺．“互联网 +”在研究生教育中的应用研究［J］．研究生教育研究，2016（04）：55—59.

［386］李芬，王战军．基于大数据的研究生教育监测评估研究［J］．学位与研究生教育，2016（07）：15—19.

［387］赵立莹．大数据时代我国研究生教育的变革路径——基于《全球研究生教育行动指南》［J］．学位与研究生教育，2016（09）：65—68.

［388］郑飞中，刘洁，吕建新．研究生教育收费制改革的特征与制度优化——基于制度变迁的视角［J］．学位与研究生教育，2016（02）：57—61.

［389］施耀斌，叶义成，杨彦．研究生学业奖学金评定及其动态调整相关问题探析［J］．研究生教育研究，2016（04）：16—21.

［390］许冠林．全面收费背景下研究生奖助政策效果评价研究——以 A 大学为例［D］．济南：山东大学，2016：4.

［391］童莉娇．公共政策视角下江西省研究生资助政策问题探究［D］．南昌：南昌航空大学，2016.

［392］韦金鹤．广西高校研究生资助的现状、问题及对策研究［D］．桂林：广西师范大学，2016.

［393］申圆圆．全面收费背景下研究生资助研究［D］．保定：河北大学，2016.

［394］李文秀．全面收费背景下研究生奖助制度研究［D］．济南：山东师范大学，2016.

［395］周阳，汪勇．研究生国家奖学金评审中的公平问题及对策研究［J］．黑龙江高教研究，2016（07）：71—75.

［396］夏焰，汤建，从研究生院到职场——美国研究生就业市场变化及应对策略探析［J］．研究生教育研究，2016（04）：87—91.

［397］刘丽平，靳慧敏，澳大利亚研究生就业现状及就业促进策略研究［J］．学位与研究生教育，2016（05）：69—73.

［398］汪小会，张超，法国校企联合培养博士生（CIFRE）项目：历史、现状与启示［J］．学位与研究生教育，2016（07）：72—77.

［399］高旭，法国校企合作的政策研究及对我国的政策建议［D］．北京：清华大学，2016.

［400］吕芳婷，中外联合培养研究生项目的学生学业满意度研究——以H大学—法国高师集团联合培养研究生项目为例［D］．上海：华东师范大学，2016.

［401］赵璐，外合作大学的人才培养模式研究——以X大学为例［D］．华东师范大学，2016.

［402］徐亚芬，孙珂，中外合作大学博士生教育的协同创新——以宁波诺丁汉大学国际博士创新中心为例［J］．教育研究，2016（06）：156—159.

［403］高会军，等．国外短期访学对博士生创新能力提升作用探析［J］．研究生教育研究，2016（03）：63—66.

［404］张媛．“跨学科”视角下研究生培养模式探析——基于加拿大研究生教育联合会报告述评［J］．研究生教育研究，2016（04）：92—95.

［405］王传毅，严会芬，吕晓泓．跨学科研究生培养：加拿大大学的实践与特色［J］．研究生教育研究，2016（05）：84—89.

［406］焦磊．知名大学如何培养跨学科拔尖博士［N］．光明日报，2016-08-16（13）．

［407］魏玉梅．美国教育学博士研究生培养的“跨学科”特色及其启

示——以哈佛大学教育哲学博士（Ph. D.）培养项目为例［J］. 外国教育研究，2016（03）：43—57.

［408］邓光平，澳大利亚深度合作培养专业博士的探索——以新英格兰大学的 P/W/U 三维协作培养模式为例［J］. 高等教育研究，2016（08）：91—95.

［409］张雷生，掀起美国名校研究生院招生“面纱”［N］. 中国教育报，2016-03-18（6）.

［410］张凯. 中美博士研究生招生制度发展比较研究［D］. 开封：河南大学，2016.

［411］王玥. 美国教育信息化领导力硕士学位课程研究［D］. 开封：河南大学，2016.

［412］常咏梅，刁根才. 美国 SIUE 硕士研究生网络课程建设与应用现状分析［J］. 电化教育研究，2016（09）：103—109.

［413］傅伟锋，唐贤清. 美国研究生案例教学及启示［J］. 湖南师范大学教育科学学报，2016（05）：124—128.

［414］李琳璐. 英国伯明翰艺术与设计学院动画与动态影像研究生课程教学研究［D］. 南京：南京艺术学院硕士学位论文，2016.

［415］周强，霍玉娟，王强. 美日研究生助教教学能力阶段性培养模式及启示［J］. 研究生教育研究，2016（01）：86—90.

［416］宋锦萍，刘春芝. 基于国际竞争力导向的中外研究生培养模式与实践途径比较研究——以英美研究生教育体制为例［J］. 现代教育管理，2016（03）：107—111.

［417］裴如意. 中美研究生学术研究管理比较［D］. 桂林：广西师范大学，2016.

［418］吴峰. 美国高校远程研究生教育及启示［J］. 开放教育研究，2016（02）：25—29+37.

［419］安丽娜. 中美教育技术学专业人才培养模式比较研究［D］. 大庆：东北石油大学，2016.

［420］包水梅. 哈佛大学教育领域哲学博士学位项目的设置及其实施方案研究［J］. 学位与研究生教育，2016（02）：73—77.

［421］高迎爽，王者鹤. 英国 STEM 博士教育的变革：危机、应对及启示［J］. 中国高教研究，2016（12）：68—72.

［422］胡莉芳. 美国专业学位研究生教育结构及其发展趋势研究（1971—2012 年）［J］. 清华大学教育研究，2016（03）：48—58.

［423］马康，加拿大多伦多大学教学硕士项目研究［D］．重庆：西南大学，2016.

［424］俞存华．外军专业学位教育的共性与特色［N］．中国社会科学报，2016-04-07.

［425］熊华军，李倩．英国工程博士培养的实践方案解读［J］．研究生教育研究，2016（01）：91—95.

［426］王亚杰，田华，陈岩．工程博士中心的定位及影响力——基于英国产业博士中心的分析［J］．高等工程教育研究，2016（05）：10—16.

［427］胡钦晓．英国实践博士：形成、特征及启示［J］．教育研究，2016（04）：125—133.

［428］唐磊岩．英国教育博士培养路径研究［D］．哈尔滨：黑龙江大学，2016.

［429］刘盾．弗吉尼亚大学教育学与教育博士培养模式之特征、差异及比较、借鉴［J］．学位与研究生教育，2016（11）：72—77.

［430］范冬清．美国专业硕士培养现状、特征及争议［J］．比较教育研究，2016（10）：65—70+85.

［431］杨秀莲．美国高校教育硕士培养的实践性特征解析［J］．外国教育研究，2016（08）：52—64.

［432］史秋衡，陈志伟．德国双元制应用型硕士培养机制探究［J］．国家教育行政学院学报，2016（04）：3—11.

［433］刘继安，杨楚翘，叶慧．美国研究生资助的变化趋势、新特征及其启示［J］．中国高教研究，2016（02）：74—79.

［434］管新春．美国研究生助学金制度及其对我国的启示［J］．大学教育科学，2016（03）：108—111.

［435］陈翠荣，鲁智丹，刘牧．美国联邦政府的研究生科研资助政策分析［J］．教育与经济，2016（02）：82—89.

［436］凌云志．英国研究生奖助体系的特征及对我国的启示［J］．研究生教育研究，2016（02）：91—95.

［437］丁瑞常．英国研究生教育学费定价的特点及对我国的启示［J］．学位与研究生教育，2016（08）：72—76.

［438］汪小会，王莉．法国理工科博士生资助体系研究及其启示［J］．学位与研究生教育，2016（04）：70—74.

［439］沈文钦，王传毅，金帷．博士生跨国学位流动的国际趋势与政策动向［J］．高等教育研究，2016（03）：46—55.

［440］魏玉梅．美国教育领域专业博士学位制度设计及其启示——以哈佛大学“教育领导博士”专业学位项目为例［J］．研究生教育研究，2016（02）：85—90.

［441］王孙禺，石菲，刘帆．美国研究生教育的学位类型特征及其形成——以哥伦比亚大学为例［J］．中国大学教学，2016（10）：88—95.

［442］刘秉栋，楼世洲．俄罗斯教育专业学位项目设计分析［J］．外国教育研究，2016（08）：65—74.

［443］黄思记，李申申．俄罗斯副博士学位论文评阅模式及其合理借鉴［J］．研究生教育研究，2016（06）：92—95.

［444］郎永杰，张冠蓉．日本研究生教育改革背景、现状及动向［J］．教育理论与实践，2016（30）：12—14.

［445］刘学东，汪霞．荷兰研究生教育外部质量保障机制研究［J］．高教探索，2016（01）：33—37.

［446］李璐瑶．美国研究生教育阶段培养未来大学教师教学能力的研究［D］．保定：河北大学，2016.

［447］辛忠，吴艳阳，徐心茹．美国 ABET 认证与工程师注册制度对其工程教育的作用机制［J］．学位与研究生教育，2016（04）：74—77.

［448］张宇，肖凤翔，唐锡海．英国工程博士教育质量保障经验分析［J］．高等工程教育研究，2016（01）：138—142.

［449］陈玥，翟月．美国博士生教育面临的新时代使命及其改革策略［J］．研究生教育研究，2016（05）：90—95.

［450］张俐，李祖超，黄杨．英国高校博士生导师队伍质量保障机制及其对我国的启示［J］．学位与研究生教育，2016（05）：73—77.

［451］施鹏，张宇．美国研究生教育中导学关系的特点与启示［J］．学位与研究生教育，2016（10）：67—72.

［452］李爱彬，郑文奇．立足人才培养本位　多环节促进学位授权点合格评估——基于英国 QAA 学科评估与我国学位点合格评估的比较分析［J］．研究生教育研究，2016（06）：86—91.

［453］蒋林浩，沈文钦．美国高校博士点项目内部评估研究——以俄亥俄州立大学为例［J］．清华大学教育研究，2016（03）：40—47.

［454］任超，等．英国 REF 评价对我国学科水平评估的启示［J］．高等教育研究，2016（11）：104—109.

附录二 2016年研究生教育领域著作一览表

序号	书名	作者	出版社
1	21 世纪世界高水平大学研究生教育　新特点与新趋势	马健生	北京：高等教育出版社
2	标杆　江苏省研究生国家奖学金获得者成长启示　2015 版	倪道潜	南京：南京师范大学出版社
3	博士后发展年度研究报告　2015	姚云	北京：学苑出版社
4	博士文丛　论身体与体育教育	聂真新著	北京：北京体育大学出版社
5	传播前沿　博士后研究成果文集　2015	山东省新闻出版广电局编	济南：山东大学出版社
6	都市型农林高校研究生培养模式改革与实践　2015	姚允聪，何忠伟，姬谦龙	北京：中国农业出版社
7	高等院校学科建设探析	郑玉玲主编	北京：中国中医药出版社
8	高考类硕士学位论文研究	吴根洲，王棒，甘齐著	南昌：江西人民出版社
9	高校学位授予权研究	周慧蕾著	北京：中国社会科学出版社
10	贯通式博士生培养模式的研究	张国栋著	上海：上海交通大学出版社
11	哈尔滨师范大学美术学院在读硕士 & 博士课堂教学（上）	赵云龙主编	哈尔滨：黑龙江美术出版社
12	行　环境设计学科研究生校企联合培养的探索与实践　第 2 季	潘召南，肖平著	北京：中国建筑工业出版社

续表

序号	书名	作者	出版社
13	江苏省2015届毕业研究生就业情况调查报告	潘漫	南京：江苏教育出版社
14	教育硕士教育教学改革与实践探索　第4辑	陈兴荣	武汉：湖北人民出版社
15	教育学科SSCI论文解析	李芒著	北京：科学出版社
16	近代中国经济学的发展以留学生博士论文为中心的考察	邹进文著	北京：中国人民大学出版社
17	军校研究生教育管理研究	陆国强编著	北京：国防大学出版社
18	六说中国研究生教育质量	王战军	北京：科学普及出版社
19	马克思主义理论学科建设和思想政治理论课教学研究	顾钰民著	北京：中国人民大学出版社
20	美国博士教育的规模扩张	赵世奎著	北京：北京大学出版社
21	美国如何培养硕士研究生	（美）克利夫顿·康拉德，（美）珍妮弗·格兰特·霍沃思，（美）苏珊·博雅德·米勒著；袁本涛，刘帆译	北京：北京大学出版社
22	美国专业学位教育研究　基于"专业性"的视角	张秀峰著	上海：上海交通大学出版社
23	民族档案研究与学科建设	陈子丹著	昆明：云南大学出版社
24	人才强国研究出版工程　国外人才发展丛书　博士后制度的国际比较	中国人事科学研究院编；刘宝存，袁利平主编	北京：党建读物出版社
25	上海艺术专业学位研究生教育十周年（2005—2015）优秀作品集	上海艺术专业学位研究生教育指导委员会编	上海：东华大学出版社

续表

序号	书名	作者	出版社
26	上海证券交易所研究报告 2016 博士后专辑	吴清主编；黄红元，张冬科，阙波副主编	上海：上海人民出版社
27	社会工作硕士专业学位研究生（MSW）教学案例集	王思斌主编	北京：北京大学出版社
28	实践能力指向的专业学位研究生教育创新研究　以教育硕士为中心	彭泽平	重庆：西南师范大学出版社
29	思考　探索　实践　教育硕士专业学位研究生优秀成果选　第 3 辑	刘晓华	北京：北京交通大学出版社
30	通往未来教育家之路　华东师范大学免费师范毕业生在职攻读教育硕士研究生培养工作的实践和探索	马爱民主编	上海：上海教育出版社
31	现代职业教育体系下我国专业学位研究生教育发展问题研究	陈静著	重庆：重庆大学出版社
32	相约尚社　女博士工作室风采录	何建华，赵蓓文主编	上海：上海社会科学院出版社
33	协同创新环境下的研究生联合培养机制改革研究	张淑林	北京：高等教育出版社
33	学风场域的力量　北京交通大学研究生学风建设的创新与发展	屈晓婷著	北京：北京交通大学出版社
34	学术型硕士研究生应具备的能力标准和测试体系研究	学术型硕士研究生应具备的能力标准和测试体系研究课题组编撰	北京：高等教育出版社
35	寻找适合自己耕耘的土地　博士学位论文写作手记	崔建军著	北京：中国金融出版社
36	研究生创业教育	（澳）科林·琼斯著	北京：商务印书馆
37	研究生教育教学改革理论与实践	北京信息科技大学研究生院编	北京：光明日报出版社

续表

序号	书名	作者	出版社
38	研究生教育论坛　2014	李劼主编	长沙：中南大学出版社
39	研究生教育文化研究	陆根书著	西安：西北大学出版社
40	研究生教育质量功能展开研究	刘源著	广州：中山大学出版社
41	研究生社会主义核心价值观认同现状及对策研究	张海防著	北京：光明日报出版社
42	研究生社会主义核心价值观培育研究	唐检云	湘潭：湘潭大学出版社
43	研究生学术道德案例教育读本	复旦大学研究生院	上海：复旦大学出版社
44	研究生学习行动手册	赵元龙	太原：山西教育出版社
45	医学专业学位研究生教育质量保障体系研究	朱小平，尹思源，邬丽莎主编	成都：西南交通大学出版社
46	引言和结论的互动　基于英汉博士论文体裁的元话语对比分析	余玲丽著	北京：科学出版社
47	语言及应用语言研究生论坛　2015	丁石庆，周国炎	北京：中央民族大学出版社
48	中国博士后创新管理实践研究	张洪娟，陈大胜，张爱莉著	南京：南京大学出版社
49	中国博士后发展报告　2015	王修来主编	北京：中国人事出版社
50	中国博士后政策分析	许士荣著	杭州：浙江大学出版社
51	中国大学及学科专业评价咨询报告　2016—2017	邱均平，赵蓉英，柴雯，董克主编；魏绪秋，张心源，欧玉芳，郭凤娇副主编；邱均平，赵蓉英，柴雯，董克编著	北京：科学出版社；龙门书局
52	中国科学院大学研究生教育巡礼	本书编委会编	北京：科学出版社
53	中国学位与研究生教育发展年度报　2015	全国学位与研究教育数据中心	北京：高等教育出版社

续表

序号	书名	作者	出版社
54	中国研究生教育及学科专业评价报告　2016—2017	邱均平著	北京：科学出版社
55	中国研究生教育年度报告　2014 版英文版	中国研究生院院长联席会	北京：高等教育出版社
56	中国研究生教育年度报告　2014 版中文版	中国研究生院院长联席会	北京：高等教育出版社
57	中国研究生教育研究进展报告　2016	中国学位与研究生教育学会进展报告编写组编著	北京：中国科学技术出版社
58	中国研究生教育质量年度报告　2015	研究生教育质量报告编研组编著	北京：中国科学技术出版社
59	中国研究生教育质量年度报告　2016	研究生教育质量报告编研组编著	北京：中国科学技术出版社
60	走向职场　研究生就业创业案例评析	孙长永	重庆：重庆大学出版社

后　记

2017年4月，编写组在认真总结前四年《中国研究生教育研究进展报告》编写经验的基础上，完善方案、改进方法，启动了《中国研究生教育研究进展报告（2017）》的撰写。编写组继续秉承研究生教育年度报告的定位——“汇聚研究生教育研究成果、展示研究生教育研究现状、启示研究生教育研究方向、促进研究生教育科学发展”，搜集2016年度发表、出版的学术成果，比较全面地反映了我国研究生教育年度研究的全貌。

经过“目录定刊”“词语定文”“人工鉴别”三个检索步骤广泛搜集学术成果。与2015年相比，2016年度关于研究生教育的期刊论文数量、博士论文数量、学术著作数量、报纸文章数量均有不同程度的增加。

《中国研究生教育研究进展报告（2017）》仍然保持9个专题的主体框架。各专题由引言、主要内容、文献分布及特点分析三部分组成，各部分之间紧密联系。各专题客观描述研究内容，提炼研究成果。为了展示近年来研究生教育研究发展情况，本报告各专题根据前五年研究生教育研究报告的研究积累，对2011—2016年相关主题问题中研究重点、研究方法、引用作者群进行比较分析，并用数据对比、图表展示等方式进行阐述。此外，本报告今年首次收录了北京大学中文核心期刊目录（第七版）中的教育学期刊、清华大学、中国人民大学、北京师范大学学位论文数据库。

希望读者在阅读过程中，收获新的知识、新的理念和新的思想；更希望读者从中获得启发，开阔视野、提高认识，找出研究生教育研究的空白及新的方向，在现有研究基础上，不断提高研究水平，推进研究生教育研究不断前进。

本报告由中国学位与研究生教育学会会长赵沁平院士筹划和指导，由北京理工大学学位与研究生教育研究中心、《学位与研究生教育》杂志社、中国科技大学《研究生教育研究》杂志社共同编写。分工如下：

文献概述：王战军　蓝文婷　符杰；

专题一　研究生教育基本理论问题研究：王战军　娄枝；

专题二　研究生教育质量研究：王战军　蓝文婷；

专题三　研究生培养研究：裴旭　樊桂敏；

专题四　研究生导师队伍建设研究：裴旭　李璐；

专题五　研究生招生与就业研究：周文辉　曹镇玺；

专题六　研究生德育研究：周文辉　陆晓雨；

专题七　学科建设研究：吴杨；

专题八　研究生教育管理问题研究：王战军　王晴；

专题九　研究生教育国际比较研究：李金龙。

北京理工大学学位与研究生教育研究中心主任王战军教授负责统稿工作。清华大学博士研究生蓝文婷、硕士研究生符杰在乔伟峰博士的指导下负责2016年度全部文献的搜集，清华大学博士研究生蓝文婷承担编写组秘书工作。鉴于编写组水平有限，本报告难免存在疏漏和不当之处，肯请读者批评指正。

中国学位与研究生教育学会研究进展报告编写组

2017年6月